U0037888

楞伽經詳解

——第一輯

平實導師　著

ISBN 957-98597-7-9

自序

《楞伽阿跋多羅寶經》簡稱《楞伽經》，是大乘佛教中極重要之經典；既是法相唯識宗之根本經典，亦是中國禪宗開悟聖者自我印證及悟後起修之依據經典；故初祖菩提達摩大師以此經典連同佛鉢祖衣一併交付二祖慧可大師，以爲傳法印證。禪者可依此經建立正知正見，避免錯悟大師誤導參禪方向，未來證悟可期。

二者禪宗證悟之人，欲求上進而入初地，必讀此經。佛於此經詳述破參者應進修之知見，指示佛子依此升進初地，成眞佛子，是名實義菩薩，是故悟者必讀此經。

然此經典文辭古樸，艱深難會，證悟之人亦多不解，何況未悟錯悟之人？是故古今大師雖然多有註釋，皆類未悟錯悟諸師依文解義，難得佛旨。現代佛子古文造詣粗淺，又兼未曾證悟，不解佛意，以致發心印經之時，斷句錯誤之處極多，讀者轉更難解；有鑑於此，末學乃予重新斷句，依所悟證如來藏之體驗觸證而作白話闡釋。雖遵佛語，不得明說密意，然已巧用方便，隱於字裡行間，佛子若有緣者，或可依此契證。

此《楞伽經詳解》原於民國八十四年（一九九五）八月十一日起，對我正覺同修會之會衆演示，迄八十六年九月廿六日圓滿。講時手持經文直敘，不預繕講稿，亦不參酌他人註釋。後經譚錦生等同修多人，依錄音帶整理成文，歷時年餘方告竣工。然欲付梓時，發覺太過口語，有時兼有語病，不宜付印；乃由末學依諸同修之謄稿，親自重繕；雖稍有文章氣，而較具可讀性。

復次，此經講畢迄今，已歷二年；二年後之今時，因貫通三乘經論，及慧學增長迅速故，亦不能滿意二年前所說之內容，故作許多增刪，期望能對佛子有更大之利益。然亦因此，必須逐冊親自重繕，分期出版，無法一次出齊；又因增述故，雖於每冊增加篇幅，可能仍須增爲八至九冊，方能圓滿，合並敘明。

此《楞伽經詳解》，不作學術上之科判研究，亦不飾文，唯欲引導佛子大衆直入楞伽寶城，故依經文直解爲主，避免學術研究之繁文考據；亦盡量不引他經以釋此經，令諸佛子直接獲得此經之意趣。

又考慮讀此詳解者，多係年屆不惑之學佛者，視力較弱；爲免傷眼，乃捨棄花俏討喜之仿宋字體，改以平實易讀之明體字，並加大一級；編排上儘量避免擁擠，紙色亦避免太白太暗，以方便年長者長時間連續重複閱讀；此諸貼心之安排，期望對您有所助益。

此套詳解即將陸續出版，於此簡敘出版因緣，普願有緣佛子早見大乘道；見道已，復依此詳解，速入楞伽寶城，貫通三乘佛法；因之造序，述余私心，普願鑑燭。

娑婆菩薩戒子　蕭平實

時惟西元一九九九年早春序於頑囂居

張序

民國八十四年夏，余師　平實先生承多位明心見性弟子之再三懇託，請師開示悟後起修之法及成就佛道之次第；余師為利益廣大眾生及增益彼等見地計，乃假石牌某精舍及正覺講堂開講《楞伽經》，每週宣講二小時，合計八十七講，前後時間長達一年半。

師宣此經雖有錄音，僅供無暇聽課之同學自修使用。然講述未迄，忽聞師云：「譚錦生師兄已經整理好了十講。」每講約有一萬五千字，此是何等廣大之自動發心！整理講稿，必須逐字逐句反覆聽聞撰寫，工程十分艱鉅，有諸同修甚至必須整月時間方能謄寫一卷帶子。爾後，由於譚師兄之發心感動諸多同修，紛紛響應支援，投入整理行列者約有四、五十位；如此之善緣促成往後《楞伽經詳解》之誕生；亦印證了「菩薩發心，如影隨形；一念慈悲，成就廣大佛事。」

後因余師抬愛，令余先行過目已整理文稿，將講演時之口語去蕪存菁，順成文字稿，並分段落標點，以俟來日整理成册。

八十七年秋，所有稿件彙總，前後貫串，義理了然，深感佩余師因長年之弘法利生及無盡悲願，修證不斷向上提升，智慧深利，乃能廣演如此深妙之經典。若能成書發行流通於世，必將利益此時後世無量佛子。余師觀察因緣既熟，囑余將已順好之稿子付呈再作潤飾。不意時經二月，余師閱後竟謂余曰：「以前講得太淺了，我打算重寫！」余大驚詫，私心自謂：「阿彌陀佛！如此洋洋灑灑一百三十萬字，如何重寫呢？」內心驚疑：「如此浩大的工程，一人獨自重繕，何年何月方能竣工？」爾後數月，余於弘法之餘，常聞余師講述其重繕之進度。累牘長篇竟然改頭換面，一改口語講述之冗長繁複，轉化成精湛洗鍊之文字；不僅文詞更爲流暢明確，法義之陳述更是深入井然，令人歎爲觀止。不禁感歎：「需要何等的悲心與智慧？方能成就如此大事！」

《楞伽經》之主要宗旨，乃爲佛子詳述八識、五法、三自性、七種第一義、七種性自性、二種無我。細述阿賴耶識與七轉識間之關係及體性、明心後修道之原理與次第、以及如何以所證之如來藏爲根本，漸漸斷除現業流識，地地增上之道理。

佛法知見淺薄如余，詳閱余師重寫後之《楞伽經詳解》，對於一切有情生命之本體—如來藏阿賴耶識、異熟識、無垢識之體性有更深入之瞭解；對於七轉識之流注生滅也有更細膩之體驗，乃至對於可經由修行淨化染污之種子……以及如何邁向初地乃至佛地，在在具足信心與願力。際此末法，亂象叢生、眞僞莫辨之際，《楞伽經詳解》問世，必有力挽狂瀾之效，得以護持宗門正法日益光大，免於斷絕。

於整理文稿過程中，印象最深刻者，乃是其中二十八講全部都在講「妄想自性」，闡述凡愚衆生不明眞如體性，無法證得眞如，每每認空明靈知之意識心爲眞如，不知不見眞如之非一非異於空靈明覺之意識心，墮於一異斷常邊見；故爾反覆演述，鉅細靡遺，可謂老婆至極。

眞實之理，必須可以觸證、可以檢查論辯驗證；若非眞有修證，誰能如此詳實深入演述如來藏圓滿深妙之法義？若非眞有修證，誰能於定慧二門作如此條理分明、義理了然之剖析？佛法修證，決不可能單憑個人一生之意識思惟而得，必須多生累劫永無休止之聽聞熏習、努力修持方可得致。

於《楞伽經詳解》即將陸續出版之際，爲護持余師弘揚正法故，乃不揣淺陋，提筆爲文介紹緣起概略，供養諸方大德；尚祈十方善信大德皆具慧眼，普能揀擇解行並具之眞正善知識，同修第一義諦妙法，同證菩提，共成佛道。

菩薩戒子張正圜　敬序

公元一九九九年初夏於正覺講堂

學佛之目標有二：一為親證解脫果，此應修學二乘菩提之解脫道；二為親證佛菩提，此應修學大乘法之佛菩提道。然大乘之佛菩提道中，已函蓋二乘所修之解脫道，是故直接修證大乘佛菩提道，便可同時證得二乘菩提之解脫道功德；由是緣故，大乘學人只需直接修學大乘佛菩提道，便能達成學佛之真正目標。

佛菩提道之修學，應求大乘般若之見道；見道已，便得次第進修而正式進入初地通達位，然後可入修道位中，次第邁向佛地。大乘般若之見道，即是禪宗之破初參明心——親證本來離念、本性清淨之自心如來藏。欲求親證如來藏者，應依真正之善知識修學。真善知識之助人見道，所言所授之法，必須有明確之次第與確實可行之法，學人方有得悟之可能。若親近假名善知識，雖有大道場、大名聲、廣大徒眾，然所說所授者皆屬似是而非之法，縱使學人以畢生之身口意供養之，所得唯是常見與斷見本質之相似佛法而已，必將浪擲一世於相似佛法上，殊堪扼腕！

緒言

《楞伽經》之主旨，乃爲佛子詳述八識、五法、三自性、七種第一義、七種性自性、二種無我，並指導證悟者以其所證之如來藏爲根本，藉以修入初地；漸漸斷除現業流識，地地增上而至佛地。此經對於禪宗證悟者欲求悟後起修而言，極爲重要，故昔年禪宗達摩大師交付此經與二祖慧可，以爲印證。對於未悟及錯悟者而言，此經更爲重要；因爲此經可以印證自己之所悟眞假，避免誤犯大妄語業；並可建立學人正知正見，不被外道所惑，爲未來之證悟建立基礎。

此經亦是法相唯識宗之根本經典，詳述法相唯識宗之重要內涵；在大乘佛法中，本經一直在發揮極大之影響力，護持宗門正法免於斷絕，其功德力無與倫比。眞悟之人若能如實修習本經，一生可至初地，超越第一大阿僧祇劫。是故眞悟佛子若得眞善知識指導而修此經，必覺親切無比，心多踴躍，常生歡喜；對於初習之未悟者而言，可能稍覺晦澀難懂，但請勿畏懼，若能持之以恒，不斷熏習，久後必得大利。以此諸故，選擇《楞伽經》開講，冀能利益今世後世廣大佛子，令佛種不斷，大乘宗門正法綿延不絕，日益光大。

《楞伽經》有三種譯本：第一譯為《楞伽阿跋多羅寶經》，是劉宋朝代時，從天竺來的求那跋陀羅法師所翻譯。第二譯本為《入楞伽經》，元魏天竺三藏菩提流支翻譯。第三譯為《大乘入楞伽經》，唐時大周于闐國三藏實叉難陀所譯。今依第一譯《楞伽阿跋多羅寶經》為主，參酌餘二譯開講。

首先略釋經題：「楞伽」意為紅寶石，質地堅硬，其色正紅而透明，是珍貴之礦石，世人以之鑲為戒指，或做項鍊之墜子，乃人間之寶物。「阿跋多羅」意為無上，兼含進入之義；一般偏取無上之意。「寶」是稀有珍奇貴重；不易求得故，令人尊重。

在佛法中，所謂寶的意思，狹義而言稱為法寶，廣義而言稱為三寶。然而寶之一字，實已包含三寶，因為佛、法、僧等三寶一向不可分離。此處法寶是說《楞伽阿跋多羅寶經》之意旨。

本經所謂之楞伽，是說海中紅寶石大山，喻指有情之心寶；紅寶石山頂由七寶所成之寶城，譬喻衆生之前七識心。禪宗祖師所謂開悟，就是覓得有情各各皆有的本心—楞伽山—阿賴耶識；此一本心能生一切法，故名爲寶。

一般人所瞭解的心乃是妄心，不是眞心；有說頭腦是心，也有說心臟是心，也有說能知能覺能思能想是心，也有說不起語言思想的了知才是心，也有說入定不觸五塵的了知才是心………，然而這些都是妄心；或者念念生滅，或者刹那變易，或者時現時斷，皆非衆生本有之心寶。

本經所說之心，是指眞如——一切有情生命之本體—如來藏阿賴耶識、異熟識、無垢識。因爲有此本心，所以能生世間萬法及顯現出世間法；有情欲免三界輪迴—得解脫果；欲求成佛—得大菩提果，皆須依賴此心，所以說本心是三界之寶。

佛法中所謂法寶，是指出世間之法；然而出世間法卻不在三界外，而存在於三界世間之內。世間有法寶，所以世間就會出現佛、世尊、無上正等正覺，吾人尊稱之爲佛寶。既有法寶、佛寶，就必然會因佛寶在人、天世間說法度衆，而出現佛弟子；這些佛弟子一方面修學佛法—自度；另一方面也以自己所學所證而教導衆生—度他。在三界世間自度度他之佛子，即是僧寶。

不論有沒有佛出現於世間，這出世間的佛法都是常住世間而不變易；法常住故，必然會有衆生悟入此法而成佛；既有佛寶出現於人間，就必定會有僧寶，就具足了三寶。而出世間法有三乘差別，唯有大乘是究竟法，大乘函蓋三乘一切佛法故。《楞伽阿跋多羅寶經》則是開示大乘了義無上究竟之法，使我們進入一般衆生乃至聲聞緣覺所不能進入的無上法境界—諸佛菩薩境界—如來藏不生不滅的中道境界，所以說此經是寶經。

如是我聞：一時佛住南海濱楞伽山頂，種種寶華以為莊嚴。與大比丘僧及大菩薩衆俱，從彼種種異佛刹來。是諸菩薩摩訶薩，無量三昧自在之力神通遊戲，大慧菩薩摩訶薩而為上首。

疏：一切佛經皆以「如是我聞」開始。「如是」猶如俗語說：就是這樣。「我聞」：是我親耳聽聞。如是我聞四字乃是證信，表示此經非由誰人杜撰，而是由我阿難尊者親從佛聞。所以凡是佛所說經，都於經文之首冠以「如是我聞」四字。若無此四字，則表示彼「經」非佛所說。然有時外道及附佛法外道也會編造或篡改佛經，再送回佛寺流通，經由法師之手，轉進佛弟子手中，便有許多法師及信徒被外道法迷惑，信爲佛法，反而因此排斥眞正了義之佛法。所以法師（不論出家或在家之法師）責任重大，必須勤求證悟如來藏，方有慧眼；證悟後速學一切種智而發起道種智，方有法眼，方能護持及弘揚佛之正法，以免佛法被外道及附佛法外道所破壞。

「一時佛住南海濱楞伽山頂」；「一時」二字在佛經開頭常常使用，這是因爲在人間和天上的時間並不一樣；龍宮的時間與地獄的時間也不相同。人間之時間亦是各地不同，英國、美國、印度、台灣、日本的時間各各不同；人間如是，天上亦復如是：三界二十八天除無色界外，色界以下也各不相同，所以佛經都不以年月日時載其說法之時問，因此通用「一時」二字表示時間。

「佛」是說我們佛教的教祖—釋迦牟尼世尊。釋迦牟尼佛即是這一部《楞伽經》之法主，因爲佛的緣故，所以今天我們有這一部經典。

「住南海濱」；南海是指印度之南的大海，非常廣闊。但在本經裡，所謂的海，是喻指一切有情的心海。爲何以南海喻指有情之心海、衆生心海？一切有情因爲業力、願力、念力、煩惱緣故而感生共業，便於虛空中產生了器世間—從物質世間到地獄、諸天境界等—物質世間有無量無數的衆生。我們這個三千大千世界，就是天文學上所說的一個銀河系——一個星團。我們所屬的銀河系，據天文學家統計，有二千億顆太陽，所以共有二千億個太陽系。我們住在這個銀河系最邊緣的一個小太陽系中。

我們所住的這個銀河系究竟有多少生命？無法計算！縮小範圍到我們所居住的地球，就已經無法計算了：據說地球上現在有六十億人，其餘傍生道衆生究竟有多少呢？選擇其中的一個種類—例如螞蟻，能否數得清楚呢？何況還有其他種類的傍生動物，以及餓鬼道、地獄道、天道等有情，確實無法計算；更何況是一個銀河系呢！無量數的有情聚集在一起，同屬一個銀河系；而這些有情的心互相激盪，即成衆生心海。

此外，從每一有情各自的心而言：任一有情各自的如來藏—阿賴耶識，含藏過去、現在、未來的識種，無量無數不可算計；所以每一有情各自的本心，也都是一個心海。因爲每一有情之眼耳鼻舌身意六識，再加上意根末那識，配合阿賴耶識本身的識種，共有八識種子之運作，產生了妄想、夢境、煩惱，掀起無量心行；這些心行以及識種，好像波浪不停的翻騰，猶如大海一般波濤洶湧。本經所說的南海，即是喻指有情衆生的心海。

南海邊緣的楞伽山頂，是說已經皈依三寶、已在學佛的夜叉衆們所居住的楞伽（紅寶石）山頂、七寶所成的山城。在此經中所說紅寶石山頂的七寶城，喻指一切有情之七轉識，能顯現無量無數法；七轉識乃是一切有情衆生生命的顯現者，一切有情之生命因七轉識而表顯萬法，所以說祂位於楞伽山之頂。七寶喻指前七識，由前七識組成妄心—靈明覺了、處處作主的妄心。若無此妄心，一切有情不能修學佛法，故此妄心亦名爲寶。然而此七寶所成之寶城若離紅寶石大山，即不能單獨存在，如屋依地而建；七轉識亦如是，依阿賴耶識而現行運作，若離阿賴耶識，七轉識即不能現行、不能顯現萬法。故說阿賴耶識是紅寶石大山，藉此表顯其堅固珍貴—能生七識萬法故，一切法之所依故，本然自在故，永不壞滅故，無有有情能壞滅祂故。阿賴耶識亦名阿陀那識、如來藏、藏識、眞識；於無學位改名異熟識、菴摩羅識；於究竟佛地改名無垢識、眞如。楞伽大山喻指第八識是萬法之所依，七寶之城喻指七轉識能轉生諸法，所生諸法即以寶華喻之，謂七轉識依種種諸法以爲莊嚴也。

這個七寶所成的紅寶石山頂的城市，「種種寶華以爲莊嚴」，是說它有許多種類極爲珍貴的名花異草來莊嚴表顯。經中本意所謂種種寶華，喻指有情身中從第一識到第八識所生的一切法。這一切法，成就一切有情在三界六道中之所有境界與活動。若無此一切法，則眼根、眼識、色塵法，乃至意根、意識、法塵法等三界萬有諸法，悉皆不現，斷滅空無；所以這一切法，乃是三界六道一切有情的莊嚴之具。三界六道衆生及諸聖人，皆以六根、六識、六塵所成諸法及出世間之無漏法作爲莊嚴，以表顯眞如之尊貴、珍奇、清淨、本來自在之體性。

「與大比丘僧及大菩薩衆俱」：是說在這個楞伽山城法會中，有許多的法衆。這些法衆有二種相：一爲聲聞相，二爲菩薩相。聲聞僧必須是人，具足五根，剃除髮鬚，出家著僧服，住於伽藍、精舍，世稱比丘、比丘尼。隨佛出於龍宮，來到楞伽山頂的這些聲聞僧，皆是具足五通的俱解脫聖者，所以稱為大比丘僧。

第二種相是菩薩僧：菩薩不一定示現出家相，大多示現在家相；亦不一定示現於人間，有時往往是非人，譬如天主、天人、天神，或有福鬼、學佛的夜叉天龍八部等；甚至也有在人間示現為畜生相的菩薩。菩薩雖然大多示現在家相，但也有部份菩薩現出家相；譬如兼受菩薩戒、以菩薩戒為主要依歸，以出家戒為次要依歸之比丘二衆，是名出家凡夫菩薩。復有兼受菩薩戒，並證得如來藏而不退轉之出家比丘二衆，進入七住位不退、初地行不退、乃至八地念不退等，此諸比丘二衆，以及證入同等修證境界之在家菩薩，皆名勝義僧，能出、或能漸出三界家故。此經中的大比丘僧，是說聲聞僧，菩薩僧則歸納在「大菩薩衆」內。

此經之法衆，以勝義菩薩僧為主，迴心之聲聞大比丘僧為次；故由菩薩僧請法，聲聞大比丘僧旁聽。

「從彼種種異佛剎來」，是說這些大菩薩是從各個不同的諸佛剎來。異佛剎即是十方虛空各各不同的佛世界—有純一清淨世界，無男女相者；也有雖現男女相而不似娑婆世界之汙穢者；也有如同此世界是淨穢土者，是名異佛剎。又如菩薩相貌種類不一，有從天道來者，有從人間、修羅、鬼道、畜生道來者。此諸菩薩所從來之世界各各不同，亦名異佛剎。

此經所說異佛剎者，乃謂一切有情各自之世界皆不相同。一切有情尚未成爲阿羅漢前，或者尚未進入第八地之前（應爲第六地前，六地已證滅盡定故。今隨順舊說），其第八識通稱爲阿賴耶識。以諸菩薩身份各各不同，每位菩薩之五陰各成一世界，各住不同世間；此諸菩薩種類無量，修證互有差別，各皆不離自己的如來藏所生世間，所以說他們從種種各自不同的佛剎而來；所以大菩薩示現多種不同的身相，不只是人的形像而已。

「是諸菩薩摩訶薩，無量三昧自在之力、神通遊戲」；此諸菩薩悉皆具有無量三昧自在之力。人間末法有情，欲修學大乘佛法，非常困難；一般人想要證得禪定三三昧之初禪—有覺有觀三昧，就已經很困難了，更別說無漏的三三昧—空、無願、無相三昧。然而《楞伽經》中這些菩薩摩訶薩都具有無量三昧，並且已經斷除了一念無明，所以得到解脫自在之力；他們也打破無始無明，證得如來藏中道，並修學唯識種智法等，所以能進入初地以上，成爲菩薩摩訶薩。

吾人常見善知識開示：「開悟後就有六種神通。」禪宗祖師也常說：「悟後必有六通。」往往有人誤會了，以爲是五神通的通，便以爲悟後眼識會出現天眼，或有宿命通、神足通、他心通、天耳通等。或以爲是六根互通—眼可作耳用、鼻可作舌用……乃至意可作眼用等。若究其實，悟者之六通乃是六祖慧能大師所說之「道在通流」。我們所修所證之道—眞如佛性，必須恒在六根之中通流，遍於六根，遍十八界，如此之悟方是眞悟。如果所悟是一念不生、靈明覺了、處處作主之心，則不能遍於六根；而且中斷不恒，睡著時乃至意根之中亦不現前；醒時亦只在意根上運作，不遍六根，何況十八界？道—眞如，必須醒睡一如，恒而不斷地遍於六根之中運作，方名證悟。而五神通與開悟非必有關。

「大慧菩薩摩訶薩而爲上首」；楞伽山頂的這些大菩薩衆們，以大慧菩薩摩訶薩爲第一位。佛子讀經時，對於每部經典開始之處所述菩薩名號應當留意，因為在這些菩薩聖名之中，就已經把這一部經的主要意旨表顯出來了。

《楞伽經》既由大慧菩薩請示世尊而演繹成經，則「大慧」便是此經之主旨。於此便應先行探究「大慧」之意：一切有情眾生皆有眞如—阿賴耶識—如來藏。眞如乃是一切法之根本，欲入大乘佛法，必須以證得眞如為根本，證得眞如而生中道智慧，即是根本無分別智。我們學佛之目的，是為了將來可以成為究竟佛，成佛時之眞如—第八識如來藏轉生大圓鏡智，而改名無垢識眞如，從此不名為如來藏。

尚未成為究竟佛之前，初次明心時雖然已經親證如來藏，但仍未轉成究竟清淨之眞如，亦未發起後得智，尚未證得道種智，未具法眼，只能稱為根本無分別智。證得根本無分別智而入中道後，第六識轉生妙觀察智、第七識轉生平等性智，這是明心見性時所生根本無分別智，皆在中道法智類智上，此是下品轉識成智。

菩薩以根本智為基礎，方能修學一切種智—了知如來藏所藏一切種子功能差別—五法三性等唯識智慧，漸由根本智而產生後得無分別智，進入初地；地地轉進而至七地，念念入滅盡定，寂靜極寂靜；復蒙佛加持而入八地，得如幻三昧意生身，此時如來藏改名異熟識，六七識轉生中品妙觀察智、平等性智，於相於土皆得自在。復於利他之中漸次轉進等覺位，到了妙覺地，金剛道成就，降神人間母胎示現成佛時，其異熟識眞正空淨，轉生大圓鏡智；前五識轉生成所作智；六七識同時進行上品轉識成智；從此之後，於一切法、一切種，無所不知，十智具足，名爲世間解、一切智智。

吾人於下品轉識成智—第一次明心見性時，所證如來藏阿賴耶識雖然仍非佛地眞如，但是捨離阿賴耶識，就永遠覓不著眞如，因爲阿賴耶識就是將來成佛時之無垢識眞如。

阿賴耶識—因地眞如，雖有多名，其體是一，祂是三界一切世出世間法之根本。明心之前，我們說有眞如與妄心，但是明心之後妄心也是眞，因爲妄心是由眞如所生，可以說妄心體性其實也是眞心體性之一部份。但是未悟及錯悟之人不明白眞如何在，更不能體會眞如之清淨體性及運作，所以必須令彼參究，復於破參後深入體驗。體驗完成後具足中觀類智，若能再深入唯識經藏修學種智，了知五法三性……等，發起道種智而入初地，能為有情開示三乘佛法，名為大慧。如來藏體用之證悟，乃是佛法五乘世出世間智慧之根本；大慧菩薩即因頓悟—證得如來藏而生根本智；復依根本智作諸觀行而起後得無分別智，以此能入漸悟菩薩位，進入初地以上，發起道種智，能為人間佛子之導首，故名大慧菩薩。由此可知此經對於證悟之人極為重要，達摩大師之所以交付此經與二祖，其故在此；大慧菩薩於菩薩衆中能為上首菩薩，其故亦在此，佛子不可等閑視之。

一切諸佛手灌其頂；自心現境界，善解其義。

疏：佛子修行進入初地之後，漸漸修學到第十地法雲地，一切諸佛以神力建立，發動十方無量數的十地菩薩，來為這位初入十地的菩薩灌頂，稱為一切諸佛手灌其頂。「自心現境界」意謂世出世間一切法皆是自心所現—眞如的境界。未悟者不明此理，每謂「吃喝拉撒是生死有漏有為之法，云何說為眞如境界？」錯悟者則將吃喝拉撒時之無妄想靈知心—意識—錯認為眞如。證悟如來藏之人方能離於此二邊，了知世間及出世間一切法皆是唯心所現；離於眞如，無外境界。一切十地菩薩，地地滿足法性之身；了知菩薩七住所證根本無分別智—如來藏空性中道，復能了知初地百法明門無生法忍、二地千法明門無生法忍……乃至十地千萬億法明門無生法忍等一切法相悉皆了知，善能爲衆解說其性相故名「善解其義」。

種種衆生、種種心色，無量度門，隨類普現。於五法、自性、識、二種無我，究竟通達。

疏：衆生雖然有很多種，其實皆是唯心所現；心性宜人，便在人中受生，現人色心；心性陰險狠毒，宜於毒蛇，便在蛇中受生，現蛇色心；心性善於造惡謗法，宜於地獄，便在地獄中化生，現地獄色心……。衆生心性種種不同，故現種種色身、種種心行。然而一切衆生總名五陰—由色身及能知能覺之六識心，因而有受想行，便有靈知分別及法相名相，靈知心於其中妄起分別，錯認自己實有，錯認法相名相實有，遂致念念遷流，輪迴不已，故名衆生；是故靈覺了知之心即是衆生，非是眞如本心。

若有人說「能知能聽的一念心就是眞如」，那就錯了，因爲此心不離心我之相，也不離法塵相，相應於法塵相而流轉。能知能聽的一念心不離知覺，這一種覺稱爲妄覺，不是眞覺。因爲能覺知自己、覺知法塵的心，必定不離觀照；有覺有照就是我相，就不是眞如；《大集經》云：「一切諸法無覺無觀，無覺觀者是名心性。」離世間六塵、對世間六塵不覺不觀的覺，才是眞覺；眞如離世間覺觀，亦不返觀自己，能觀能知自己之心者是意識心，眞如離見聞覺知；所以常常有禪師向弟子們開示：「不知最親切！」佛子們十有九人不知此理，每將無妄想之靈知心錯認爲眞心，便墮於衆生數中，不入菩薩數。

以上是說衆生之心不離相（我相、定相、法相）、名（一切法相之名稱）、覺想（無語言文字之了知及有語言之分別），但是五法除了以上三法之外，尚有二法—正智與眞如。正智—如理作意的智慧、眞實的智慧；也就是經由相、名、覺想之觀行，明白世間六塵乃至六根六識皆非實相，卻又不離實相。實相非有相非無相，雖然本身無相，卻又不離一切世間相。

欲證實相，必須先經文字般若之熏習，再由觀照般若之觀行，產生相似般若之解行，最後透過眞善知識之指導，藉禪宗之參究方法而找到自身本有之眞如。覓著眞如之後，方知眞如雖名空性、無形無相，卻又不離一切相，存在於三界六道之五蘊中，遍十八界示現；本來出離三界、本無生死，卻又不離三界、不離生死─衆生皆因爲祂，所以才有生死。眞實證知眞如，了知上述義理，才是正智。

但是上述之正智與眞如仍未究竟，於悟入眞如而現起正智後，進入悟後起修之漸悟菩薩位─修習解脫果及大菩提果；漸漸地斷除阿賴耶識所藏一念無明煩惱種子，成就解脫果而出三界，熏習無生法忍而漸漸斷除無始無明塵沙惑，向佛地如如之境邁進，一直到「金剛道後異熟空」，識種之流注變易已經斷盡而究竟成佛時，便是究竟如如的境界（於解脫果及大菩提果皆能起諸無功用行）。以上略述五法：相、名、覺想、正智、眞如。

「自性」二字是說三種自性。三種自性是指一切有情生命的本源─如來藏眞如所具有的三種體性。一切有情皆各具備八種識：眼、耳、鼻、舌、身、意、末那（意根）、阿賴耶（如來藏）識，共有八識。三性是：遍計執性、依他起性、圓成實性。

末那識又名意根，處處作主，分分秒秒刹那刹那不斷作主，乃至睡而無夢時亦復隨處作主；祂是一切眾生之所以會執著世間諸法有無之根本，又名我執識；祂利用意識—恆而不斷地、並且普遍地執著一切諸法；凡此皆因虛妄分別而起，名為遍計所執性。遍計執性之與末那相應者名為俱生相續我執法執，與意識相應者名為俱生斷續我執法執。恆常不斷而普遍地錯執一切法實有，故名遍計執性。

眼識乃至意識是六種分別識，分別識者意謂此六識各別相應於色聲香味觸等內外五塵及內法塵而生分別。六識自身及六塵等諸法皆從因緣而生，非本來自在；六識復因六根六塵而現，依他（眞如、末那及五根六塵）而起，既是依於他法而現起，即名之爲「依他起性」。

「圓成實性」乃謂眞如阿賴耶識於遍計執及依他起性中，顯示其能現遍計執及依他起性而又遠離遍計執性，本性清淨而能遍現諸法，圓滿成就諸法實性，名為圓成實性。以上所說即是八識三性。

八種識又可歸類為三種：眞識、現識、分別事識。眞識是阿賴耶識，本來自在故名為眞，能生一切法故名為眞。現識喻說此識恒時現行運作，無始以來不離阿賴耶識而不斷滅，唯除入無餘涅槃；此識又名我執識，無始以來我執法執恒不斷故，名為遍計執識，即是末那識—意根也。分別事識乃是前六識；諸位在此聽經，必須依賴前六識運作；參禪及體究念佛，亦須依賴前六識運作；若無前六識之分別作意、末那識之觀察作意，我們就無法證得眞如體性。前六識之觀察分別思惟等運作，須依眼耳鼻舌身五根，相對於色聲香味觸五塵所生之法塵，方能運作；唯除意識入於二禪以上定境，方能離於五塵而單獨運作。然此諸法皆是因緣所生，屬依他起性；於此諸法中運作之前六識亦是依他而起—依阿賴耶、末那、五根、五塵而起，皆是依他起性；如此總說有八種識、三種自性。

二種無我者乃人無我、法無我。吾人每聞善知識云：「聲聞緣覺無學聖者，證得人無我，不證法無我。」以不知不覺法無我，不知一切外法悉是自心所現故，懼墮外法中輪轉生死，故取滅度。菩薩雖亦證得人無我，而不取證無餘涅槃，繼續向法無我之究竟道而邁進修行。人無我乃是證得五陰之虛幻無常，滅除五陰世間之貪染，斷盡一念無明四種住地煩惱。

法無我者：菩薩不求斷盡一念無明，不離貪瞋而逕破無始無明－覓得如來藏阿賴耶識而斷一念無明之見一處住地惑，不斷欲界貪、色界瞋，繼續修學一切種智而修證法無我，此菩薩不入初地而分證法無我。或菩薩覓得眞識後，修斷欲界、色界、無色界惑而成無學（或永伏三界惑），以大乘無生忍中道智慧爲基礎，進修一切種智，分證法無我－了知萬法之中眞實無我，皆是自心所現；此菩薩於一生中得入初地。此一段經文說明諸異方來菩薩於五法、三自性、八種識、二種無我已經究竟通達，善能爲人宣說。

爾時大慧菩薩與摩帝菩薩俱遊一切諸佛刹土。

疏：大慧菩薩與摩帝菩薩皆能遊行一切諸佛之刹土。諸佛刹土喻說一切有情之五陰世間；能遍行於十法界，名爲遍行諸佛刹土－三世一切佛法界悉皆能入能知。十法界即是三界六道中之六種法界—人法界、天法界、畜生餓鬼修羅地獄法界，以及聖人法界—聲聞、緣覺、菩薩、佛法界，總爲十法界。

無分別智普遍存在於十法界中；有情衆生於證悟之前，其根本無分別智亦遍行六法界中—無論彼身處何界；本來自在，非因悟有，而衆生不覺不知。悟後漸漸深入了知，名爲遊於四聖法界。

譬如佛子修聲聞禪而開悟，證得五陰空，遊於聲聞法界；修學十二因緣，悟得緣起性空，遊於緣覺法界；菩薩種性佛子悟得眞如、眼見佛性，以無分別智，不離眞如佛性而證聲聞五蘊空及緣覺之緣起性空，此即遊於菩薩法界。由菩薩法界地地進修，直到成佛而遊於佛法界。未究竟成佛前之地後菩薩，亦得名爲遊佛法界，同證法無我而少分了知佛之本際故。了知十法界就是遊一切諸佛刹土。（此處乃依唯心法界而言，非謂無菩薩以莊嚴報身遊諸佛土。）

承佛神力從座而起，偏袒右肩，右膝著地，合掌恭敬，以偈讚佛。

疏：於此一段經文之前，另有緣起；謂世尊非無緣故而至楞伽寶山說法。

緣起世尊在海龍王宮殿說法七日已畢，離於南海龍王宮殿，忽見紅寶石所成之楞伽山，山中種種寶花以爲莊嚴；復於山頂以七寶建成寶城。世尊見已，忽憶過去諸佛皆曾於楞伽山頂寶城，爲羅婆那夜叉王及夜叉衆說法，乃向隨從弟子云：「過去諸佛應正遍知，於彼摩羅耶山頂上楞伽城中，說自內身聖智證法，離於一切邪見覺觀，非諸外道聲聞辟支佛等修行境界。我亦應於彼摩羅耶山楞伽城中，爲羅婆那夜叉王上首說於此法。」羅婆那夜叉王以佛神力故聞佛此音，自念：「我應請如來入楞伽城，令我及諸人天得大利益。」遂集諸眷屬，乘寶花宮殿至如來所；從宮殿下，遶佛三匝，供養如來，並歌偈讚佛。

彼時佛觀衆生如來藏心中大海水波，爲諸境界猛風吹動，轉識波浪隨緣而起，乃爲楞伽山主羅婆那王及諸夜叉衆，說此甚深了義之法，名爲進入無上寶貴之經—《楞伽阿跋多羅寶經》。世尊一時爲彼說法，復現無量無數楞伽寶山，諸寶山頂各有七寶所成寶城，同於羅婆那王之紅寶石山城；一一寶山寶城皆有釋迦牟尼佛，爲羅婆那夜叉王等衆說法；羅婆那王見此景已，忽然頓悟自身本具之如來藏—阿賴耶識。

羅婆那王所見之一切楞伽寶山，及每一山中之釋迦世尊及羅婆那王衆等，乃至他自身及夜叉衆及親從聞法之釋迦世尊及自己所在之楞伽山城，於他頓悟之後，突然全部消失了－羅婆那王不知不覺，住於如來藏境界之中。

稍後突然思及諸多夜叉衆及世尊法眷：「爲何緣故我今不見世尊諸大菩薩及夜叉衆？」於時世尊及諸菩薩等衆忽然而現，世尊身放無量無數寶光，呵呵大笑。諸佛通法皆不妄笑，一切世尊笑必有因；今以世尊呵呵大笑故，感得大慧菩薩摩訶薩等佛子來到楞伽寶山，成爲此一經典之法衆，向法主釋迦世尊請法；世尊乃爲大慧菩薩及羅婆那王等夜叉衆，敷演悟後起修之道及其原理，遂有此一寶經出現於世。

以此緣故，大慧菩薩摩訶薩承佛神力，從座而起，請佛說法。請佛說法，需有規矩；應當先請空閒，而後求佛說法。若世尊無有意願時，不應冒然請求。世尊欲爲大衆說法時，必有菩薩以佛神力建立故，能爲佛子請問無上甚深了義之法。此時大慧菩薩亦然，「從座而起，偏袒右肩」而請佛說法。

偏袒右肩是向佛示敬，猶如搭衣時不覆右肩，此乃表示敬意。譬如俗法多用右肩擔負重物，累了才換左肩；右肩比左肩強壯耐久。偏袒右肩，意謂願意承擔如來家業，因此才敢開口求佛授法。

「右膝著地」又名胡跪；求佛說法開示道路，及求佛爲我們排解一些業障，好讓我們順利地參禪證道；或求佛冥祐，以使我們得遇眞善知識，速入大乘無生忍及入初地無生法忍等；求願時皆應偏袒右肩、胡跪合掌。

我們求佛時應當同時發願，不可只求而無願。我們求佛世尊冥助，助成悟道因緣。然而菩薩法中悟道之因緣──明心見性──是甚深難得之法，非同小可；此是一切佛成道之根本故。既然所求是無上甚深了義之法，本應偏袒右肩、右膝著地，而且必須合十指爪──十指叉手或合掌──置於胸前恭敬而求。求無上法時應當發願：悟前努力護持宗門第一義正法，悟後願意承擔如來家業，使宗門了義正法繼續流傳，願廣度有緣佛子。

合掌恭敬是有道理的：合掌須是十個指頭相合；右掌五指代表福德──十度波羅蜜之前五──布施、持戒、忍辱、精進、禪定。左掌五指代表後五度等智慧：般若波羅蜜（禪宗開悟之智慧）、方便波羅蜜、願波羅蜜、力波羅蜜、智波羅蜜。

佛子學佛首重布施，布施乃是修集福德之首，故列於十波羅蜜之首；貪心慳吝之人，必定與佛道相背，故須先修布施；乃至菩薩修入初地甚深智慧，仍須以布施爲首要，專修布施，何況凡夫衆生薄福無智，求於佛道而不肯修福？

復次佛子對於福慧，多有誤解。舉凡打坐、數息、觀想、修止，皆是禪定法門，非般若禪法，與慧無關。六度之前五皆是福業，禪定之修證亦是福業；修禪定者若證四禪四空定三昧，其所得果報爲捨壽後生禪定天或四空天，稱爲定福；但這五福乃是修慧之基礎，不具五福者，修學般若之過程中，將會遇到許多遮障。

雙手合十，是以吾人所修之福德與智慧，全部用來恭敬供養佛世尊—這部寶經之法王、法主。以身手表示恭敬之後，隨之以口及意表示恭敬，是故隨後以偈讚佛：

世間離生滅，猶如虛空華；智不得有無，而興大悲心。

疏：三界名爲世間；三界是欲界六天及人間，色界十八天及無色界四天，合爲三界。欲界及色界名爲器世間，從粗硬的物質到微細的物質所形成的世間，是有形色的，可以接觸的，稱爲器世間。無色界四天無物質，純是精神世界；未離輪迴，不具備出世間智，故名世間。合此欲界、色界、無色界，總名世間。此外，有情之身心亦名世間，此世間含攝十法界。

吾人所住之地球及此一太陽系所屬之銀河系，皆是粗糙物質之世間。此世間之上有欲界六天，第一天爲四天王天，分由東西南北四大天王管轄。第二天爲忉利天，即是道教玉皇大帝住處；此天分爲三十三天，中天爲玉皇大帝所住，有善法堂，玉皇大帝（釋提桓因）常在善法堂中講說佛法；中天之東西南北四方各有八天，共有三十二位天主，皆歸中天玉皇大帝管轄。四王天及忉利天與人間關係極爲密切，天、人之間常有往來。再上去第三天爲夜摩天。第四天爲兜率陀天，分爲內院與外院；內院由彌勒菩薩住持弘法，將來由兜率天下生人間成佛。第五天爲化樂天。第六天是他化自在天；從此以下乃至人間，總名欲界。所謂欲界，意謂此界有情各分兩性，有男女欲，故名欲界世間。

欲界以上名爲色界，共有十八天：初禪三天，二禪三天，三禪三天，四禪四天；四禪之上有五不還天—三果及初地聖人捨報往生之住處，於此五天中捨報時便出三界。四禪以下共十三天，必須證得初禪到四禪而不退失的人，捨報後方能往生；若不見道而修斷五下分結，不能往生五不還天。五不還天之頂爲色究竟天，報身佛尚在此天說法；唯地上菩薩捨報方能生於此天。此色界十八天皆仍有形色，故名色界；但因全部有情皆是中性身，不分男女性，不受男女欲，不名欲界。

色究竟天以上復有四天：修定之人若證得四空定—空無邊處定、識無邊處定、無所有處定、非想非非想處定—捨報後便生此四天。此四天無形無色，純是精神境界，住於定中；無形色故名無色界。十八地獄及諸小地獄皆包括在欲界之內。欲界、色界、無色界之有情，皆不離生死輪迴，故名有情世間。

此外，十法界之五陰亦名世間；每一個人之五陰都是一個世間。是故人間道、傍生道、餓鬼道、修羅道、地獄道，乃至四聖之住於三界而不取滅度者，皆名世間，有五陰故。修羅非屬單獨一趣，散佈於五道之中，善惡不定；以瞋重故，受無酒果報，又名無酒。以上名為六種凡夫世間。

四聖世間謂聲聞、緣覺、菩薩、佛法界；未入無餘涅槃，或不入無餘涅槃，常住三界度衆生，名爲非世間非非世間，能出三界而常住不出故。佛地已經究竟不生不滅、究竟涅槃，法身佛已證無住處涅槃，識種流注變易已斷故不應說名世間；然應身佛、化身佛、報身佛仍現有色蘊及名，或現有色像，不斷地在人間或三界諸天及十方世界度衆，故亦方便說名世間。

三界中之四聖六凡世間皆是唯心所成，即使是星球粗硬世間，也是由有緣衆生本心所含共業種子感應，方能於虛空中形成，所以說三界唯心，因此心就是世間。

如何是心？心有眞妄，心中念念變易，不離六塵，恒執自己及一切法，名爲遍計執性妄心；睡時、入無心定時、入滅盡定時、昏迷時、死亡時便消失的心，名爲依他起性之分別妄心；反之即是眞心。

世間人及錯悟之人，指稱各人能知、能覺、能聽、能思惟、會想念之靈知心爲心，此即佛法中所說之世間心；世人固說此心爲眞，然實非眞，唯能存在一期生死；五勝義根若全壞時，此心即滅，不至來生。此生是此靈知心，來生則是另一靈知心；不通三世故，不能爲一切染淨法之所依；宗喀巴錯認此心爲一切染淨法之所依，大謬也。至於常住世間而又遠離生滅的心，究竟是什麼呢？那就是佛性之根源—無垢識眞如，因地名爲異熟識、阿賴耶識。世間既是由此識所成，故說心是世間。此偈所說「世間離生滅」，即是說眞如—阿賴耶識；唯有祂才能常住世間，而又遠離生滅，本來自在，不由他生，恒常不滅故。

第一句既說「世間離生滅」，爲什麼又說「猶如虛空華」呢？世間其實有眞有妄，衆生之本心眞如，雖然一向不生不滅，但祂的運作和示現，一向不離三界世間和五陰世間，所以必會從眞如阿賴耶識而生妄心—意根末那識及眼等六識。一般學人只知眼等六識，不解末那識；佛子知有末那識，而不知末那識即是意根；唯識專家知末那是意根，而不知末那在身中如何運作，更不知本心阿賴耶識何在？亦無能力體驗證實祂的存在和運作，故不能觸證法無我，所以不得道種智，不入初地。阿賴耶本心固然離生滅，但祂所生之七識及一切諸法，則如虛空幻現之花，有生有滅；若探究此諸世間之本際，其實並無生滅，唯是本心幻現，似現非現。

以何緣故而說妄心有生滅？何故說器世間有生滅？當先明七識之生滅。眼識之現行，須具九緣：眼根、意識、末那、阿賴耶、色塵、空、明、作意、眼識種子。

先敘眼識，則因了知眼識而知耳鼻舌身意識。眼識之現行，先須有眼根；眼根有勝義根（神經組織及大腦中掌管視覺之部份）及扶塵根（眼球及運動纖維等）；眼根若不壞，配合外面之色塵（青黃赤白長短方圓明暗），所以我們看到各種景像。

但是這些景像透過眼睛（扶塵根）去看時，就像使用攝影鏡頭來攝取影像；鏡頭本身並不知道它所攝取的影像有何意義，而且影像與實物是上下顛倒的；必須轉化爲電波訊號，傳送到顯像器而正確地顯示出來。

經說「根塵觸三而生眼識乃至意識」，但是眼識並非單指眼根接觸色塵便有，而是說其他條件具足之後，在此狀況下能生眼識；眼識並非憑空而有，而須其他條件具足時，方能於根塵接觸時而生；故必須有本心運作眼根及眼識、意識、意根等種子，復因光明，及空間無遮，末那作意欲加分別，故使意識眼識作意同時現起，故同時現起意識眼識。若眼根與色相之間有遮障、或無光明，眼識唯能見暗，見暗久之即因不能作用而漸消失不起，末那作意不現前故。眼識之了別作用，必須是刹那刹那不斷生滅變易，方有作用。

第一刹那眼識種子現起，隨即落謝；第二刹那眼識種子緊隨其後復現，不斷輪替生滅，眼識方能有用。譬如攝影，如果只有一張底片，照了第一個影像之後不換底片，重複再照第二個影像乃至第三第四個影像，則四個影像必定重疊於一張底片，如此沖洗出來之相片就失去其作用了。眼識亦復如是，第一刹那眼識現起落謝時，便引生第二刹那眼識緊接其後而起；第二刹那亦如是引生第三刹那眼識現起，相續不斷生滅變易，眼識方能有用；所以我們可以不停地觀看一切影像而不重疊混亂。如果前後眼識是同一個，而非前後生滅變換，則吾人自出生以來迄至於今，所見之一切影像皆將重複疊印於眼識，吾人必將如盲人一般不能見物。故眼識必須猶如拍攝電影一般，將底片以等速移動到鏡頭位置感光，一格連接一格，不斷以後格底片替換前格底片，方能拍攝成電影；眼識亦復如是，必須後刹那眼識不斷替換前刹那眼識，眼識方能了物。故眼識是刹那生滅，不斷先後變易，非是恒常不變的；但因眼識生滅輪替極爲快速，於一刹那中有九百次生滅變易，故吾人不能察覺其生滅變易，誤以爲是恒而不動不變。

猶如燈光每秒閃爍六十次，而吾人不覺，以爲無有明暗閃爍；眼識亦如是，而速度數十百倍於燈光之明滅，故吾人不能覺察其生滅，誤以爲祂恒常不滅。眼識如是，耳鼻舌身意識亦復如是，藉阿賴耶識中各識種子之相續生滅變易，前後轉易而起諸作用。

有情衆生生來即能分別、思惟、妄想，此一能於無語言狀況下而作分別之靈知心，即是意識。意識緣於腦筋（五勝義根）不壞，又因眼耳鼻舌身等五扶塵根不壞，配合末那識（意根），接觸五塵，因此而有種種法塵；意識於中分別相名，便起思惟而有妄想。衆生不知眼等六識之生滅變易，非有恒常實體，誤執爲眞實。證悟者認爲眼等六識所成之靈知心世間，也是從本心而生，其實也是眞心之局部體性，雖非眞實，亦非虛妄；雖知唯有一生，而能了知運用祂來修學佛道之正理。唯有俗人及錯悟者，才會誤認祂是不生滅的眞實心。而此靈知心其實日日斷滅，睡眠即滅故；唯藉等無間緣而與昨日睡前最後刹那靈知意識、或與午夜或將醒時之夢境最後刹那靈知意識連繫，故能記憶夢境及昨日事。然不能知前世事，不能藉等無間緣與前生之靈知意識連繫；何以故？此生之靈知心，緣於此生之五勝義根扶塵根而有，往世之靈知心緣於往世之五勝義根扶塵根而有，前世陰與此世陰懸隔故，非能連貫三世故，往世之五根不能來至今世故。

「世間離生滅」，因爲我們的阿賴耶識一直存在而不斷滅，但是祂所出生的六識不停地生滅。因這六識而生起各種名相與妄想，乃至因衆生阿賴耶識種子共業而形成物質世間；然此世間亦非眞實，不離成住壞空之輪替故。知悉此理，便知世間乃由共業有情之本心所幻現，猶如眼睛昏花而示現幻像。

由有情共業力故，虛空中無數微塵開始聚集，形成物質世間，作爲共業有情受報之場所——一個新的銀河系形成了。初成之銀河系中有許多太陽，熱度極高，不宜吾等粗重欲界身活動居住，亦無水及植物；世界初成，名爲成劫。水氣凝結爲水後，漸漸冷卻，方有植物，有氧氣，可供粗重欲界身居住，名爲住劫；便有光音天人飛至此間，各皆身具光明。彼時世間自然而有地蜜，香甜可口，彼諸天人有以指沾而嚐者；以可口故互相轉告，人盡皆知，遂以爲食。

貪食者以多食故，身轉粗重，漸漸乃至不能飛行，身光漸漸暗昧，終至成爲欲界粗重色身。此諸天人初成人間身時，猶如色界天人，唯是中性身，不分男女；以福報盡故，地蜜漸漸消失不現，復生地肥；雖不如地蜜，仍極可口。復經多時，地肥亦盡，於是地上自然而生粳米，遂改食粳米，身體倍復堅韌粗重。其後自然粳米亦盡，轉生古人所食糙米。須食之人自行割取，聰明之人爲免麻煩，一次割取三天糧米。多慮之人一次割取十天半月糧米，終至有人佔據地盤，劃界爲限，不許他人割取，據爲己有。衆皆效法，遂有田產私有及諸糾紛發生。

復有無德之人不採自田之米，偷採他人田米，種種紛亂，理不得直，勢須推選身壯莊嚴而又聰明正直之人以爲裁判，統理衆人之事，遂有酋長；從此漸漸建立社會制度，便有階級高下之分。

聚居之後便有好惡分別，人與人間就有厭惡與喜愛之情緒出現，於是對他人有憎恨與貪戀之心。生貪戀心時便思共住，共住便思親密和合，遂有親密行爲出現。爲恐他人覺察責備，便離群而居——或住山洞，或編茅草遮蓋。

初時僅爲遮蓋及遮雨，後來漸漸演變成茅屋；離群而居，無人指責，兩人間之親密行爲漸漸成爲常態，時移日易，演變發展，漸漸形成男女二根而分兩性，世間家庭因此建立，具足種性階級差別。

人與人間需要傳達情意，便開始有語言；爲記錄之故便發明文字，有文字後就開始有歷史。從此以後，人們可以繼承前人所體驗之世間智慧，累積記錄之結果，形成今日人類之智慧。然而人類之歷史記錄不過四五千年，於此之前的住劫時間，尚有許多不爲吾人所知。

人類所處之現在時空，在成住壞空之四個中劫中，屬於住劫，是第二個中劫。一個中劫分爲二十個小劫，每一小劫內又有許多小劫——火劫、水劫、風劫、刀兵劫、饑饉劫、疫劫，此諸劫等或稱爲災劫；俗人所謂劫數難逃，本意原是指說一小劫內所生之刀兵水火災劫等。

火災來時燒到初禪天，無一倖免；水災來時淹到二禪天，風災來時吹壞三禪天，名之爲劫。又如較小之劫—饑饉劫；人心不好時，萬物不生，餓死許多有情。人心邪惡至極時，以業力故，摘下蘆葦可作利刀殺人，遍地死屍；善人悉皆躲避於山林之中。故云三界無安，猶如火宅。

一小劫之時間極長，如此計算：從人壽十歲初始，每一百年增壽一歲起算，如是漸增至人壽八萬四千歲，名爲增劫，一個增劫即是半個小劫。人壽十歲時，生女五個月出嫁，十歲便死，彼時無有蔗糖糕餅等物。人壽八萬四千歲時，生女五百歲時出嫁，世界安樂富庶，隨處多有寶物，猶如今時隨處有玻璃，不以爲寶。今時人壽不滿百歲，未來人壽八萬歲時，彌勒世尊將於人間成佛。

復從人壽八萬四千歲時起算，每百年減壽一歲；遞減至人壽十歲便死，名爲減劫。合彼增劫減劫名爲一個小劫。合二十小劫時間爲一住劫，成劫壞劫空劫時限亦復如是。吾人所處之住劫過後，壞劫漸漸來臨，最後是整個銀河系化爲微塵，飄散於太空中。

壞劫將屆時，先起火災；火災漸漸增強，人心方開始向善、開始修行；彼時虛空中有聲云：「二禪寂靜，二禪快樂。」大衆便努力修行，證得二禪，漸漸往生二禪天。水災來時，由欲界漸漸淹到二禪天，彼時虛空中有聲云：「三禪寂靜，三禪安樂。」大衆又修三禪，漸漸往生三禪天。風災來時，由欲界吹起，漸漸吹向三禪天，空中有聲云：「四禪清淨，四禪安隱。」於是大衆修入四禪天。今時人所以爲難修之四禪定境及五神通，其實每一有情於過去無量世前都曾修得，只因不曾見道，又再輪迴墮入欲界。

壞劫三災來時，只到三禪天爲止；三禪天以下宮殿全部毀壞，無一倖存，只餘四禪天諸宮殿，其餘器世間全部滅失，名爲空劫。空劫時間亦爲二十小劫，然後回到成劫；如此循環，不斷成住壞空變易，念念不住，非是眞實不變，故云世間如虛空華，幻生幻滅。

有人喜歡修練明體瓶氣或道家氣功—練精化氣，練氣化神，練神還虛，還虛之後可以元神出體。但是這種境界只不過是地行仙、天行仙而已，不出欲界六天境界，仍未到初禪天。三禪天尚且要壞，何況是欲界天？故說三界猶如虛空華。設使修入四禪四空定，識種仍然是念念不住；若不見道，終不能出離三界，故說世間如虛空華，沒有常住不壞之體性。

「智不得有無」：大乘佛子見道—悟了眞如之後，正智便漸漸出生。正智不同於邪智，邪智乃是不如理作意之錯誤知見。正智之所以出生，乃由參禪而找到如來藏—阿賴耶識，或藉教悟宗—找到眞心阿賴耶識，證實祂一向存在，一向不生不滅、非有非無，與五陰非一非異，證得總相智—中觀；正智由此出生。

本經之主旨，即在說明阿賴耶識與七轉識間之關係及體性，並敘述明心後之修道原理與次第。佛子學佛當務之急，莫若開悟明心—大乘見道。開悟明心即是覓得自身之如來藏—阿賴耶識。找到了祂，就明白一切有情衆生之生命本體，出世間之無漏慧便日漸顯現，漸漸瞭解實相。

這個智慧究竟是有是無？若說有，祂卻是一個空性；若說無，祂卻眞實不滅的存在運作；是故眞如體性不落於有無之中，了知如來藏之此一體性，則正智不落於有無斷常一異之中，名為眞正之中觀智。

「而興大悲心」：佛子證悟後，遍依諸經印證無訛；發覺到衆生認為不可能找到的眞如、而自己卻眞實證悟了，如此單純、直截了當，便迴向衆生身上觀察：禪者成千上萬，竟然少有悟入者；更多的是未悟錯悟之人自以為悟，犯下大妄語之地獄業，何其可憐？由是心中生起大悲之心，欲予救拔。但是那些悟錯之人卻自矜於世俗身份地位，不肯受教，反而百般抵制誹謗，眞可憐憫，不禁由自心正智之中再生起大悲之心。這是由中道之無我正智所生之大悲心。

「智不得有無」之空性體性，究為何義？謂彼空性如如不動——不隨五塵來去生滅。與五塵不一不異，處於一切染淨法中而又不垢不淨；遠離錯悟者所說「無妄想靈知心常恒不滅」之常見一邊，亦不墮於「死後空無名為涅槃」之斷見一邊；此即心經所說八不中道之如來藏空性也。

大慧菩薩以上所述四句偈乃是五法。方才略述世界悉檀時，曾說世界初成之概略法相，因彼諸多法相，遂有名言；因於名相語言，有情之間方能如實互相表意及領納；然後有人為求離苦得樂，求證出世間法及以弘傳；因緣成熟時，方有佛世尊於人間示現，開示引導修行法門；吾人蒙恩，方得證悟，正智現前；證悟後轉依眞如體性而修正身口意三業，向如如之境修行安住，即名悟後起修，漸斷現業流識。是故以上四句偈所說者即是五法—由相而有名，因名而能傳授佛法名相，依佛法名相意旨而起覺想分別，因覺想分別而覓得眞如、發起正智，因正智而修證邁向佛地如如之境。

一切法如幻，遠離於心識；智不得有無，而興大悲心。

疏：「一切法如幻」：意謂有情之前五識—眼耳鼻舌身識如幻假有。因於耳根之扶塵根及勝義根不壞，有聲傳入耳根，於根塵接觸之際，如來藏於中現起耳識；如根塵觸三、現起耳識，眼鼻舌身四識亦復如是因緣生滅，都非眞實不滅，非本來自有。

何故言耳識因緣而生？譬如此處冷氣運轉有聲，聲相即是因緣假有。必須先有一台冷氣機，而此冷氣機必須經由極爲衆多之緣方能製成，復經車輛運送、商店販賣，吾人有錢購買，工人送來安裝；復須空間裝妥，加裝水塔以及電路，由電力公司供給電源，方能運轉而有此聲。運轉後之聲音欲傳入耳朵，尚須藉助於空氣空間，方能接觸耳根，再由如來藏感生耳識；前五識莫非如此因緣假合而生，如幻假有。

意識是因五勝義根（大腦）及五扶塵根（眼耳鼻舌身）不壞，阿賴耶識藉之面對外境而現內相分，末那識欲加了別，遂令阿賴耶識現起意識，伴隨前五識同時現起運作；五根若皆壞－大腦全部壞死－則意識不現前，永遠昏迷乃至死亡；若有一根不壞，必有意識於非睡時段運作。意識不能離於五根而獨存，何以故？若離五塵即無法塵故。乃至定境中無諸語言名相、不觸五塵，仍不離於五根之自內境界－內五塵，故名「定境幽閑法塵」。是故意識本身如同前五識，皆是依他起性－於五根五塵中產生祂自己相應的法塵。世間之形而上學乃至無漏之學－佛法之出現，皆不能離於五根五陰諸法；若離五陰五根，如來藏即不能觸外五塵，則末那不能起了別作意，前六識便不現起；故阿含經云：「根塵觸三和合生於眼識乃至意識」，是故眼等六識皆是依他起性，如幻而有，緣滅則滅，非本來自在。

「遠離於心識」：有情之第七識－意根末那識，乃是意識生起之根源，故名意根。然意根對五塵之了別功能極劣，必須假藉意識之分別，方與苦受、樂受、不苦不樂受相應。意根之所以貪著三受，是因三受之中有其韻味，被韻味所引而生貪著。譬如有人云：「我很迷戀他走路的儀態，說話的語調……等」，意即貪著某人於四威儀中之韻味。譬如觀賞圖畫，有粗獷恢闊者，亦有細膩柔美者，各有韻味。此諸韻味即是法塵，普遍存在於五塵相應之三受之中；能體會五塵韻味之心，稱爲意識，即是錯悟者所認取之「無語言文字而明明白白清清楚楚、處處作主之靈知心」；此心不離六塵境，因意根（末那）之作意牽引，而由如來藏流注出現，若意根不起作意（例如欲眠），意識即不現起；依意根而起，依根立名，故名意識。前六識皆名爲識，不名爲根，皆依根而起故，能分別六塵故。

意根（末那）從無始以來即是普遍而不斷地執著一切法，故名遍計執性；意識雖然遍計，然而不恒，因分別而計著，欣樂厭苦；意根則計著一切境而不斷，甚至苦受之了知性亦起計著。例如有人嗜食苦瓜、芥菜，不僅執著樂觸而已。復有執著不苦不樂受者，例如痛後之無痛；亦如發呆—品嚐發呆之韻味。

亦如有人喜歡賴床—睡懶覺；非因勞累而睡，乃因貪著睡之韻味；於似睡非睡之間，品嚐睡眠之韻味，此即不苦不樂受。換言之，意根不斷攀緣執取，於一切法不肯捨離，乃至睡著無夢時亦未暫停執取，欲時時了知一切境、一切法；若非色身疲倦導致意識昏沈，意根是不肯讓意識暫斷的。「一切法如幻，遠離於心識」，乃是說明前六識之依他起性，暫時而有；佛已遠離末那之遍計執性，圓滿具足人無我及法無我，而於衆生起大悲心。

除了對見聞覺知心—妄心—應自我遠離執著以外，尚應遠離對阿賴耶的執著。初悟之人往往對此迷惑：「辛苦參禪學佛之目的，乃是爲了證知眞心阿賴耶識，如今歷盡千辛萬苦，方才證得，爲何又要捨棄？」

佛子證得阿賴耶識之後，依於聖敎量，知悉未來成佛時即是此第八識能生大圓鏡智，是一切法之根源。但在初悟時，祂仍含藏許多染汙種子，不能立即圓證解脫果，尚須經由修道而斷盡欲愛、色愛、有愛煩惱，方能具足解脫果而出三界（悟前已具證四禪八定者除外）。是故悟後必須遠離阿賴耶識之能藏所藏體性，否則不能圓滿解脫果。

此外，佛子悟後若不捨離對於阿賴耶之執著，則與異生凡夫之恒內執阿賴耶爲我無異，雖有智慧，形同乾慧，不能邁入修道位，終究只能停留於習種性之解行位中，難可出離，解脫果尚不能圓證，遑論修證佛地大菩提果。是故悟後不唯須離自我之執著，尚須遠離對於阿賴耶實相之執著。若皆能遠離，方能圓證解脫果而出三界。然而以上所說皆是前七識之修道觀，與阿賴耶本體非有關、非無關—前七識之執著消除，能使阿賴耶含藏之七識種轉淨，故非無關；不論前七識修不修行，阿賴耶識始終是本性清淨、遠離見聞覺知，不貪不憎不受六塵，故非有關。

又阿賴耶識本體離見聞覺知，不受六塵諸法，無修無證，既無所得，亦無所失；一切之修證皆是七轉識之事行，發起無漏智者亦是七轉識（唯除成究竟佛），於阿賴耶而言，無所謂智慧與無明，故云「智不得有無」。然而經由悟道後之七轉識修行，卻可以在最後身菩薩位時，使第八識轉生大圓鏡智乃至成佛。由於第八識具足此種本來圓滿成就諸法之體性，故名圓成實性。由於證知此理，所以雖證解脫果及大菩提果，而永不入無餘涅槃，恒於十方世界度化有情，盡未來際永不休止，起大悲願而不滅佛地之淨七識，恒常利樂有情，這是讚歎世尊所證境界。

遠離於斷常，世間恒如夢，智不得有無，而興大悲心。

疏：此四句乃敘述如來藏之體性。如來藏名，謂阿賴耶識含藏著如來體性，依之修行得成如來，故云「如來藏中藏如來」。此處所謂如來，非謂二千五百年前之釋迦世尊，乃謂如來體性；吾人初悟之如來藏雖然仍名阿賴耶識，但此識中已經本來具足成佛之功能體性—無漏法種；將來究竟成佛之圓滿報身及眞法身，皆蘊藏其中，故名如來藏。

此如來藏之體性，永不壞滅，乃至眠熟、昏迷、死亡、無想定、滅盡定中，亦不壞失，是故不墮斷滅邊見；此如來藏具無我性，非如外道常見論者所執無妄想之靈知心。晚近多有大禪師大法師同於外道，錯執無妄想之靈知心爲眞如，認爲此心永不壞滅；而實此心於眠熟等五位皆間斷不現，是依他起性故，非本來自在故。此心不離五塵及定境法塵，於六塵中既能了知，即是分別心；能分別六塵之心即名爲我，非是無我無分別之心。

多有外道說言：「有情衆生各有靈魂，靈魂永遠不死。色身壞已，靈魂即行離去，重新受胎，來世便有全新之色身。猶如人住房屋，屋壞則出，換屋而住，此靈魂永不壞滅，是故爲常。」佛法說此名爲常見外道，墮於常見一邊。與佛門中錯悟之祖師所說相同，只是將靈魂二字換爲眞如而已，其實皆是同一意識—無常變易而日日間斷之靈知心。

復有一種唯物論之斷滅見—彼謂精神非眞實有，依於色身方有；色身若壞，精神不能獨存。喻如利刃，刀體若壞，鋒利之性隨之不存；有情亦爾，色身若壞，精神隨之斷滅，無有前世後世；此即唯物論之斷滅見。佛法中說此論信徒爲斷見外道，墮於斷見一邊。

常斷二見俱有過失，何以故？若色身即我，則我之色身壞時，應我亦不存，同於虛空無法；然世間每見有人死後往生鬼道，成爲祖靈，常爲具有陰眼之人所見。復有死已，以善業故而爲天人，有天眼者皆能見之。亦常見有枉死之人託夢與親屬或刑警，因而破案。又復常聞世界各地報導：有兒童能憶過去世父母家庭，前往取其前生珍愛之物。凡此事實，悉皆證明色身非我，另有眞實不滅之精神體存在，故唯物論之斷見非爲正說。

常見及梵我思想所說類同佛法所說眞如、如來藏，此中淆訛，非眞悟者，不能辨之。古今參禪之人不計其數，多墮常見之中—以無妄想之靈知心爲如來藏。一分大乘空見者，誤會中觀，錯將不起名相及五塵相之靈知心認爲如來藏；或否定如來藏—例如藏密中觀應成派行者，破一切法，撥無因果，謂爲中道，此名誤會般若空，不解中道空性。

錯悟之人墮於常見而自認遠離斷常二邊。然彼所悟之眞如—不生不滅不斷不常之心—卻是清清楚楚、明明白白、靈明覺了、處處作主之靈知心，認爲靈知心不昏沈、不起妄想時即是眞如。便執定此心爲如來藏，誤認此心爲死後重新受生之精神體—阿賴耶識。然而此心是生滅心，獨存一世，依此世五根、末那及如來藏而有，不通三世，非是常而不滅之心，於眠熟等五位中，滅而不現故；於入胎前消失而永斷不現故，不能去至未來世故；未來世之覺知心乃依未來世之五根爲緣而現故，此世覺知心不能去至來世依彼五根而現故。常見外道不悟正理，執定此心常而不滅，是故輪迴三界六道；佛爲破彼常見，度彼解脫，故說聲聞五蘊無我空—無常、苦、空、無我、不淨。若有禪師開示此心爲不生滅之眞如，則知彼師同於常見外道，非眞悟者；佛早已於聲聞空法中破斥故。

依妄心體性而言，世間六塵同於夢中六塵，無二無別；世間六塵之所以令人感覺實在，乃因衆生具有六根六識，於六塵境中執取六塵；然而妄心—靈明覺知之心—眼耳鼻舌身意六識，卻是刹那刹那生滅流注，速度極快，凡夫不覺，以爲彼無生滅。猶如電燈每秒閃爍六十次，不明電學之人不知此理，以爲電燈光明常恒光亮、無有明滅；靈明覺知處處作主之心—前六識及末那—亦復如是，而其生滅之迅速，十百倍於電燈光明之閃爍，凡夫無知，執爲不生滅心，同於常見外道，因此輪迴生死。

色身世間亦復如是念念生滅，三界世間亦復時時遷變，不離成住壞空之循環，皆非眞實不生滅法。只有如來藏本體永無生滅，體性眞實，非如虛空之無之常，亦非如色法之有之無常，遠離二邊，不墮常見斷見外道論中，永無生死。佛子實證此如來藏已，方知以此偈語讚佛，此偈亦是讚歎佛地眞如之境界。

佛子當知：六塵法所依之三界世間，乃由有緣之有情衆生，其如來藏中所藏共業種子感應而生而成；既是共業所成之世間，理當於業報受盡時漸漸毀壞，進入壞劫乃至空劫。設使有人修成明點及寶瓶氣、拙火等功夫，成就地行仙、空行仙者，若未成就四禪定力，世界壞時，同歸於滅，所修拙火、明點、瓶氣等法皆歸斷滅，一法無存，不離欲色界之有爲法故。欲入色界，則須捨棄拙火明點瓶氣而後能入；入於四禪，猶是世間，不離輪迴，四禪天身亦是有爲生滅之法故；若入四空定，亦名世間，不離四蘊故，念念生滅故。故云五陰世間及三界世間皆是生異住滅、成住壞空，念念不停，如夢如幻，暫時現有；唯有如來眞實境界遠離斷常生滅變易，方名眞實。

知人法無我，煩惱及爾燄，常清淨無相，而興大悲心。

疏：此四句偈乃是讚佛證得二空—人我空及法我空。凡夫執有人我不滅，二乘愚人執有法我不滅。凡夫執有人我，乃因五陰而起；因有色身，有能了知之明覺心，受於苦樂憂喜捨等五受，復由明覺心之靈性而起諸想。想性虛僞，蒙蔽凡夫；每見凡夫喃喃自語，即是名相想；藏密修行者則思離於名相之想，故修觀想，然觀想之想不離影相，名爲相想；佛子若讀般若金剛，解知「凡所有相皆是虛妄」，遂離觀想相想，墮於明覺空無之靈知心中，謂爲眞心如來藏，卻同傍生之想；一切傍生離於語言文字及觀想，而能生活於欲界六塵之中，不生錯亂，此亦想陰；乃至生於四禪天中，不觸五塵，息脈俱無，亦無身觸，仍是想陰，故非遠離語言文字妄想即名爲無想。凡夫不知不離想陰，便覺五陰眞實，墮於我見。

依因於想，便有思生，欲藉身口意而作諸身口意行，空明覺知之意識心，便藉五根及如來藏心而產生許多行爲。此諸身口意行，皆必經由時間空間之移轉變換，方能成就行蘊；於行蘊中，空明覺知之識蘊不斷地了別，形成有情所執以爲實之人我，五蘊具足。

色受想行四蘊之得以運作，乃因有情具足八識，方能於有爲法中現行運作。凡愚不了如來藏之三種能變，未知未證如來藏之體性及其心體之不生滅性，因而誤認前六識或前七識爲不生滅我；或如童孥，誤認色受想行爲眞實我，執取世間五塵諸法。凡夫外道不解五蘊虛妄，不捨明覺靈知之我，永遠不能離有餘界；以錯認明覺靈知、處處作主之心爲眞故，以不解此心乃是五蘊之識蘊故，墮於十八界中，不知不解如來藏體性，便停止參禪，自以爲悟，不再尋覓如來藏—阿賴耶識。以誤認明覺靈知作主之心，即成有我，有知有覺即是我故；便與阿含四部佛說無我之根本義理相違，則亦不能印證大乘之無我空性—阿賴耶識。

處處作主、分秒刹那不斷作主之心，名爲末那，恒審思量，無量劫來不死不壞，恒而不滅地伴隨著阿賴耶識，反客爲主，將阿賴耶識據爲己有，認阿賴耶爲自內我，名爲俱生相續我執。明覺靈知之意識，依末那爲根而得現起，故末那即是十八界內之意根。此識恒常不滅，乃至滅盡定中猶有觸、作意、思等心所法之運作；有情死後，此心仍然具足諸心所法而現行運作，因而不免再次受生。因有此心，有情執我；因有空明覺知之意識心，有情覺知有我。智者觀之，都無實我，唯有阿賴耶識遠離見聞覺知，不自執我，不自知我，此心方名空性無我如來藏；證阿賴耶識者，不住我與非我之中，遠離二邊。菩薩修學二乘法後，證知五蘊空幻不實，便知應覓五蘊根源—能生五蘊之阿賴耶識。

然阿賴耶識藉六根故，輾轉能生萬法。阿羅漢雖證五蘊空相，不解萬法空相之根源—空性阿賴耶識—涅槃之本際。故阿羅漢證人空，而猶執著心外有法存在，即是法我執。若不聞一乘佛法，阿羅漢必取滅度，入無餘涅槃，永不受生於三界。若曾聞唯一佛乘之法，設使已取滅度，不論時劫久近，終將因此熏聞之自心流注而離無餘涅槃，復於三界受生，修大乘法。

若阿羅漢捨壽前已經迴向大乘者，必不取滅度，無懼於隔陰之迷，捨壽後又復受生於三界中，修菩薩法。此阿羅漢菩薩於人間遊行，修學大乘，即使住於定中，亦不免時時出現大乘法相；於諸法相之緣起空、無常空中，發現有一不空之實際、本際、實相；於未悟入空性如來藏—異熟識之前，仍不能實證法無我，雖於諸法法相上實證無我，而仍未知法性—空性異熟識—之體性，故於大乘實相有疑，導致心中不斷出現大乘法之諸種法相，一念滅已，後念復生。直至證得空性之總相—如來藏異熟識—中道般若現前，諸疑方得稍解。然而數日數月數年之後，復起無始無明上煩惱，探究佛地自證境界，乃迴般若中道總相智，而向般若中道別相智及一切種智—唯識相性一切法中努力進修；雖然不離異熟生死，而心無恐懼，念念迴向一切種智。直至種智圓滿具足—圓證法無我—異熟識中之種子流注變易生滅已斷，改名眞如，方名成佛。

是故定性聲聞不明阿賴耶識，聞佛說有阿賴耶識爲涅槃之實際，故知涅槃非同斷滅，乃欣然修斷五下五上分結；而於成佛之時劫久遠艱辛，心生畏懼，不迴向大乘，便取滅度，永無成佛之可能。必須於彼入無餘涅槃前，使其聞熏般若及如來藏妙法，才可能心生喜樂而迴向大乘修菩薩行，進修一切種智—法無我，乃至成佛。而法無我之修習，必須以證得空性如來藏而發起般若慧爲其基礎，方能修進初地無生法忍，乃至成佛。此第一句「知人法無我」，乃讚歎世尊具足了知人無我及法無我。

「煩惱及爾燄」：煩惱相待於上一句之人無我而說；爾燄相待於上一句之

法無我而說。

煩惱者謂《勝鬘經》所說之起煩惱—一念無明之四種住地煩惱，總言三界惑。人因不明五陰幻有，或執色身爲我，或執靈知心爲我，或執無妄想之空明覺知心爲不生滅我，而起諸種非如理作意之心行及錯執—無明。以此不明五陰幻有，執以爲實，恐令明覺靈知之心消滅而落空無，不肯捨棄，縱令修伏欲界色界執著，而不能離無色界有；此心住於非有非無、非有想非無想時，仍是三界有；此心之自我執著不滅，即成心我，不證無我，終究不離輪迴，不能實證解脫果；謂彼不斷有愛住地惑—無色界心之執著，故不出三界輪迴。是故舉凡障礙有情出三界之一切無明，皆可名爲煩惱。此煩惱依二乘說，名爲五上分結及五下分結；依大乘說，名爲四住地起煩惱：不如理作意之見一處住地、欲界愛住地、色界愛住地、無色界愛住地，總名三界煩惱，障礙佛子修證解脫果。

爾焰者謂《勝鬘經》所說之上煩惱—無始無明之過恒河沙數上煩惱，總言佛地惑—不明佛地境界及智慧，障礙大菩提果之修證。爾焰—塵沙數上煩惱—不斷盡，則不能成佛，尚有許多微細惑故，法無我未具足實證故。

佛子皆知：悟入般若空性（觸證中道阿賴耶識）後，尚須兼修增上心學——四禪八定。然於修證過程中，往往起諸佛法思惟而不能止，唯除定力極強者。亦有迴心之阿羅漢菩薩，入於定中而不能稍止大乘法義之思惟整理，欲求地地增上而證佛智。此諸煩惱皆非貪於三界諸法，亦非厭惡三界諸法欲求遠離，故不名煩惱，乃名爾焰；非爲解脫三界輪迴而起煩惱，乃爲悲憫有情，欲證佛智而現之心行，不同於三界煩惱，故名爾焰。

此上煩惱猶如火苗，存在等覺位以下菩薩心中，不能熄滅，成佛方滅；而此火談非眞煩惱，名爲無明住地惑——無始無明；無始以來不與衆生之意識心相應故，大乘見道初悟後方才漸漸相應故。佛於第二無量數劫後具足解脫果，於第三無量數劫後圓滿大菩提果，圓證人無我及法無我，故已完全了知煩惱及爾談。

於凡夫異生之階位，觀察世尊應身之示現住世弘法，似有煩惱，而實非有；以世尊早於一大無量數劫前已斷盡三界煩惱故，從彼時起之一切三業，對於自身之解脫修證，完全無功用，唯對所度有情爲有功用；知我已知苦，不應更知故；知我已斷集，不應更斷故；知我已證滅，不應更證故；知我已修道，不應更修故；解脫果已經圓證故，解脫知見已具足了知故。是故應身於世間似有煩惱，實無煩惱，一切三業皆屬無功用行。然方便示現大菩提果未修證圓滿，故於第三無量數劫續修一切種智之身口意業，於己而言，仍屬有功用。

於第三無量數劫圓滿大菩提果，一切種智具足圓滿，函蓋菩薩道種智及三乘與共之一切智，名爲一切智者；圓滿證得人空與法空，究竟無所著，八識皆純淨，故大慧菩薩讚云：「常清淨無相。」

究竟具足一切種智，圓滿大菩提果故，一切身口意業於自身之解脫果及菩提果均已無功用，唯對他人爲有功用；從此以後之一切所爲，均屬無功用行，方名究竟無所著，等覺菩薩之微細法貪亦已斷故。於此境中，離一切想，究竟寂滅，不能於衆生起悲；然因初地十無盡願所持故，恒起悲願，不忍有情輪迴，不忍等覺以下菩薩不證大菩提果，遂起大悲願，恒住三界度諸有情，於無住處涅槃而自安住。

一切無涅槃，無有涅槃佛；無有佛涅槃，遠離覺所覺；若有若無有，是二悉俱離。

疏：學佛過程中，常聞善知識開示涅槃二字，淺學之人往往以為：證得四果聖者捨壽以後方入涅槃。涅槃或圓寂二字幾已成為死亡之代名詞。然圓寂非同涅槃，非異涅槃；唯有地上菩薩能知此中異同。

聲聞佛子斷盡五下五上分結（即大乘所說一念無明四種住地煩惱），若不迴心大乘，捨報即入無餘依涅槃，然此涅槃固能不必輪迴三界，而非究竟涅槃；不明法界實相故，尚有無始無明之塵沙惑未滅盡故，於無餘涅槃中之異熟識內，尚有塵沙惑及七識種子流注變易，不起道種智、一切種智故，尚非圓滿究竟寂滅。此無餘涅槃之證得，唯具足得解脫果，得聲聞菩提，未得大菩提；乃是佛之方便施設，以度畏懼生死之人，令其早出三界。

究竟成佛須歷三大阿僧祇劫，時間久遠難計，於求速離三界苦者而言，必生恐懼；若復不能善巧施設，令人於一至四生證得無餘涅槃而出三界，衆生難以起信、修學佛法；是故佛為施設無餘涅槃，令諸已伏三界惑而不能斷之久修行人，於聞法之時即得圓證解脫果，於此一生便出三界；以有身證四果之人爲作證明，衆生因此起信修學佛法，故佛先說聲聞菩提、緣覺菩提，不先說佛菩提，難信難解故，時劫久遠方得圓證故。

猶如《法華經》中所述：導師觀於行者疲乏倦怠，乃於中途施設變化所成之城市，令諸行人將養休息；待諸行人精神飽滿、身力充足之後，遂滅化城，令知此城非眞寶城，非究竟安樂之處，另指正確方向，衆人隨之前行，終能漸至寶城，究竟安樂。

佛亦如是，先教衆生修證無餘涅槃；衆生證已，有力能出三界輪迴，遂於生死無所畏懼，乃能迴心向大菩提，不畏時劫久遠及隔陰之迷，常行菩薩難行之行，自度度他乃至成佛。

涅槃者名爲不生不滅、不斷不常、不來不去、不一不異、不垢不淨、不增不減；聲聞羅漢滅盡三界煩惱，捨壽後不再受生故無五根，意根亦滅；六根滅故，見聞覺知不復現前，亦無作主者，故能於無餘涅槃無境界法中安住，永住寂滅之中，無知無想無人無我，故名涅槃寂靜。而此無餘依涅槃位中，所滅者唯三界煩惱、唯五蘊，非是斷滅空無，唯是法界實相—眞如一眞境界。而如來藏法界不論於凡夫異生位、阿羅漢位、辟支佛位、乃至八地菩薩及佛地，皆是本具涅槃性，非因修有；佛子修除三界煩惱後，乃至修得大菩提果而成佛後，不論取不取滅度，皆已住於本來自性清淨涅槃；佛子證道者如是，一切異生凡夫亦復如是，既是本住涅槃，何有後來修行清淨而入涅槃者？

阿羅漢、辟支佛入無餘涅槃，唯是棄捨輪迴生死之根本—見聞覺知及作主之心。入無餘涅槃實無所入，唯是不受生，不現後世五陰，唯留法界實際之如來藏不受生而已，而此如來藏之涅槃性乃本來已有，本來已住；非因修有，非捨報方入，非由無學聖者之見聞覺知心入，何有阿羅漢辟支佛入無餘涅槃者？故云「一切無涅槃」。

「無有涅槃佛，無有佛涅槃」：常有外道說言：「釋迦牟尼佛入涅槃了，現在是彌勒佛掌天盤。」此名外道凡夫不解涅槃。入涅槃者乃是應身佛示現入滅，然其報身盧舍那佛繼續常住三界七百無量數劫；此七百無量數劫之廣利有情，又復報得無量壽不壞身，既有常住不壞身，云何說爲入滅？所謂入滅者，唯是應身佛藉此入滅而度有情，何嘗眞滅？若眞入滅而墮空無，何異斷見外道？

報身佛常住不滅，法身佛亦復如是常住不滅。究竟佛地以無住處涅槃而於十方世界無佛之處，示現受生出家成道弘法而取涅槃，而其無住處涅槃本來自在，不生不滅，本來涅槃，何嘗有涅槃可以復入？故云「無有佛涅槃」。

所謂佛者乃是究竟圓滿解脫果及大菩提果之有情，既然如是，則必以諸色相示現於三界之中，或以應身示現降神母胎乃至入涅槃，或以莊嚴報身示現無量數劫金剛不壞之常住身，方得名佛。若效二乘無學安住無餘涅槃，則不現於三界，利益有情之一切功用皆息，唯名眞如涅槃本際，不得名佛。故云「無有涅槃佛」。唯有異生凡夫及二乘愚人方謂「有佛入於涅槃，永息利益有情諸行。」

「遠離覺所覺」：眞如不在能覺與所覺之中。能覺者見聞覺知也，所覺者六塵諸法也。見聞覺知之心乃是前六識，相對於六塵乃至四禪四空定中之法塵而分別了知，悉皆不離三界有爲法；於諸境中作主欲離欲合之心乃是意根末那識，執著三界諸有爲法。眞如應對外境六塵而現心中六塵法相，如鏡顯像而無所著、無分別，不起見聞覺知、不取不捨諸六塵相，心無所動，而由前六識起分別，由意根作取捨。是故如來藏離見聞覺知，離能覺與所覺。

能覺與所覺旣不離三界六塵諸法，當知無妄想之明覺心乃是妄覺，不離境界，是前六識故；若人所悟不離覺與所覺，必墮所取之定境及法塵，必墮能取境之我及我所，便與常見外道無異；眞如法身遠離二邊，不在能覺與所覺之中。

「若有若無有，是二悉俱離」：佛子未見大乘道前，無能離於有無二邊，執有執無、執斷執常，名爲邊見，違背中道。無即斷見，有即常見。如世俗人錯執：肉身死亡後尙有靈魂不死，離開肉身重新投胎。此說極類似禪宗所悟之眞如，類似大乘了義如來藏法之觀點，然實有別；但因錯悟祖師執取無妄想之靈知心爲眞如，便致崇尙聲聞法諸師將禪宗之悟及如來藏說，歸類爲常見外道法，因而詆誹如來藏法，破壞佛法根本。

如來藏自無量劫來本不壞滅，所以無生；然錯悟祖師及諸常見外道所說靈魂之常，乃是前六識之明覺心，死後所見之靈魂乃是中陰身，或名中有身，亦名尋香，以香爲食故。此一生前之明覺心及死後所現之中陰身，皆是有爲生滅之法，依於如來藏及意根或六根而生故，非自在故。

譬如無妄想之明覺心，眠熟、昏迷、死亡等五位中，斷而不現，是生滅心，非本來自在之如來藏心；錯悟祖師每執此心爲眞，便同常見外道之有，墮於有邊。此心面對六塵而起分別，意根於中作諸取捨，取捨定境法塵及五塵諸法，此執著取捨之意根，即是第七我執識—末那。

人死之後，五勝義根（大腦）壞故，意識不能現前，如來藏亦不能藉五根而現內五塵相分，故無見聞覺知；末那執有，不肯安住於無，遂使如來藏別生中陰身；藉中陰身之微細五根，方有見聞覺知；故知無妄想之明覺心乃依根而有，根生隨生，根壞隨滅，非本來自在之心。而外道所說靈魂乃是中陰身，中陰身壽命唯有七日，七日死已又生中陰；若往生時，中陰則滅；若未往生，七日滿已復壞復生，極盡七次，無不往生；以此故知靈魂非恒。若有人執生時之空明靈知心爲不生滅之常住心，或執死後之靈魂爲不生滅之常住心，皆墮常見外道法中，皆墮邊見，不名大乘見道。

所謂無有，即是斷滅見。認爲色身既壞，心靈隨之不存。人之所以有知覺分別之精神，乃因父母所生肉身而有，身壞隨滅，無有前世後世，無因無果，無諸天道及地獄道，唯有此世，依色身而起受想分別；離此色身，別無能通三世之心。此邪見者墮於無邊，亦名邊見。

若有若無有，乃謂常見及斷見；是二悉俱離，乃讚世尊離於有無、斷常、生滅、一異、來去……等邊見。

牟尼寂靜觀，是則遠離生；是名爲不取，今世後世淨。

疏：牟尼意爲寂靜；謂眞如法身不墮常見有，亦不墮斷見無，遠離知覺與所覺，恒住寂滅之境，不執不取三界有爲諸法，不於六塵境上生心起意；此種體性非因修有，而是無始以來恒住寂靜清淨境界之中，於未悟菩提之凡夫異生身中亦復如是寂滅清淨。

有情之心煩擾不安、掉舉散亂，皆因無明導致受生；既有五根及意根，遂界六塵諸法而起諸性用。

生六轉識，攀緣諸法起諸貪瞋邪見及邪思惟，不能安住寂靜境界。於七轉識煩擾掉散貪瞋不安之時，眞如法身則從來如如不動；雖然如如不動，卻又遠離三界六塵諸法而起諸性用。

眞如既然常住寂滅狀態，恒而不滅，是則永遠無生，離於一切生滅，此即佛所安住境界。眞如從來不取三界六塵諸法，離見聞覺知故；眞如本自具足一切法，修行清淨所顯現之一切功德，皆是本來即有，只因無明貪瞋覆障，不能顯發；今以修行清淨而得顯發，然此修後所發一切功德，悉皆非從外來，皆由眞如顯發，非從外得，故云眞如無取無得。

依大乘見道者言，確信一切有情本來常住涅槃，無有絲毫懷疑。涅者不生，槃者不滅；涅者不增，槃者不減；涅者不斷，槃者不常；涅者不來，槃者不去；一切有情各各本具之如來藏，悉皆同具此一體性；不論悟與未悟，皆同住此本來自性清淨涅槃之中，一切有情同有此一涅槃，而唯大乘悟者證之，信受不疑；二乘愚人及凡夫異生皆不能信，以未觸證如來藏故。

未觸證如來藏者，不能親身領受其清淨體性，每依空明覺知之心我而修，不能轉依如來藏之清淨性而修，不離我與我所，故心不得清淨。親於如來藏觸證領受者，能領納其清淨體性，不依空明覺知之心我，而將此心我轉依如來藏之無我、空性、清淨、寂滅等體性，了知空明覺知之心我非眞；依如來藏爲因，無明及父母爲緣，方有空明覺知之心我，不執以爲實，遠離我與我所，漸漸遠離煩惱及隨煩惱；其空明覺知之妄心漸轉清淨，致令如來藏中之七識種隨之漸淨；不唯今世清淨，後世亦必更趨清淨，乃至成佛，故云「今世後世淨」。

爾時大慧菩薩偈讚佛已，自說姓名：我名爲大慧，通達於大乘；今以百八義，仰諮尊中上。

疏：佛子請佛說法之時，應先自稱己名。大慧於稱名讚歎後，欲請問大乘一切種智妙法，利益現在未來大乘佛子，是故預先聲明自己已通達大乘佛法，擬伸問大乘佛法。

大乘佛法固然以眞如佛性之般若慧爲主，然亦包含人天善法、聲聞法、緣覺法，攝盡一切求出世間之有情根性。南傳聲聞法偏重四聖諦之無常、苦、空、無我，及八正道、四禪八定滅盡定之修持，以修定及除斷三界煩惱為主修；雖亦認同有如來藏—阿賴耶識—為涅槃之本際，但不知不解阿賴耶識之實相，唯知名相。緣覺雖能現觀十二因緣，實證一切諸法緣起性空，亦知十二因緣必依阿賴耶識而起，然猶不明阿賴耶識何在；智慧雖較聲聞深利，仍未能起大乘般若慧。

大乘般若甚深難解，絕非二乘愚人及異生凡夫之所能知；若非大乘種性之佛子，聞之不信，反生誹謗，故非隨時隨地可以宣說。譬如當年世尊在法華會上先不欲說，雖然後因聖弟子衆再三啓請，首肯欲說，而有五千四衆弟子退席不信；故知佛性及如來藏妙法深奧難解，不易信受，唯有菩薩種性者能信易入。

而菩薩種性之佛子，亦有偏好聲聞緣覺法者；雖不否定佛性如來藏妙法，而偏好修習二乘法，故《不退轉法輪經》中說菩薩八輩，亦有菩薩聲聞及菩薩緣覺，故大乘法含攝二乘。

又大乘菩薩修道，以六度為主，觀乎六度內容，亦知大乘函蓋五乘；布施持戒二度，函蓋人乘天（欲界天）乘；布施持戒禪定三度，函蓋色界無色界天乘；布施持戒忍辱精進禪定智慧六度，則函蓋聲聞及緣覺乘，以菩薩般若兼含四聖諦、八正道、五根五力、七覺支及十二因緣等故；而菩薩所證佛性眞如之智慧，則非二乘無學所知。大慧菩薩自稱通達於大乘，意謂兼通三乘之法，並於二乘無學聖人所不知之般若亦已通達。

「今以百八義，仰諮尊中上」：謂大慧菩薩欲以一百零八種義理，請求世尊爲大衆開解。仰者下人對上人欲有觀瞻或請求之謂。諮者謂下輩對上輩、或成就小者對成就大者請問。平輩之間可用諮請二字，下輩對上則用仰諮二字。今者大慧欲有所問，故云「仰諮尊中上」，謂世尊乃是三界中令人尊敬愛重之有情中之最高無上者。

世間解之士，聞彼所說偈，觀察一切衆，告諸佛子言：「汝等諸佛子，今皆恣所問；我當爲汝說：自覺之境界。」

疏：世間解之士，意謂世尊於一切法無不通達；世尊聽聞大慧菩薩所說偈後，隨即觀察會中一切有情衆生，便說道：「你們這些佛子們！現在聽由你們所有人提出任何問題；我當爲你們說明諸佛自覺聖智境界。」

依眞如佛性而言，不應有你我他之分別；然世尊於此四句偈中卻說有汝有我。佛子當知：此汝乃假名汝，此我乃假名我；爲有五陰住世，爲令衆生知法證法，必須五陰及假名言說，方能令諸有情入於佛法。是故佛法雖非言說，而不離言說假名施設。

法身眞如乃是空性，非粗細色，不可見，不能觸，離見聞覺知故；既無形色，無身無口，云何能有言說示現？既無身口復無形色，云何說法度衆？有情云何聞彼說法？是故諸佛於人間示現說法時，必藉五陰；既有五陰，相對於有情衆生之五陰，便隨俗施設汝我及彼，方便說法。

「汝等諸佛子」，是指在會之法衆。佛子乃謂已受三皈五戒之人。初學佛者若聞三皈之時必須同受五戒，往往畏縮不前，恐怕因此障礙其職業及世俗生活。然四阿含諸經所載，佛世時之佛子皈依三寶，並非由師長一句一句唸皈依文、再由弟子一句一句跟著唱；而是聽法之後產生信解，欲皈依三寶親近修學，乃於法會之後，自行於佛前胡跪稱名云：「弟子〇〇〇，自今日起皈依佛、歸依法、皈依賢聖僧，從今以後，盡形壽受持五戒爲優婆塞（或優婆夷）。」如此於佛前三說，名爲三自歸，未有皈依而不持戒者。今時末法，若令欲受三皈者同時受持五戒，可能窒礙難行，今時社會型態及人之根器不同往昔故；遂開方便，先受三皈，漸入佛法而後自動發心受持五戒乃至菩薩戒。以故今時諸師多先傳授三皈，於三皈時乘便講說五戒十善，勉令隨順而不強令受持，以俟未來。然於佛之教示而言，佛子除受三皈之外，必須同時受持五戒、三戒、或一二戒，方名佛子。

「今皆恣所問」：佛乃世間解、一切智人，故於弟子請法之時無所限制，以無有不知故。

「我當爲汝說，自覺之境界」：世尊於此經中欲爲大衆解說者，乃是佛之自覺境界。

自覺境界，一切衆生皆有，而層次千差萬別。俗人自知身世智愚，亦名自覺境界；傍生有情自知身爲傍生有情，亦名自覺境界；錯悟之人以保持明覺心於明白清楚而不散亂，使令靈知不昧，以之爲悟，此名錯悟凡夫之自覺境界。聲聞行者四向四果及俱脫慧脫聖者之自覺境界亦各各有別；初果向得煖法乃至世第一法，是初果向之自覺境界；斷於身見、疑見、禁取見，是初果之自覺境界；乃至斷盡五上分結是慧脫阿羅漢之自覺境界，證得滅盡定是俱脫阿羅漢之自覺境界。

緣覺有二：因緣覺與獨覺。無佛之世，常有緣覺出於人間，彼由十二因緣之逆順現觀而悟諸法空相；於三世十二因緣、三念十二因緣……之中覺悟，了知三界輪迴之無明。無明永斷故，十二因緣之循環連續亦斷，永離生死，自證自知，其慧深利，異於聲聞。然聲聞阿羅漢捨報前，仍然恒不間斷地說四諦八正而度有情；緣覺乘之辟支佛成道後，遊行人間而不說法，常以神通示現而度衆生；然緣覺有十品，各品之自覺境界亦有差別。

菩薩自覺境界亦有種種差別，有凡夫賢聖差別。復有菩薩種性及二乘迴入種性差別，菩薩種性復有依戒定直往及依戒慧直往之差別，此諸菩薩之自覺境界各各不同。菩薩種性復有四種：自性法無間種性、離自相法無間種性、得自覺聖智無間種性，外刹殊勝無間種性，此四菩薩所修所證之自覺境界亦各不同。

又如菩薩於人間修行，有人明心而不見性，有人見性而不明心；又復有人於第六住明心之後，遇善知識攝受而入七住不退，上上升進乃至初地，一世成辦；有人於第六住明心之後，遇惡知識否定而退失，轉向如來藏外求於眞心，退失菩提，如此二人自覺境界各各不同。而世尊於此經中所欲宣說者，乃是究竟成佛之自覺境界。

爾時大慧菩薩摩訶薩承佛所聽，頂禮佛足，合掌恭敬以偈問曰：

疏：大慧菩薩乃地上菩薩，故又稱爲摩訶薩；摩訶謂大，摩訶薩者大菩薩也。然摩訶薩非皆屬地上菩薩，亦有十住位而名爲摩訶薩，以眼見佛性故，後必成佛道故；此如《大般涅槃經》所說「十住菩薩摩訶薩」是也。大慧菩薩乃是通達大乘法之人，位在通達位以上，必階初地之上，故名摩訶薩。

承佛所聽者，謂已承蒙佛之聽許，可以請法也。遂於請法之前起身，端正心意而頂禮佛足。頂禮佛足者謂頭面接足禮也；以我最尊最上之頭臉，置於佛之最卑下之足掌而接觸，表示完全信受臣服之意，此是於佛趺坐之時而言。若佛世尊彼時站立，或坐於椅上而雙腳垂地，則應行捉足禮：以我頭額置於世尊之腳掌上面，雙掌輕柔地包住佛足腳踝，示同翻掌；此即吾人禮佛翻掌之意，謂頭面接足禮也。此是表示尊重法主及所請之法，應須如此；何以故？以明心見性之法乃至一切種智妙法，是世出世間無上大法故。余昔曾以此禮頂禮某師，爲彼名聞四海、著作等身，而余彼時尚未得入大乘見道—猶未破參，故不辨眞假；後來方知彼師錯悟，迄今未入大乘見道七住位。言歸正傳；大慧菩薩禮佛而伸恭敬之後，乃合掌於佛前以偈問曰：

云何淨其念？云何念增長？云何見痴惑？云何惑增長？

疏：此偈之一、三句爲悟者境界，請佛開示「如何清淨意念及如何明見愚痴迷惑？」第二、四句爲迷者境界，請佛開示妄念增長之道理，及無明增長之道理。

佛子悟後應如何清淨一切意念？未悟錯悟者以何緣故念念生滅、不斷增長？佛子當知：以未明眞如實相故，墮於斷常二邊而自謂已證中觀，執己無妄想之明覺靈知心爲不生滅心，自謂心中不起名相妄想而了了分明即是般若中道觀，此名想像所得之中觀，非眞中道觀也。何以故？以此心不離六塵故；此無妄想之明覺心，處於定外時或於初禪定中時，不離色聲香味觸五塵及五塵所生法，便於其中領受六塵韻味，既有所受六塵味及能受六塵味之心，即成阿含諸經佛說之我、我所，非實無我，不入中觀。修定者則入於定中，以不觸五塵之空明覺知心之安住，說爲中道實相之證入，亦不離我及我所；以彼住於定中不觸五塵時，心中雖無妄想，然彼空明覺知之心則觸定中定境法塵，不離覺與所覺；《楞嚴經》云：「如汝今者承聽我法，此則因聲而有分別；縱滅一切見聞覺知，內守幽閑，猶爲法塵分別影事。」當知空明覺知之無妄想心似是眞實不滅，而實念念生滅；若非念念生滅，則不能覺知；猶如監視器之鏡頭所現影像，必須剎那剎那變易方爲有用，若其影像保持初始之所現影像而永不變易，則失其監視作用，不堪起用；心亦如是，若於五塵乃至定中法塵能予了知，必定念念生滅，方能了知；既有知，即墮分別，能領納了別定境法塵故，「縱滅一切見聞覺知，內守幽閑，猶為法塵分別影事」，何況定中有知，而非分別？又復此心出於定外時，雖能不起語言妄想，而亦分別諸五塵境，如魚鳥等雖無語言而各各成就諸事，存於世間；故知空明覺知之心雖離語言妄想，仍是同一了知之心，念念生滅，非常住之無分別心。

復有錯悟之大師執著介爾初心為眞者：謂彼執著靈知心初現之第一刹那不起分別，謂為無分別心，亦名錯會佛意。何以故？以介爾初心雖不分別，然必因此心之念念生滅而滅失第一刹那心，開避引導第二刹那之靈知心現前；第二刹那之靈知心滅時，又復開導第三刹那之靈知心現前；於第二刹那之靈知心現前時，比較第一刹那心所知五塵與現在所知五塵之差別，而起分別作用；故第一刹那之無分別，乃因無前一刹那之五塵相可供比較而不能分別，非彼本身無分別作用；故第二刹那之靈知心接續第一刹那心而起時能生分別。然第一刹那心與第二刹那心之本質無別，皆是同一類之靈知心，等流性故；若非同類心，則非等流性，不能隨於前刹那心等無間隔而起；前刹那心所開導者必屬同類心，非同類心不能開導使起。

譬如眼識之初刹那心不能開導耳識之次刹那心而現於眼根，前刹那耳識不能開導後刹那鼻識現於耳根，乃至前刹那身識不能開導後刹那意識現於身根，前刹那眞如自種不能開導後刹那之靈知心（意識）現於無分別境；前後刹那連續而起之心，必須同等流類，同一類心，方能由前刹那心開避其處而引導後刹那心現於同處；故耳識不現於眼處，乃至眞如自種不現於靈知之意處中，而與十八界同時並存，不在十八界之內。又且眞如心非斷滅心，云何現於意處、開導後刹那靈知分別心而自入滅？故不應以靈知心之初刹那心爲眞如也。何以故？後刹那靈知心既能了別，則前刹那心既能開導後刹那心，必屬同一類心故，皆是能了別之心故。

佛子當知：眞如阿賴耶識遍於十八界，與十八界並存運作，時時現前，無一時一刹那消失；唯因行相微細，非如靈知意識之行相分明，故難悟入；眞心不在眼見之心中，不在能知之心中，不在作主之意根中，不在眼根乃至身根中，而與六識六根並存，時時現行運作，未曾有一刹那消失不現；若云靈知心之初剎那心為眞心，即同斷滅心；而此斷滅心於次日睡醒或午睡初醒時又復於初剎那現起，日日如是於睡醒之初剎那現起，必非無因而起；此心已滅，無因不能自起故；是知必有另一從不間斷之離見聞覺知心，方能使之日日現起；已間斷心已成斷滅而無，斷滅無法，何能起心？故知此一空明覺知之介爾初心雖無分別，亦是依他而起；既是依他而起之心，則非常住眞心，是名妄心；欲以依他而起之因地生滅妄心，圓成果地究竟覺者，無有是處；必定念念增長而不肯自滅故，必定不離六塵相而不能清淨故，認此介爾靈知初心為眞者、其惑不斷故，以此妄心為眞而起思惟熏習者、其邪見無明必定日益增長故。

嬰兒甫生，不別善惡美醜；如蟲初生，以苦澀樹葉為食，而人棄之，以味苦故；嬰兒亦復如是，初始之時不起喜憎之心，唯因腹饑或尿溼難受而哭，乾爽飽食則眠，除此無有歡喜憎惡。復如飲食，若初始即授母乳，習慣後忽換牛乳，便不肯食，時久腹饑，勉強食之，漸漸熟悉而樂食之。又如嬰兒於地上之水與尿，不別染淨，等同玩濺，此乃單純之分別；後因父母教導而分染淨，此一分別染淨之心，與前分別乾溼而不分別染淨之心，本同一心，非有二心，皆因熏習而生染淨分別；然皆同屬分別之心。

又如少年成長則慕少艾，窈窕淑女，君子好逑；其時之性別美醜等分別心，皆因於彼異性身上貪取韻味；而彼韻味之貪取源頭皆因覺想分別而起，於五塵中起諸覺想分別領納而起作意受想，遂起思欲，於五塵中別境貪著。乃至有人於詠誦之佛法演說中，或於一神教之激昂佈道演說中起諸樂受貪著，其實皆與嬰兒初生時之唯別乾溼冷暖饑飽之靈知心，同等一類；藉五根及如來藏俱有依及等無間緣之開導依，與昨日去年少年兒時乃至初生之靈知心（意識）連貫，若離此世之五根，此心則必壞滅，不能獨存，所以此心不能貫通三世；故不修宿命通之人，不知往世行因，此心不通三世故，依此世之五根而起故。以錯認此空明覺知心爲眞實心故，不知不解涅槃本際，必依於有愛住地惑而修諸行；假饒此人能住四空定之微細空明覺知之中，亦復不離意識之了知種子念念生滅、刹那變易，不能清淨其念，出定必觸五塵境而生著故；亦必使空明靈知之念，增長不斷，永續生死。

「云何見痴惑？云何惑增長？」一切凡夫悉皆不知空明覺知之心乃是想陰

分別，唯有悟者自知，餘人皆須從善知識聞而後知，仍有多人聞而不信。譬如畜生魚鳥，雖無語言文字，仍因覺想而有分別，與人修行除去語言妄想之空明覺知心無二無別，皆因觸受而領納五塵味，其覺知心不斷增長，墮於想陰，此一覺知即名爲想；設使進入四禪定境，息脈俱斷，不觸五塵，以不離空明之覺知故，仍在想陰之中，此皆所悟不眞，誤認因地意識爲果地如來藏所致；此名不見愚痴，不斷無明。若人實證此心虛妄，即成慧解脫阿羅漢，五上分結永盡，是名證得識蘊空相。

依大乘言，佛子證得眞如、眼見佛性時，了知五蘊假有，六塵變易，無始無明摧破，及一念無明之見一處住地惑斷故，以此功德，使空明覺知之心漸能遠離五塵欲及世法欲，妄想漸稀乃至不起，非因修定強伏不起。於此悟後修行之過程中，漸漸證明一切妄想雜念皆因靈知心之覺想而生；不論妄想雜念之有無語言文字，皆因空明覺知心之欲了別諸法而生。凡夫不知此心自己之依他而起，非本自在，故欲時時保持清明不昧，乃至長年修不倒單，欲使明覺靈知常保明覺不昧，以此爲實證涅槃解脫。不知此心正是輪迴根本，皆因此心不肯自我滅除，永遠不能實證無餘涅槃，導致此心念念增長，增益後有種子及行業。佛子欲見欲知此惑，欲離愚痴，當從眞善知識學，莫依大名聲之假名善知識學。

佛子一旦眞實證悟，了知空明覺知之心乃是五陰中之識蘊，則我見與我所見皆滅，轉依無我之如來藏空性，漸能遠離六塵，必將發覺妄想愈來愈少，明覺靈知之心漸漸澄淨，煩惱漸轉輕微，漸起解脫正受功德；此即悟理、明見痴惑爲因，始從斷欲界惑，漸斷色界惑，終斷無色界惑而成無學，具足證得解脫果。

是故無明增長之原因，必須先行了知；若不明其理，便致無明增長，常淪生死有海。無明者皆因不明實相之空性及不知不解五蘊內容及其空相所致。五陰之色受想行，皆非眞實，從緣有故；識蘊之前六識及第七識意根亦非自在，前六識須依如來藏種及第七識意根與此世之五根而起故，第七識意根須依如來藏種而生故。性障輕微之人若能於此現觀親證，即成慧脫菩薩阿羅漢，實證諸法空相，此即破斷三界惑，令不復生，見道而出三界。

而五蘊十八界諸法空相之緣起緣滅，皆非無因起滅；非唯父母之緣，致令有情受生，一切無學聖者不因世間有諸能為父母之有情而受生故。有情之受生除依父母為緣，尚依其無明之未斷，或斷而未盡，致生後有而受生；而其無明之現行，依於如來藏——一切有情之生命本體——阿賴耶識，若非如來藏為無明之所依，則一切無明皆是無因而有；若無明可以無因而有，亦應一切無學聖人出三界後，復將無因而生無明；是故無明依如來藏中有漏法種而生，斷盡如來藏中三界無明已，得出三界，不復輪迴；以此故知：如來藏乃一切諸法之實相。由如來藏生一切法，佛性即於其中現行，乃至成佛相續不斷。

眞如佛性即是一切諸法實相，此實相者，非凡愚所知。凡謂凡夫，愚謂二乘，故非聲聞阿羅漢及辟支佛之所能知。佛子修學大乘法者，悟得眞如、眼見佛性之後，分斷無始無明之同時，亦斷見一處住地無明，分證解脫果，了知宇宙萬有之本體、生命之實相，此後三界惑漸斷，不再增長；無始無明塵沙惑亦漸現行而漸斷除，不再增長；凡此皆因親見實相所致。是故三界惑之滋長乃因不明諸法空相及不明如來藏空性之實相所致，大菩提果之惑乃因未能具足了知眞如空性之實相所致，佛子欲令惑不增長者，當修除三界惑及了知實相。

何故剎土化？相及諸外道？云何無受次？何故名無受？

疏：十方虛空無量垢淨剎土，數之不盡；此諸垢淨剎土之成住壞空等化現，皆非無因自起，乃因共業有情之如來藏所蘊積之業因勢力，感應生成某一星雲漩系（即一銀河系，經中所說之一大三千大千世界）；復因此諸共業有情受報已畢，而生他方世界，此一世界便漸漸毀壞。

一切諸佛純淨剎土，則依諸佛通願別願及所感應有情之共願而成就，亦非無因無緣而有起滅。而此一切通願別願共願乃至業力，皆依眞如如來藏而有，故如來藏乃是宇宙萬有之本體，一切生命之根源；太陽之所以火熱，月亮之所以清涼，地球之所以有水有植物有空氣，莫不因共業有情之業力，引生如來藏中之不可知執受，方能成就；十方虛空一切世界莫不如是起滅，非無因無緣自起自滅。

十方虛空無量世界，不論垢淨，要皆不離六塵相；諸多有情於十方世界之漫漫長夜生死流轉，有智之人漸了諸苦，欲求出離衆苦，遂有婆羅門沙門出現人間；然諸修行人或居家修行，或出家修行，要皆不離身覺境界，不離諸相；謂彼諸修行人不離六塵相故，於生死長夜自謂得明，不離三界而自謂已出。

云何身覺境界？謂諸外道不會眞如，錯認氣功、拙火、明點、神通、及無妄想時之空明覺知心爲不生滅法，便謂已得涅槃，永生不死；然實不離身覺境界，身有方有，身滅隨滅；皆以不明實相空性及不明五蘊萬法空相，墮諸外道論中，不離六塵相。此二句偈謂妄識境也。

「云何無受次？何故名無受？」次者謂當彼之時。此二句問：「如何方是無受之時？以何緣故名無所受？」此二句偈乃爲衆生問眞如之境界。

聲聞佛法爲有情揭示世間眞實正理：五蘊不離無常、苦、空、無我、不淨。

聲聞法說受非眞實，受非我。世間是苦：生老病死、求不得、愛別離、怨憎會，此七種苦之根由皆因五陰熾盛之苦而來。苦受亦是無常無我，若苦受是常是我，則樂受現前時，應苦樂受俱，則爲非理；若樂受時無有苦受，則苦受滅，故苦受非我；若不苦不樂受現前時，無苦樂受，則苦樂二受悉皆無常無我；若有苦受樂受，則不苦不樂受滅，故不苦不樂受無常非我。三受既皆無常無我，幻有幻滅，其體其相皆空，無有受者故名無我，無我即是解脫，解脫即無所受；此即聲聞法所說世間眞實正理。

大乘法中亦說聲聞法之世間眞實正理，然亦說法界實相——空性之眞實正理，非如聲聞法僅依世間現象之五陰無常苦空無我之理而出三界，故依佛地眞如佛性而說常樂我淨。

一佛乘之眞如佛性不生不滅故常，不生不死故樂，非無非有、不增不減故名眞我，不著六塵、遠離見聞覺知、不來不去而本性清淨故名爲淨。以無始來不住見聞覺知故，火不能燒、水不能淹、刀不能殺，苦樂捨受皆不能到，離一切受，乃至定境亦無所受。唯有五陰四陰方受三界諸法，眞實空性則無所受。

對未悟之人，應當開示「實相空性無受，遠離見聞覺知，本性清淨。」悟後了知見聞覺知及五陰本是如來藏空性所生，亦是如來藏之局部體性；但未悟之人不明如來藏，每將無妄想語言之見聞覺知心錯認爲眞，違背佛示正理，故須開示：「於見聞覺知之中，有一同時運作之離見聞覺知心；於見聞覺知心受於三受時，有一不受三受之非見聞覺知心。」有情顚倒，每將非見聞覺知心據爲己有，名爲恒內執我；而實能知能覺之心非常住心，乃由與彼同時存在之非見聞覺知心而生。眞悟之人證知此理，故離顚倒想，故認見聞覺知及五陰非因緣生，乃如來藏所生，附屬於如來藏，故云亦屬如來藏之體性。

佛爲凡夫開示：「一切諸法無覺無觀，無覺觀者是名心性。」然於悟者而言，遠離見聞覺知之眞如非是完全無覺無觀，若完全無覺無觀，則必不能了知衆生心行；而此覺觀常住於有情身中，非三界有情所知之覺觀；以非三界有爲法中之覺觀故，因此不受三界六塵所生諸受，故名法界實相之空性中無一切受。

法界實相之空性，即是因地之異熟識―阿賴耶識；阿賴耶識即是眞如之前身，阿賴耶識所含藏之一念無明三界惑、及無始無明塵沙惑淨盡，即改名眞如，成究竟佛；非離阿賴耶識之外另有眞如，亦非阿賴耶識中包藏另一獨立存在之眞如。

某一名聞中外、著作等身之大法師，於其書中開示，意謂阿賴耶識為唯妄之心，並開示禪子：應將阿賴耶識捨棄。諸上善人！阿賴耶識名為藏識，亦名如來藏，乃是一切有情生命之本體，是法界之實相，即是大般若經所說之空性；若人有力，能捨阿賴耶識，即時變成死人，一切無所能為，不能參禪修定學佛，同於斷滅。阿羅漢所捨者乃是見聞覺知之自己，非捨阿賴耶識；以永斷三界惑故，阿羅漢棄捨自我—見聞覺知及作主之心—唯餘阿賴耶識無見聞覺知，不受後有而名無餘依涅槃，非捨阿賴耶識也。然阿羅漢之阿賴耶識以斷盡四住煩惱故，改名異熟識，或名菴摩羅識。

阿羅漢若迴心大乘，不取無餘涅槃，續修菩薩道乃至成佛，則此第八異熟識改名眞如，非有別心名為眞如；若如彼師所示捨棄阿賴耶識，當下即成死人；捨棄阿賴耶識，即成斷滅見，無有能至後世之心，遑論久遠劫後成佛？故不應捨第八識。而世出世間一切法中，無有一法能令有情捨第八識，乃至佛亦無能捨之。

大乘禪宗所悟之心，即此第八阿賴耶識；達摩大師印可二祖並囑悟後起修者乃此《楞伽經》，而此經所說之實相亦是阿賴耶識；禪宗之眼見佛性，其所見者亦是阿賴耶識之性用；云何以教禪闇名中外之大法師，反而勸令廣大徒衆棄捨實相空性之阿賴耶識？豈非顚倒？

復有錯悟之○在居士（出家後名爲○禪法師）開示云：「見性之後就與釋迦佛完全相同，不必再修行，就是究竟佛。如果有人說『明心見性以後還要修行』，那就是沒有悟。」

然而菩薩六住修學般若，正觀現前—破參明心—而發起般若慧，此唯下品轉識成智，入第七住常住不退。悟後起修，通達八識心王之五法、三自性、七種性自性、七種第一義、二種無我，配合十無盡願及永伏性障，方入初歡喜地；次第進修，而入第八不動地，方有中品轉識成智；迨至三祇劫滿，頓悟成佛時方有上品轉，此時方得大圓鏡及成所作智，福智圓明，成究竟佛。此諸正理，居士一無所知，復未證得阿賴耶識，否定阿賴耶識，誣阿賴耶識爲生滅心，顯然未悟，焉得責人未悟？以是故知：悟後尙須修行，唯除最後身菩薩頓悟。

言歸正傳：初悟眞如阿賴耶識，便知此識尙有種子流注、雜染不淨；雖然本體清淨而無所住，然因七轉識種不淨，故使因地眞如流轉六道，不離生死；便須於一切境緣上使諸染汙法種現行而轉易爲清淨無漏法種，此種歷緣對境之修行，即名悟後起修。此經所說乃向佛子印證破參所明之心即是阿賴耶識—因地眞如、藏識、如來藏；並開示悟後修道之原理。若人人皆是一悟成佛，則佛不必說此經，《圓覺經、楞嚴經》亦不須說，此二經亦言悟後起修故。以此可知：悟後應當修行，見性非即是佛。

悟後覓得眞實不生滅心，印證諸經，便知此心名爲阿賴耶識；悟後進修，次第而至無學位後，方捨阿賴耶名，以離三界惑之能藏執藏性故；然猶未捨異熟識名，尙可依其異熟體性而受生死故，尙有異熟種之流注變易故，是故仍非眞無受。直至究竟成佛時，一切法種之流注變易斷盡，無有異熟果種，亦無異熟生，方名眞無受，圓滿具足故。然爲未悟凡夫及二乘愚人亦說無受，以因地眞如雖有無漏有漏法種流注變易生滅，而自體不於五受相應，不起憎愛；以離見聞覺知故，不受苦樂憂喜捨受故，說名無所受。

何故名佛子？解脫至何所？誰縛誰解脫？何等禪境界？云何有三乘？唯願為解說。

疏：以何緣故說某有情為佛子？一般而言，若受三皈五戒，得名佛子。若依久遠時說，受菩薩戒者名為佛子，能歷長劫不取無餘涅槃而住持佛法故。若依修證而言，三乘菩提之見道者俱名佛子。若依一佛乘言，唯有見大乘道—明心之人，方名佛子；能盡未來際無量無數劫中，住持大乘宗門正法故，亦有能力使二乘法因之不被斷見外道所滅故。

佛子證見佛道已，分證或滿證解脫。然而證得解脫之後，究竟是到了何處？安住於何種境界？三乘所證之解脫果報無有差別，阿羅漢、辟支佛、無學菩薩、究竟佛之解脫果相同，皆唯出離三界生死，不受輪迴；依解脫果，說言阿羅漢「所作已辦，梵行已立；我生已盡，不受後有；解脫、解脫知見知如眞」，說阿羅漢無異緣覺、無學菩薩及佛，同皆出離六道輪迴故。未證解脫果者，不知不解無學解脫聖人住何境界（唯除大乘修學種智之見道有學位菩薩），以為解脫涅槃有境界可住，是故大慧菩薩為諸未悟佛子而請問於佛。

復問「誰縛誰解脫」？此句乃爲誤會二乘涅槃之未悟佛子而言。方才余言：「聲聞緣覺不明眞如、不見佛性。」彼等以斷盡一念無明故得解脫；解脫無所證，涅槃無所住，云何而言修證？云何而言捨壽入住涅槃？

色身剎那變易，非我我所；清楚明白之空明覺知心亦是念念變易，生滅迅速，又復每日斷滅不起，無我我所；處處作主、時分秒剎那不斷作主之我乃是意根，名爲末那，在十八界中，無始來雖恒不斷，亦是念念生滅，依於藏識而起；此識陰與色陰合，故有受想行覺，合爲五陰；滅此五陰已，不起後有中陰，不復受生，名爲涅槃解脫。於此涅槃解脫之中，無我我所，無五陰故；無受想行，無五陰故；無見聞覺知，無五陰故。

二乘無學滅除能生未來五陰之三界惑，故名滿證解脫，捨壽不復受生；然諸二乘無學必生疑惑：「五陰十八界滅已，不生未來五陰十八界，故名涅槃解脫；然則無餘涅槃界豈非一無所有？同於外道斷滅論議？」佛以此故，於四阿含中說有如來藏，有涅槃本際—欣阿賴耶、喜阿賴耶、樂阿賴耶。謂有能生諸法之藏識—空性如來藏—離見聞覺知、無我我所，本性清淨而自無住，以斷盡三界煩惱有漏種子故不受後有。若無此一離見聞覺知之心，則二乘法無學聖者入無餘界，即同斷見外道論議。

以佛說有空性如來藏爲涅槃本際，故二乘無學不同斷見外道；以有如來藏中有漏三界惑可斷，故五陰滅已，入於涅槃，不同斷見外道；以常見外道之眞我乃是佛說五陰之識陰，以錯悟者所說空明覺知心乃是佛說五陰之識陰，故無學聖人捨五陰已，入於涅槃，不同常見外道及錯悟者之五現涅槃；故知解脫者乃是空性阿賴耶識證得解脫，非由吾人能知能作主之空明覺知心證得解脫；以空明覺知心自願滅捨而不復現，故令空性阿賴耶識入於不受後有之無境界境界，名爲入涅槃；故阿羅漢不言「我證解脫，我證涅槃」，我者五陰也，我者空明覺知心也，此心及五陰皆不入不證涅槃解脫，云何無學聖人說言「我」證解脫？「我」入涅槃？是知縛衆生者皆是衆生自己，衆生若肯斷盡三界煩惱，則將滅除自我，而使空性阿賴耶識度於生死大海，故涅槃解脫名爲滅度—滅除自我，度生死海。佛子滿證解脫時，此空性阿賴耶識以斷盡三界煩惱故，改名空性異熟識，空性菴摩羅識。

大慧菩薩復問：「何等禪境界？」禪之境界，於此非謂四禪八定，以此經所說乃第一義般若，非謂定福，故非四禪八定等三三昧。此經所說禪境界者有四：謂「愚夫所行禪、觀察義禪、攀緣如禪、如來禪」四種。此四種禪，於此先不敘述，後自當解。

復問：「云何有三乘？唯願爲解說。」《金剛經》云：「一切賢聖皆因無爲法而有差別。」即是此意。佛法無兩般，因何有三乘？此乃末入大乘見道之佛子們所共迷惘之疑，大慧菩薩深知衆生於此有疑，故意問此。三乘入道初門各各差別，大乘佛子應當了知。

際此末法，每聞善知識開示大乘禪法云：「我們修學禪法就是要放下。放下！你就開悟了！你就解脫了！」有時復言：「禪的修行，要從散亂心轉爲統一心—無妄想雜念的心。到了無妄想雜念的時候，把它放下，又回到人間的生活來，這就是悟。」然此知見，豈唯不明大乘禪？亦乃不明聲聞禪，非眞佛法，無異常見外道。

如此說法類似聲聞法之斷煩惱，不能悟入大乘禪；但是小乘行者欲斷煩惱，必須修學聲聞禪，勤求聲聞菩提之見道—如朗波田、瑪哈西禪師之禪法；否則即使修得四禪八定，亦不能斷三界煩惱，只能伏而不能斷，後後際仍將不離三界輪迴。然朗波田、瑪哈西之聲聞禪行者，若未知曉無餘涅槃眞義者，亦將永遠不能實證慧解脫無餘涅槃。

聲聞菩提之悟入，異於大乘禪；大乘禪之悟，須悟入法界實相—空性如來藏，此非易事；聲聞菩提則是悟入五蘊空—十八界之無常、苦、空、無我，亦即悟入現象界之無常空，證得五蘊空相。然此悟入非僅思惟，須以聲聞禪法實際體驗。若不能實際證驗五蘊空相，假饒學富五車、才高八斗、著作等身，依然不離凡夫境界；口說放下、心思放下，而實堅執空明覺知之心爲我我所，不免輪迴，是即假名善知識，非眞實善知識。

眞修聲聞禪者，可以親自證驗色陰虛幻，無我我所，復轉入受念處、心念處、法念處，逐一證驗而入初果，即是聲聞菩提之見道。凡此皆須假聲聞禪而親證驗，若非於聲聞禪中次第一念相應，終無能力放下五蘊之執著；著作雖多，無非共諸佛子說食數寶爾。

復有大乘比丘開示，謂大乘之悟即是現觀緣起性空。然此乃是二乘之禪，非大乘禪。大乘禪有如來禪、祖師禪；大乘禪之證悟，悉皆不離眞如實相，依眞如實相而證驗緣起性空及聲聞之無常、苦、空、無我；非由緣起性空悟入。

有謂《中論》所說「衆因緣生法，我說即是無，亦爲是假名，亦是中道義」，乃是說緣起性空，謂緣起性空即是中道。然而此種解釋乃依二乘法而解釋龍樹菩薩之中道，實非中道。何以故？以緣起性空所顯一切理，皆依有爲法之現象界而言；現象界之一切有爲法悉皆不離緣起性空，是則一切皆屬無常，終歸於空無；此則無性，不名空性，名爲無常性；既性無常，不名中道，此非大乘《大般若經、大般涅槃經、楞伽經、楞嚴經、圓覺經、維摩詰經、法華經》所說之中道也。

龍樹此偈乃闡釋大乘般若空性，非謂五陰及諸現象界之空相；乃謂如來藏之中道空，非謂二乘法中緣起緣滅之空相（詳見拙著《眞實如來藏》）。眞實中道觀者眞如佛性也，依悟明眞如、眼見佛性，而現觀諸法緣起性空；以此智慧而斷遍計執性。於一切緣起緣滅之依他起性中，證得如來藏之非有非無中道空性—圓成實性；方符龍樹此偈本旨，眞實證驗中觀，不墮二乘無常法中，名爲大乘之主流。

以衆生根性不同，故佛說法三乘有別，應機逗教，方便接引，非謂三乘佛法互別。若得大乘見道，次第修入初地，便能爲衆宣說三乘異同，而亦深知三乘乃方便說，實唯佛乘，無二無三；此非未悟大乘之人所知，更非二乘無學所知也。初地菩薩猶未滿證解脫果，而能攝受二乘無學，爲三界導首，其故在此。

緣起何所生？云何作所作？云何俱異說？云何爲增長？

疏：此四句偈乃爲衆生問空性阿賴耶識。阿賴耶識空性即是一切有情生命之本源。首問「緣起何所生？」上來曾說二乘所修一切法，悉皆不離緣起性空—謂一切法緣起緣滅，故性是空；此謂空相，非謂有一不壞之法名爲空性；無常之法壞一切法，而此無常非有實法，乃名相施設；是故無常非有實性，不可謂無常之性即是空性；若有人謂無常之性即是空性，若有人謂緣起緣滅即是空性，是則空性成斷滅無常之法，能壞一切法，而非能生一切法；故無常空及緣起性空皆非空性，乃謂現象界一切法之空相，非謂法界實相之空性也。

有諸大師宣示諸法緣起性空之理，謂諸法緣起緣滅，故性是空。然而諸師曾否思惟「緣起諸法及緣起緣滅性由何而生」？

譬如眼能見色，知青黃赤白；意識俱起，了別長短方圓及青黃赤白之細相；此諸了別，於見於知之時即已完成，不待語言思惟；與眼意識俱之意根於中作主：或續細觀，或移眼他觀。有情何故能如此運作？為有另一非見聞覺知之心—阿賴耶識，彼心含藏諸識之種子，流注於諸識所應現行之處（十二處），故有見知等。若無如來藏，即成斷滅；或雖有如來藏而無所藏諸識種子，或有諸種子而不流注生滅運作於十二處，則一切有情悉將永住無餘涅槃中，何有衆生現於三界生死？何有衆生於三界中修學佛法、行菩薩道？（詳拙著《眞實如來藏》）

依緣起法言，能見色法者乃是眼根，因有色法故有青黃赤白長短方圓等法塵，根塵觸故眼識於中現起；意識俱現，了於形色；是故見色知色諸法是緣起法—因緣所生法；眼根若壞，便不能見，以緣缺故；五勝義根俱壞或五扶塵根俱壞，便不能分別，意識不現故，以緣缺故六識不現。故云眼見色、意知色等法乃因緣所生法，然此因緣所生法以何爲因？從何因生起？佛子不可不知也。

眼根、色法及觸爲緣，眼識現起；耳根乃至意根意法及觸爲緣，意識生起；此諸緣中唯一之因，謂阿賴耶識及其所蘊七識種子；若無七識種，不能於根塵觸處而現六識；故云以根塵觸三爲緣，以如來藏及種爲因，而有見色聞聲乃至知法等法，此即龍樹「因緣所生法，我說即是空」之本意，乃說依他起性中之圓成實性，名爲中道；乃說七識六塵諸法中之阿賴耶識名爲空性，唯有此識方名中道。佛子不應於此偈中取於諸緣而捨其因，若捨其因而說緣起性空，應云「諸緣所生法，我說即是空」，不得言「因緣所生法」也；此諸正理，阿羅漢辟支佛所不能知，何況錯悟之名師及淺學佛子，不聞不信眞善知識所說正法，不讀不解眞善知識所著諸書，焉能知之？

大慧菩薩復問：「云何作所作？」作謂業相，即是吾人之修證；所作即是業果，因吾人之造作三行而生之果報，名爲業果。修行者於淨業上之身口意修證，名之爲作；因淨業修證而顯現之功德受用即是業果，名爲所作。

既云作與所作，誰爲能作之主體？凡夫異生每謂見聞覺知之心爲能作者；錯悟佛子及錯悟外道，每認空明覺知之心爲能作者，復引意識所知之般若名相遮遣之，謂空明覺知心爲非作非所作，謂此心不著作與所作名爲中道，殊不知此心正是作者─執六塵諸法，不離見聞覺知，此心正是五蘊之我，此我乃由如來藏因及根塵觸緣而生，非不生滅之我也。

佛云「五陰非我，非我所；十二處十八界非我，非我所」謂其中無有常恒不滅之眞我─離見聞覺知而本具涅槃之眞我，故云無我、無我所，勸令佛子及諸外道莫執空靈明覺之心爲不生滅我。

若無如來藏，一切有情皆成死人，一切動物皆成死物，不復有能作與所作；以能作之明覺心，熟眠斷已，次日不應自己復起故；已滅之無法，不能生起自法他法故。必有另一非見聞覺知之藏識及非有見聞覺知、非無見聞覺知之意根，方能促使藏識中之明覺心種流注而出，復生明覺心，復有作者及與所作。

聲聞聖者有時獅子吼云：「我斷煩惱，現證生死無我，故佛記我爲阿羅漢，汝不應謗我，以免地獄罪故。」然此無我之與斷見，同耶？異耶？若謂同，則佛法無異斷滅論外道，則不須佛出於人間，斷見外道已說正法故。若謂異，則必有異於斷見外道處。故知必有空性阿賴耶識爲一切染淨法之所依，不同斷見外道論議。若無空性阿賴耶識，何處有人能證無我空性？佛說三乘佛法，在在處處皆說有一不生滅斷常之空性，當知此一空性非無常空、非緣起緣滅之斷滅空。

以依如來藏故，空明覺知之心能有作與所作；然依大乘見道者言，一切作與所作莫非皆是如來藏之體性，故云三界唯心，萬法唯識；而此作與所作之理，非錯悟者及阿羅漢辟支佛之所能知。

「云何俱異說？」此句所問俱之與異，是何道理？一切有情無始劫來，一向眞妄和合，不生滅與生滅和合，常與無常和合，生滅之五陰與八不中道之藏識和合，只是衆生多未見道，以此迷惑而已，而實眞如佛性隨時隨處皆與有情同共和合，無一時一刻不在。

佛子每聞悟者引述祖語云：「夜夜抱佛眠，朝朝還共起。」未悟者往往迷惑：「如何可能每晚抱著佛睡覺？哪有這種事情？」其實這二句祖語所說的佛，是指一切有情本具之眞如。

此句偈中之俱字，乃說眞如與妄心同在一起運作、眞如與五陰同在一起，故名爲俱。異者謂一切凡愚不明眞如之體性，故無法證得眞如，每每錯認空明靈知之意識心爲眞如，不知不見眞如之異於空靈明覺之意識心。然而空明覺知之心乃是意識，不離見聞覺知，日日間斷；眞如遠離見聞覺知，異於靈知心；靈知心在十八界內、不遍十八界，眞如與十八界遍和合，而不在十八界內；祂與十八界俱，而異於十八界。

對於未悟求悟之人，吾人總先令彼認識五陰十八界，認識空明覺知心之依他起性及斷滅性，證知其虛妄；復令知曉眞妄和合之理，令彼不離妄心及五陰而尋覓眞心；欲覓眞心之前，則先爲彼開示眞心離見聞覺知之體性，後令尋覓五陰身中之眞心。學人若能覓得眞如，深入體驗，便知眞如與妄心和合運作，二心體性雖異而不分離，非俱非異，亦俱亦異。

何故非異？以空明覺知之妄心乃由眞如所生故，亦是眞如之局部體性，謂眞如有能取性—由其所現之空明覺知妄心而取諸境，然而能取之妄心及所取之境皆是眞如所現，故又爲彼開示「妄心亦眞，眞妄不二」，此諸道理即是俱異之理。

此外，依於果報亦有俱異：一切有情受報之時，皆是五陰受報，眞如皆不受報，以眞如離見聞覺知故，不受苦樂憂喜捨受，故不受報，是故有異。然受報之五陰乃是眞如之所生所現所持，不得謂眞如不受報，此則是俱；又眞如處於五陰之中，五陰受報時，眞如不離五陰，故是俱。

一切有情作業之時，不論其所作業是善是惡是染是淨，悉皆不離俱異二法。對於凡夫及二乘愚人而言，一切作業者皆是五陰，五陰空故言其業空；然於現象界言，有造業者，有所作業，就有來世業果，故二乘遠離一切業。於大乘見道者言，便見二乘愚人及諸異生凡夫於人間遊行之時，悉皆不離俱異之理：阿羅漢在度生說法時，乃是五陰造作淨業，然其眞如亦同時造作淨業，眞如與五陰俱故；然眞如與五陰配合造業時，又不可說祂有造業，眞如無形無色故，云何造業？此即是異。以上略說，皆名俱異說。

「云何為增長？」古來諸善知識常開示云：勿造惡業，當行善業；莫造染業，當修淨業。《地藏經》亦云：「閻浮提衆生凡有所作，莫非是業。」舉凡善業惡業染業淨業，悉皆是業。何故名業？一切三行之熏習，必將增長藏識之善惡染淨功能差別，形成未來妄心於善惡染淨法中之勢力作用轉易增減。

若連續使妄心熏習染法，則藏識中之妄心種子於染法之功能力用便漸增長；若七轉識多聞佛法、熏習淨業，則使藏識中之妄心種子於出世間法之功能力用增長。種子亦名功能差別，亦名為界。增長者謂增長善法之功能差別也。是故見道者於悟後修行之時，亦皆用此七識妄心而修，不斷熏習善淨之法，遠離染汙貪著瞋恚，則使藏識中之染惡業種漸消，善淨業種漸增，乃至永離三界生死有為諸法及上煩惱，是名增長。

云何無色定？及與滅正受？云何為想滅？何因從定覺？

疏：佛子欲出三界，但斷一念無明即足；欲求成佛，則必須加修增上心學及增上慧學。增上慧學謂第一義諦；第一義諦有二：一者般若空性—如來藏總相智，地前菩薩之勝行智也；二者唯識空性—如來藏別相智、地上菩薩之道種智與究竟佛地之一切種智也。增上心學謂定學諸種三昧，以四禪八定、無想定、滅盡定爲主，衍生之無量三昧爲輔。

四禪八定者，謂初禪、二禪、三禪、四禪，合名四禪。初禪境中有覺有觀，眼耳身意識俱，鼻舌識不現。二禪以上爲獨頭意識，前五識不現，唯意識（無妄想之明覺靈知心）住定境法塵中，名爲無覺無觀三昧，離五塵境故。四禪前之未到地定中，息脈俱斷，後入四禪，念、欲心所俱斷，不念不欲三禪樂，寂然安住。

八定者，合四禪四空定，故名八定。四空定者，謂空無邊處、識無邊處、無所有處、非想非非想處，此四空定，以離色界境界，證者捨壽入無色界，故名無色定。佛子於四禪中，若思證超無色界而出三界，便捨四禪，入無色界。初入無色定時即名空無邊處，此處但覺微細之了知心無邊廣大；外道不知，便謂此心遍十方界；實乃心覺十方，非遍十方；若據此心爲眞，便墮輪迴，不證涅槃。

佛子住空無邊處定中，心緣十方故，遂漸散亂，漸失空無邊處之定力；已覺有過，乃不緣於十方空，向內心收歛返觀，自以爲所觀之了知心即是阿賴耶識。內住於了知之意識及作主之意根，漸漸增長定力，心轉微細，忽覺自心識種無量無邊—過去識種、現行識種、未來識種皆無邊際，欲求神通及諸境界者，皆隨時可得，此名識無邊處定；若未見道，便以此修證而爲聖境，自謂聖人，便墮輪迴，入三惡道。

佛子以有正見，安住久之，發覺心緣諸界種子，心必散亂，定力必減；又復了知此心住此定中，乃相對於空無邊處之向外而向內安住，不離內外，非究竟法；遂捨此定，不緣十方空，不緣內心識，於無所有中安住，捨一切法相定境，是名無所有處定。佛子於此中住，若無見地者，便自以爲已證空性，謂爲聖人，謂此爲出三界，便成妄語，入三惡道，不離輪迴。當知此定中之微細了知心仍是意識，非眞空性。

佛子住於無所有處定中，又復檢覈深觀；乃知此定中雖無所有、無所緣，而有了知之心能知此處無所有、能知自心無所緣；而此了知之心緣無所有，知無所有，仍不離能所—能知無所有之心，及所知無所有之境；是則未離想陰，有能想之心故；雖無語言文字及諸觀想影像，亦復名想。若欲離想，當捨此想，遂入無想之中安住，此名非想非非想定。

此定既是捨想而入，云何名爲非非想？謂此定中之了知心雖離於想，而有了知；既了知想而離於想，名爲非想；復了知己心離想，則有了知，即非眞無想，故名非非想。又此定境之中有離想之受，證悟之佛子以具正知見故，了知此境非眞無想，以有了知之心能受此境故，遂滅此受；以受滅故，非想非非想受即滅；想受滅故，入滅正受，亦名滅盡定；證得此定者，即成俱解脫阿羅漢。若不證此定，亦未得三乘見道者，雖具得四禪八定，仍名異生凡夫，暫伏三界惑而不出三界，不離輪迴；若已先得四禪八定之定力，則其三界惑已全降伏，但唯見道，即可立出三界輪迴，隨時隨處可入涅槃。

無想定者，謂佛子證四禪已，未斷色界天身之執著而欲取涅槃，便於四禪定中作涅槃想，以定中之想爲出離三界之障，遂滅除心中無語言之想，以此而入無想定，以無想定境界作爲涅槃；以滅想故，了知心（空明覺知之意識）即滅而不起，名爲無想定。以此爲涅槃故，數數熏習；捨壽後便入此境，生無想天，壽命或五十劫、或百劫乃至五百劫，恒住無意識境；捨無想天壽時意識方起，方有了知；一旦了知即便下墮，如繩繫鳥，繩盡則還，復墮下界；以生無想天者一切無所能爲，暫住數百劫後復返欲界，故名彼天爲客天，往彼作客暫住而已。

欲證滅盡定者，須先斷除色界身見，而後修證四空定，入非想非非想定已，捨想之時方能捨受，方入滅盡定，非於四禪中不捨色界身見、捨想而入。又無想定行者以不了色界微細色所成身之幻有不實，執以色界微妙身中之無想無受爲涅槃，捨壽遂以涅槃想而生無想天。又無想定所斷之想粗，滅盡定所斷之想細，若無四空定之定力，欲於四禪中滅粗想而證滅盡定者，無有是處。又想者乃謂想陰之想，無想者非因離語言妄想而名無想，是故初禪心中雖離語言，仍未離想；若有意識不滅而能了知，不論其了知如何微細，皆名爲想；不唯四禪息脈俱斷之定境中能了知心名之爲想，乃至四空定之頂——非想非非想定中之極細了知心，依然名之爲想，須滅了知心之我，方入滅盡定，方過想陰，方名想滅。

故知一切行者欲出三界者，皆必須證悟「空明覺知心是妄心妄識」，否則不出想陰，永墮輪迴。唯有滅想—空明覺知心，方出三界。以此可知：不論顯密大小各宗各派諸祖諸師，若言所悟不生滅心爲空明覺知心者，不論其門徒所揭示諸「見、修、行、果」如何超勝，皆是妄想所得，非有實證；不唯無慧，亦且無定；無慧無定而云證聖，唯有痴人方信受之，以彼等師徒俱皆不知想滅之理故。

際茲末法，多諸佛子及與外道，錯將欲界定、未到地定心中無語言妄想之定境，誤認爲無想定，便道已過四禪境界，籠罩他人，自墮妄語業中，名爲可憐憫者。

有諸佛子及諸外道，聞佛說言無餘涅槃之中無心無覺，無有能知及與所知，便於四禪之中滅卻覺知，以爲涅槃，此則入於無想定中，不能入涅槃也。何以故？以彼等未證三乘菩提故。若證三乘菩提之一，了了分辨四禪四空定中之微細了知心爲暫有假有，非眞實不生滅心，方能滅卻此心而於有頂取證涅槃。若不悟菩提，雖欲入涅槃而住無想定中，類似涅槃，然不久後，終將因未斷一念無明煩惱之有愛住地及色愛住地—空明覺知心自我之執著及對色界身之執著；又復起心，出於無想定外，便道世無涅槃可證，便謗佛說不如實語，如善星比丘因此而墮地獄。此名有我欲證涅槃，違背佛說涅槃無我之理，以有空明覺知之我，則非寂靜故。

近年來，台灣本島有甚多國外來的大小顯密諸宗大師傳授禪法，多有宣稱證悟登聖者。彼等諸師傳授禪法，謂可實證解脫，然觀彼諸大師，悉以空明覺知心爲眞，教人消除煩惱，保持一念不生，並須時時保持清醒：清清楚楚明明白白；並且要能處處作主。此則違背涅槃正理。

此諸大師過在不明二乘無我空相、不明眞如阿賴耶識，錯認空明覺知之意識心爲眞如，又復未曾眼見佛性，不明眞如佛性之實相，誤認空明覺知心中無妄想妄念即是涅槃，教人捨報時以此心住於無妄想妄念之中，名爲入無餘涅槃；誤以爲如此即可不再受生，以此名爲無生。而不知眞如本來已在，本來無生；眞如之本來無生，非由空明覺知心修除妄想而成，乃是空明覺知之心斷除三界貪著、了知自己虛妄，捨報後不復現前而受生，唯餘眞如因無空明覺知心之貪著而不再受生，故眞如不現於三界中，不生來世空明覺知之意識，永不輪迴，此名無餘涅槃。今諸大師不知此理，違佛旨意而云能令佛子實證無餘涅槃者，無有是處，以彼等誤解無餘涅槃故，未證無餘涅槃故。

佛子於此已知無想定與滅盡定，復應了知「何因從定覺？」無想定之成就者，若不能了知此定虛妄，不肯棄捨而進修實相智慧，捨壽後必起色界天中陰身，以錯認無粗想爲涅槃故，便捨中陰入無想中，遂生第四禪天之無想天。初生彼天，復捨其想，而以捨知作涅槃想，初刹那住粗想，次刹那住微微想，第三刹那遂滅想；其色界天身於無知之境中安住，或五百劫、或五十劫，忽生覺知，便捨天壽，下墮欲界。

學人於此欲界修得無想定者亦復如是，雖住定中以爲涅槃，而於後時忽生一念，復又出定。於四無色定中亦復如是，不能永住，遲早必會出於定外，又入五塵，永無解脫之日，此皆由於一念無明之色界愛及有愛住地惑未斷—執四禪天身或四無色定中之空明覺知心爲不生滅我，不離我見所致。

滅盡定中聖者出定，則非由此緣故，乃因未至捨壽時節，隨緣說法度生，故不取滅度。入滅盡定時以心先有預設，故於日將午時即便由其意根之作意，而使空明覺知之意識心又復現前，入城托缽，食訖說法；乃至壽終之時以捨想故而入涅槃，非以涅槃想而入涅槃。是故聖人與凡夫俱從定覺，而因不同，修證別故；此亦佛子所當知者，是故大慧菩薩爲諸佛子請問於佛。

云何所作生？進去及持身？云何現分別？云何生諸地？

疏：「云何所作生？」意謂佛子修行過程皆有能作與所作；能作者佛子之心，以此心而有所作；所作者謂修行過程所產生之功德、智慧，皆由心所作。佛子經由聞熏之慧而作思惟，進而修行產生修所得慧，復因修行結果而有證所得慧，因慧而生解脫功德正受。此諸聞思修慧，不論定學慧學悉皆如是，然此所作功德智慧，須因正確之知見、詳實之方法方能產生；非由錯悟者所述錯誤知見及錯誤籠統之方法所能產生；是故大慧菩薩問佛「云何所作生」？以佛法之修證，其入手之知見及方法極為重要故。

「進去及持身？」去者同趣，謂諸佛子應向何種方向心生喜樂追求之意願？不論修定修慧學戒，皆有應該遵循之方向及原則，此亦佛子所應知者。持身者謂將來應如何受生？佛子依其修證層次高低、心性廉懦、悲願大小、智慧廣狹、定學深淺之差別，導致未來世之受生有別；復因佛及諸大菩薩之觀察因緣所作安排而各各有異。故於來世所受持身應為人身？應為天身？應為蓮花化生之身？乃至以大修證、大威德、大悲願而受地獄身等，皆為佛子所應知曉。

又復進去亦名往來，持身又名受生；謂如來藏住於五蘊之中如何持身及與去來，此乃大乘佛子欲求見道、悟入般若空性所應知者。

「云何現分別？」分別二字在佛法中極重要，分別亦名覺想，乃唯識五法中之第三法；佛子於大乘法之修行過程中，久而不悟般若，或其餘大師之錯悟者，皆由不了分別之體性，於分別顯現之所由來，迷惑不知，故陷大妄語業中，或致久久不能證悟，出離無期。

佛子於修證般若波羅蜜之過程中，必須先將分別之理知曉分明，方知無分別之正理；若未眞知分別之理，則往往將分別之心認作無分別心；不能了知無分別心，則不能證知分別心究竟從何而現，故應先行了知分別之體性。

佛子學佛數年之後，開始探究實相，便受學般若波羅蜜，華言譯爲「智慧到彼岸」，然般若二字其義非僅智慧而已，亦含空性、涅槃、眞如、中道、實相等義，故不單翻智慧二字。

於受學般若波羅蜜後，常聞善知識云：「般若即是中道，中道謂不分別斷常一異來去有無；故不起分別即是般若空性。」便教人於四威儀中保持一念不生，教人於一切善惡美醜不生分別；乃至向諸護正法而分辨法義眞僞之人勸說：「不須要分別對錯，各人說各人的法便可以了！」凡此皆名不解分別覺想，不入中道。

《瑜伽師地論、攝大乘論、顯揚聖教論、成唯識論》皆此開示：「阿賴耶識恒而不審，本性清淨，無分別性，爲一切法之所依。」《大般若經、金剛經、心經》之所說者，皆是此心之體性；謂此心永恒不滅，遠離三界中之見聞覺知，不分別三界中一切善染諸法，故不起貪瞋慢疑邪見等；故於三界輪轉時，隨時隨處皆得自在，不受苦樂憂喜捨受故。

無分別性故，離見聞覺知故，從來是如，遠離一切煩惱；處於天道時不受諸樂，不憂愁將來失去天樂；處於地獄時不受諸苦，離見聞覺知故；亦不憧憬將來得離地獄，不受苦樂故，其心如如不動。

佛子學佛，必先修集資糧─布施持戒修定；然多外門而轉。善根深厚者漸漸聞熏般若空性，學而時習之，聞而思惟之，最後終必走向第一義諦之修證─參禪。此了義法所尋覓探究者，無非般若空性─有情生命之本體阿賴耶識。此則應須尋覓善知識，由禪宗之禪法入手；若得悟入，般若空性之智慧便得漸漸現前。

然而際茲末法，假名善知識充斥人間；彼等以錯悟故，於祖師所示「禪是無分別，眞如無分別性故」產生誤會，便據以開示廣大佛子云：「我們學禪，就是要達到無分別，所以必須觀心，使心不作任何分別。」若有佛子起心分別諸方善知識所悟眞假、能否與經論印證時，彼等善知識便斥責云：「你不要在那邊分別了！你這樣做，就落入分別之中了！」凡作此說者，皆是假名善知識。

佛子當知：能分別之心乃是空明覺知心，此心乃是意識，祂不能經由無分別之鍛鍊而變成無分別心，本質是分別諸法之意識心故。無分別心是本來就與空明覺知心同在的阿賴耶識，是本來就無分別的心，不是經由修行變成無分別心。空明覺知之意識，永無可能經由修行而變成阿賴耶識；此理簡明，云何諸方善知識不信末學誠實之語？

我諸佛子欲覓無分別心時，必須以空明覺知之分別心，於四威儀中，向五陰十八界尋覓分別，以彼無分別心不離五陰十八界故，莫向虛空尋討。若將空明覺知之心保持於無分別狀態，則不能分別何者爲無分別心、何者爲有分別心，則墮於空明覺知之分別心中，錯執此心爲無分別心。

又：無分別心不能分別某心爲有分別？爲無分別？若能了知某心或己心爲無分別，則是有分別心，能分別某心或己心爲有無分別故，能了知故。是故舉凡能了知己心某心爲無分別心者，皆是有分別心。無分別心本不分別，云何能知自己或他心爲有無分別之心？此理簡易，佛子應知。

若諸佛子依諸假名善知識教，令空明覺知之心住於無分別狀態，試問：「誰能分別自己所找到的心是有分別心？是無分別心？誰能生起順決擇慧？」順決擇慧豈非分別心之作用？無分別心自無始來即不分別，非因修練而轉成無分別心；無分別心既從本以來即不分別，云何能了別自身是否為無分別心？此理不通也。是故證悟之後能生順決擇慧者乃是空明覺知之心，與慧相應故，必是分別心。故知分別心—空明覺知心，一向與無分別之阿賴耶心同在；吾人當以空明覺知之分別心，運用禪宗之禪法，尋覓本來就與空明覺知心並存之無分別心—阿賴耶識空性。莫將空明覺知心之分別性滅卻，以此為悟；否則窮劫亦不能悟。「云何現分別」之一句，對禪子而言，其要義在此。

此外，證悟之後遊行人間而度有情，亦須有分別心。余常開示：「眞心本性從本以來不起分別，然於參究無分別心之過程中，必須有一能分別之心，方能尋覓悟入。」度衆亦復如是，悟後度衆之過程中，必須於無分別心之外，另起有分別心，方能度衆；若離分別心，則眼不能見物、耳不能聞聲，乃至意不能知法，云何說法度生？故云有分別心與無分別心必須恒時並存，方能弘法利生。

證悟者如是以分別心，時時照見無分別心之運作，而不離分別心自己之運作，二心並行以利有情；求悟佛子乃至貓狗魚鳥亦復如是，身中之分別心恒與無分別心並行運作；唯除眠熟等五位中，分別心滅而不現。若非無分別心與吾人之分別心同時並存，吾人尚不能生存於世間，豈能學佛參禪乃至弘法利生？

一切有情無量劫來，於世間之一切行爲，莫非眞妄和合—無分別之眞心與能分別之妄心同在一起。過去無量世如是，現在世如是，未來無量世亦復如是。唯除五位（正死位、眠熟、悶絕、二無心定）之際或無餘涅槃際，空明覺知之妄心滅而不現。

常有善知識開示云：「當我們很專注而不起妄想妄念時，彼靈知心即是眞心。」若此爲眞，則諸貓狗魚鳥悉皆已住一眞法界，悉皆常住不分別中，爲彼心中無諸妄想語言故；若人棄捨語言則同傍生有情故。

人之所以尊於傍生者，爲有表義名言故。運用語言表達意思，故能將佛之修證，傳授於世間有情衆生；若無語言，則度衆極難，禪師亦難施其機鋒鉗錘，不能預爲開示正確知見故。是故語言並不妨礙佛子修行，反能幫助佛子修行。語言之存在，豈唯不礙禪子參禪，反能使禪師藉以助益禪子破參。是故吾法雖須先行鍛鍊無相念佛及看話頭功夫，實欲使禪子之靈知心轉細，而易於覓得眞如；亦爲重關之眼見佛性而作準備，非以無相念佛及看話頭之離語言文字爲悟也。

佛子若不信空明覺知之心爲有分別心者，可以下開施設境界自驗：自行於十分鐘內保持無語言文字妄想；於此十分鐘內，若張三來時，心中莫起張三之名字聲音，觀察自己是否知曉彼爲張三？此十分鐘內，父母聞張三音聲，出而問候，汝心中亦不起父母姓名及父母之名號音聲，而汝自能分別此人爲張三、此二人爲父母，自能起身招呼三人，請坐奉茶而不錯亂。不須語言於心中分別，自能分別無訛。

又如開車，巷口忽有車出，不待語言於心中分別，空明覺知之心於彼一、二剎那間已分別完成，隨即踩剎車，避免車禍；待汝心中須起語言思惟應否作何應變之時，爲時已晚。而實現見空明覺知心之分別性極爲伶俐，一二剎那之間已完成分別。狗亦如是，望見主人及家人，便搖尾示好；若見外人便吠，心中皆無語言文字探究：「此人是主人，彼人是外人。」而後搖尾或狂吠。

又如晨朝初醒，眼甫張已，隨即起身離床，未曾於心中先自語云：「天亮了！我該起床了！」不妨離諸語文而生分別，是故專心一境而不起語言時並非無分別，此正是分別心；何以故？以專心分別一境故，心若離於所專注境則隨即能知故，所專注境旁若有事生，亦能隨即了別故；非因無有語言而得名為無分別心。

然此空明覺知之分別性不可棄捨，譬如見諸人蛇鼠狼，不可一視同仁而不分別；聞諸佛法與外道邪見，不可不作揀擇分別而照單全收；是故學佛必須有分別心，以分別心尋覓無分別心，以分別心決擇諸方善知識所說佛法爲正爲訛？爲了義爲非了義？不可強令空明覺知心處於凡事皆不分別之狀態，魯魚亥豕不分，外道佛道不別，則墮常見外道法中，錯認空明覺知心—識蘊—爲不生滅心，不能發起般若空性之中道智慧。

於理而言，眞如空性本即無分別性；於事而言，觀察有情根性、弘法利生，維持五陰之生存及正常運作，皆須空明覺知心之分別，若無空明覺知心之分別現行運作，則無分別心於三界諸有爲法即無所能爲，無分別心是無爲法性故。是故空明覺知心雖是分別心、是生滅心，然不可棄捨，要假其分別性，方能運作無分別心而於三界中修學佛道故；要假其分別性，方能悟入無分別性之般若空性—如來藏阿賴耶識故。是故本經以七寶之城喻七轉識，意在於此。

「云何生諸地？」意謂佛子修行，應如何用功方能從欲界地進入初禪地，乃至進入第九非想非非想地而入滅盡定？以此出三界。亦問佛子云何由十信凡夫地修進十住、十行、十迴向而入初地？復云何由初地而次第修證乃至第十法雲地，滿足佛法？生諸地者，以生初地至十地爲主要。其內容於後經文自當廣說，此處不煩別解。

破三有者誰？何處身云何？往生何所至？云何最勝子？

疏：「破三有」謂破除三界有，「破三有者」謂已斷除三界有之執著者，謂已出三界而暫住人間之聖者。三有者謂欲界有、色界有、無色界有。

欲界有，乃有情之五陰身，及與五塵、男女欲。此欲界有總括人間、畜生、餓鬼、地獄道及六欲天。色界有者乃謂初禪三天、二禪三天、三禪三天、四禪四天，及四禪上之五不還天，共爲十八天。於人間受持五戒、並修十善業道，能生欲界六天。修持初禪乃至四禪者能生四禪天等十三天，斷五下分結之聲聞三果人及伏三界愛之大乘初地菩薩能生五不還天；五不還天之頂爲色界頂，即是色究竟天，世尊之莊嚴報身盧舍那佛，今現在色究竟天宮說法。齊此以下乃至初禪三天，皆名爲色界。執著色界境界，即名爲色界有不破不斷。

色界之所以名爲色界，乃因尚有色故，仍有微細五陰，但非如欲界六天之天人尚有男女相；色界天人無男女二根，其身中無有五臟六腑，不食摶食，以禪定悅樂爲食，身中如雲如霧，無諸肌肉骨髓，外有薄皮，身諸毛孔內外相通；以有微細色故，名爲色界；以離欲故，不名欲界。

無色界有，謂四空天境界。無色界天人以無色身故，唯餘四蘊—受想行識；以餘意識住於四空天境界，不受外塵，唯觸定中自心法塵；其空明覺知心極細，安住四空定境界，有定無慧；若未見道之人，萬勿求生四空天，否則非唯不出三界，乃至有於無色界天捨報而墮三塗、失去人身者，佛子慎之！四空天之天人以尚有意識心—極細之空明覺知心故，不得謂無，故名無色界有，有輪迴生滅之空明覺知意識心故。

「破三有者誰？」乃問何人能破除三界有之執著。破三有者有三種人，皆佛弟子。第一種爲聲聞人，阿含中說斷五下五上分結之阿羅漢—大乘法中說斷盡一念無明四住地煩惱之聲聞阿羅漢；以斷盡三界惑故，從此不再有妄想妄念出現，不再有三界煩惱出現，成慧解脫；亦名時解脫，待時捨壽而取無餘涅槃故。此聲聞無學若加修四禪八定而證滅受想定，亦名定解脫，亦名俱解脫；能隨時隨處捨壽而取涅槃故，雙俱慧定解脫故。

第二種破三有者名爲緣覺，由緣起緣滅之法而悟人生無常，或由十二因緣之推究而悟五陰非我、非我所，以此而破三界輪迴之無明，打破十二因緣連鎖相續之鎖鏈，因此出離三界；此一聖者亦名辟支佛，多出無佛之世，觀察因緣法而悟入緣覺菩提。辟支佛於人間遊行時，多不說法，大多示現神通而使有情生於善根，藉托缽乞食之緣而使有情植福；此是破三界有之第二種人。

第三種破三有者名爲菩薩；菩薩入道初門，不以聲聞緣覺之法而入，以此二法皆屬現象界之無常、苦、空、無我、緣起緣滅，屬無常法，不能觸及法界實相之八不中道，故菩薩別依大乘般若空性而入道，見道時即與第一義諦實相相應。

然欲修學大乘般若第一義諦，須先修集福德資糧，此非二乘小法故，此是無上正等正覺所行法故，唯此大法能入唯識性相一切種智故，圓滿一切種智方得成佛故；是故菩薩欲入此門，須先一劫乃至萬劫修學信心、布施持戒，方得入住；具信之後聞熏修習大乘般若，漸入第六住；復修加行—學習鍛鍊看話頭功夫及參禪之知見。以此二種加行故而得破參，覓得身中之不生滅心—阿賴耶識，此即《菩薩瓔珞本業經》所說之「般若正觀現在前」，以此而入大乘見道，了知三乘共道無餘涅槃之本際，已入法界實相。

以親證如來藏故，已知法界實相故，以此如來藏實相觀照五陰十八界，頓證五陰十八界之幻有；以此苦諦眞如等而了知聲聞之四諦八正，非聲聞阿羅漢之所能知。復以此實相而觀十二因緣法，親見十二有支之中同時具有法界實相如來藏之運作；十二有支若離如來藏，皆必歸於斷滅及戲論，以此輾轉推至無明一支，斷彼無明，凡此皆非辟支佛之所能知。菩薩以此實相智慧貫通三乘，智慧深利，雖未斷盡三界之有，未能於此一生取證涅槃，而能度化二乘根性之具緣者取證無餘涅槃，此即菩薩不斷煩惱而證菩提，自身未證解脫果之無學位，而有身證無學位之二乘聖者爲弟子，而此等二乘無學弟子之智慧，不能測知此菩薩所證了義實相智慧，是故名爲菩薩不可思議。

而此菩薩仍未斷盡三有，亦不急於斷盡三有，依戒慧直往而進，乃至第三地中方修四禪八定、四無量心、五神通等。至第六地方取證滅受想定，得解脫果之無學位，同於阿羅漢辟支佛所證解脫果，而不以此爲足，進修第七地，乃至能於念念中入滅盡定，亦非二乘無學之所知也。七地滿足即成大乘無學，三界之內至尊無上，唯除上地菩薩及佛。此即名爲大乘破三有之無學聖者。

菩薩以證大乘般若空性之實相智慧，次第修入第三地，能斷盡三界愛，而不取證滅盡定、不入滅度，保留無色界有而繼續其弘法利生自度度他之十無盡願，故名留惑潤生－繼續於三界中受生而度有情，雖未入無學位，而力能斷三界有，其力能證滅盡定而不取證，是故三地滿足之菩薩雖未入無學，亦得名爲破三有者；以具大力能證而不證故，以無相悲願而不證故，非不能斷盡三有。

「何處身云何？」此句請問菩薩破、除三有之後，應如何在世間安身立命？七識心應如何轉依？如何安住？

大乘菩薩明心見性，乃是見到無餘涅槃實際及本來自性清淨涅槃。本來自性清淨涅槃，一切有情同共有之，而不能證知；菩薩以明心見性故，見此二種涅槃之本來存在，非因修得；修者修除三界煩惱，使不障礙無餘涅槃，而是無餘涅槃非因修得，乃本已有之。菩薩以見空性如來藏之本來無生、從來不滅，故能了知涅槃之義，名爲見涅槃。

《大般涅槃經》云：「聲聞緣覺見空，不見不空；菩薩見空及與不空。」見空者謂：二乘聖者見一切法無常幻有，緣起緣滅，見諸法空相，皆是現象界、有餘界之有爲法空相，不觸法界之實相空性。見不空者謂：菩薩於諸法空相之中，見有一切諸法所依、能使諸法緣起緣滅之因—法界實相之空性，一切有情之生命本體。此一空性如來藏雖名空性、無形無色、離見聞覺知、無一切相，而能使三界諸法藉緣幻起幻滅，具有眞實體性，故名不空。菩薩於此諸法空相之中，見此眞實空性之體性不空；以此不空之空性而照見五陰十八界四諦十二因緣悉皆幻起幻滅，以此得證解脫功德。大慧菩薩乃是以此爲由，請世尊開示：菩薩證入空與不空之見地後，於三界中自度度他時，應如何安身立命？此即請問方才所述地前地後菩薩及無學菩薩應如何於三界中安身立命也。

「往生何所至？」菩薩證得眞如之空與不空，照見諸法空相，親證不空之涅槃實際，將來捨此報身之後，應往生何處？

有人說：「我將來要去西方極樂世界，要親見彌陀慈尊，還要拜見觀音勢至兩大菩薩，請益佛法。」有人說：「我要去東方不動世界，拜謁滿月光如來，因爲我會無相念佛，有資格往生不動世界。」有人講：「我要去東方琉璃世界，拜見藥師佛。」有人說：「我要往生此界兜率天的彌勒內院，將來和彌勒尊佛同返人間，參與龍華三會。」各有所願。

但是也有一些傻瓜說：「我們要生生世世在這個世界，延續釋迦世尊的正法，直到彌勒尊佛降生人間。」這種傻瓜似乎也不在少數咧！但是這樣的傻瓜其實不傻；因爲如果有因緣的話，在此人間修行是非常的快速。許多佛子歷經「無量無數劫，一心虔恭求」，尚未能眞正明心，更難眼見佛性。然而諸位同修以多生多劫所集福德資糧，於此一生不唯明心，不久又復眼見佛性。可知此界修行若有因緣，非常快速。

然而吾人亦常聽聞批評不信之語：「現在是末法時代了！不可能開悟的。你們只是在自己的臉上貼金而已。」而諸同修若是親自證驗眞如，不由聽聞者；親眼看見佛性，非依義體會者，不論何方大師親來否定，皆無能動搖吾人之證信，以已親證而生信故。

而我諸同修於此世界學佛，迅速入道，自知身證，亦知後際永不復入三惡道，心中復生一疑：「將來捨報之後，我應往生何處？」若有同修兄姊欲生極樂，我皆隨喜，然應發願上品上生；若不能得上品上生，至少應求上品中生。莫求中品往生，彼是聲聞種性之人所生故。莫求下品往生，彼是無福及與造惡之人所當生故。

上品上生者，於此界捨壽之前，當先明心及與見性，至少亦須明心。明心見性之人，若已發願求生極樂者，於捨報前一週，必蒙彌陀世尊示現及示捨壽往生日期；即可預作安排咐囑。屆期衣服齊整，身著海青或僧伽梨，或坐或臥，對諸大衆問訊告別：「大衆觀余如是輕鬆，如是自在往生極樂。希望大衆體究念佛，入大乘道，上品上生。」隨即安詳捨報。以此示現，亦度大衆向佛。

如是行者捨壽，中陰之身具足光明莊嚴，坐於金剛蓮花台，諸菩薩衆周匝圍繞，隨於慈尊，如彈指頃即至極樂，聞佛說法，立刻證得無生法忍—或入一二三四地，乃至八九十地，隨於行者往生前之修斷而有差別，然無不入地者。

或有人云：「體究念佛或參禪，當然很好，但非每一佛子都能明心見性。萬一沒悟，豈不耽誤我求生極樂？」其實不然；佛子於參禪之前，必先聞熏諸多了義知見；若於此諸第一義知見知解後而不畏懼者，即使無法悟入，亦可得上品中生；行者於捨壽前若仍未悟入，而未放捨求生極樂之願者，以其願未失故，必蒙彌陀慈尊接引，上品中生，不須憂慮，此理載於《觀無量壽佛經》

中，查閱可解。

余之多次鼓吹念佛人體究念佛、求上品上生者，實因上品上生與上品中生差異極大。上品中生者自見中陰之身坐紫金蓮花台，往生極樂之後，須於蓮花池中一夜，花始開敷，聞熏第一義諦，經於七日（即此娑婆七大劫）方得不退轉位（別教七住），歷事諸佛，修諸三昧，經一小劫（極樂世界之劫數），方得無生法忍—位在初地或二地以上。以差異極大故，吾人希望佛子求生極樂者，應盡此一生而求上品上生，此則應當求悟第一義諦—般若空性之如來藏。

世有不信極樂世界之人，不信有彌陀世尊，往往謗問云：「若極樂世界眞實有，汝等亦云曾有多人往生極樂，云何吾人不曾見有往生極樂之人返回此土？」佛子當知：往生極樂之人雖多，而上品上生之人極少；若是上品中生，經宿花開聞法，即已過此世界半劫，吾人一生之中云何能見？又復彼人尚須經歷七日，方能迴入娑婆，是則此界已過七大劫，吾人云何能見？

若是上品上生，到極樂已，見佛菩薩，並聞光明寶林演說妙法；假設該上品上生佛子極為利根，只需十分鐘便能領解觸證，即返娑婆，亦須相當此界數百年乃至數千年，而人壽八十，云何能見？又復數百數千年前往生極樂，上品上生而返人間，彼當人前宣說從極樂返，亦恐人人皆將嗤之以鼻，責彼妖言惑衆，誰肯信受？

是故佛子應信有極樂世界，信有琉璃世界等，以十方虛空無窮盡故，佛語眞實故。是故念彌陀者當求上品上生，此則應求證悟。

然佛子於此證悟之後，應當衡量自己捨壽以後，宜往何方世界？或受生於人道天道繼續行願？此則應先深入教典，貫通十方三世之後，再決定往生何處？以上乃是大慧菩薩請問世尊：破除三有執著之後，應如何安住於世間？捨棄報身之後應當往生何處？請求世尊開示。

「云何最勝子？」最勝意謂十方諸佛。三界六道之中，至高無上，無人能比，以福智圓明故，名爲最勝者。最勝者之子即是佛子。一切佛子皆是佛口化生，或是依佛法而生。佛口化生者，謂聞佛說法而悟入三乘菩提者，皆是佛口化生，是眞佛子。依佛法而生者，數有多種：或有唯受三皈者，或有三皈而受少分戒者，或有三皈而受多分戒、滿分戒者，或有受菩薩戒、聲聞戒者；或剃髮著染衣、出世俗家而住如來家者，如諸比丘比丘尼等；或有出家而修頭陀行，山洞中或樹下坐，乞食托缽，日中一食者；或有居家豪宅奢華，眷屬成群，而自心清淨自度度他者，凡此皆名佛子，依佛法而生故。

此處所說最勝子者，謂修菩薩行，證得眞如，眼見佛性，乃至加修一切種智，發起道種智而入初地者。此因已入大乘見道，遲早必定成佛；自度度他，續佛慧命，能令佛種不斷，故爲世尊最勝法子，非謂二乘人也。

何因得神通、及自在三昧？云何三昧心？最勝爲我說。

疏：「何因得神通？」乃是請佛開示：佛子修行如何獲得神通？凡夫異生貪著境界，故於世俗神通產生崇拜；常見有諸佛門外道，以欲界粗淺神通炫異惑衆，以此緣故博取名聞利養，徒衆廣大。乃至亦有初悟學人見地尚未通達，惑於神通，反以有修有證之人，而拜尚未見道之人爲師，欲求了義佛法；此即初悟之人未起順決擇分，未具擇法眼，爲彼錯悟之人以神通境而否定退失，不入七住位不退，退回六住常斷見中，乃至亦有因此而謗正法者，成就地獄業。

至於神通之獲得，往往有人誤會；禪子未悟錯悟者，每因禪宗天竺諸祖於悟道後示現神通，便誤以為開悟之後即有神通，而實未必盡然；有悟前已得神通者，由悟前修定而加修神通，成就神通，此是由修神通加行而得，與悟無關；《俱舍論》云：「未曾由加行」，意謂過去世未修神通者，此生所得神通，必由加行得。

復云：「曾修離染得。」意謂悟道之人於往世曾修神通，今世雖因未修，而因隔陰之迷所障，不現神通，然於悟道而使其心清淨離染時，必使其人往世已得神通境界重新現前，是名「曾修離染得」。

神通之修得，主要係因定力之修得，而後加修神通之加行方得。若非如此，即是報得，生來已有，乃是往世所修而得。

神通有五：天眼、天耳、他心、神足、宿命，此五種者通於外道；無學聖人則有漏盡通，此是智慧，不通外道。神通境界高低，依其所證禪定境界高下而有不同。依欲界定修得神通，不知初禪所得神通境；依初禪定修得神通，不知二禪所得神通境；乃至依非想非非想定修得神通，不知阿羅漢所得神通；緣覺修得神通，不知菩薩所得神通；菩薩修得神通，不知上地及佛所得神通。上地所修神通能知下地，下地不知上地；若人不得初禪二禪，而狂言其神通廣大、超佛越祖者，名爲妄語；尚不知初禪二禪所得通境，云何能知佛之通境？是故佛子當有揀擇，能分眞僞。

諸經所載阿羅漢悟道時，身升虛空七多羅樹，現諸神變，非因悟道而有神通；乃因悟前已有神通，於悟道時心極踴躍，故現神通以爲明證，兼示未悟佛子：菩提之道眞實可證。以諸聖者於悟道前，已具四禪八定及滅盡定，修通極易；悟道離染後，其通又復增上，非未悟道之前所可比擬，故亦藉彼悟道之緣，以通自驗。然未曾見慧解脫阿羅漢於悟後示現神通者，是故神通之現行，與定有關，與悟道非必有關。

有時禪師會說：「悟後必有六通。」某些善知識不曾證悟，誤會祖師之意，便對衆開示云：「祖師早曾開示：悟後必有六種神通。」然而祖師所謂悟後有六通者，非謂六神通，乃是驗證眞如在六根中互通，佛性在六根中互通。又如本經亦說悟道之六通相，仍非六神通；此六通之相，後文當說，勿煩先舉。

神通境界之修證，非依智慧而得，乃依禪定境界而修神通加行，方得現起；若具足四禪八定滅盡定，不修神通加行，過去世未曾修學神通，則此世雖成俱解脫無學，亦不得神通。

譬如佛世有大阿羅漢，名蓮花色比丘尼，貌比蓮花；出家後證得俱解脫果，成大阿羅漢，然無五通，唯得漏盡。雖有四禪八定及滅盡定，以過去世未修神通故，於證果離染時仍無神通。被惡人擄去禁閉，貪圖其美色，欲俟夜分而予染指；嗣因目犍連尊者知悉此事，飛入禁閉之處，傳授神足通，蓮花色阿羅漢隨修隨得，遂以神足通隨目犍連尊者飛離被禁閉處。

以是故知：神通雖因修定而得，要修加行；若不修神通加行，亦有乃至滿足滅盡定者，仍不得通。若過去世未修得通，俱解脫阿羅漢於證果離染時亦不發起神通。欲得神通境界，須修神通加行；非不修加行，而僅依離染得通。

欲修神通，可閱大藏經，其中敘述甚多。唯若禪定功夫不具，往世復未修通，則此世修通時事倍而功半，極爲辛苦，復無所成。以此建議大衆應先求悟，以證悟故離習種性，轉入道種性中修除性障；性障微薄故易得禪定，若得四禪，後依藏經所示修通，隨修隨得，易如翻掌。

然神通力不能了生死，不敵業力；若神通力能助人了生死、能轉變業力，則目犍連尊者應可以其大神通力而免母難，然終不敵業力，只得依佛開示供佛齋僧，方免其母之地獄難，仍未能了其生死。若神通能了生死、出三界，則諸大神通外道不必隨佛學法、皈命世尊；故知大神通力尚不足可恃，何況現今諸多依於欲界定、未到定所修得之淺薄神通，盍可自驕而謗正法？

古有四人欲避死魔，各以大神通力而求免難。其第一人遁入土中，不免死魔鉤召；第二人遁入水中，亦未免難；第三人隱於火中，復爲死魔所攝；第四人化入空中，猶如瞬若多神，而仍不免一死。此四人雖有大神通，皆不免生死，云何未得初禪、四禪、四空定者，神通淺薄，而敢妄自尊大以謗正法？欲如何免謗法業力所致惡果？唯有三乘菩提能了生死，神通乃是三界內之生死有爲法，不可倚恃。

然於我會同修而言，證悟之後，漸漸修入初地，滿足二地，轉入三地之時則應修學四禪八定、四無量心、五神通，非不必學。譬如無數佛子心心念念希求明心以及見性，於今我法眞正，免費傳授與佛子，而仍有多人信受某假善知識誹謗，謂我法爲不如法；乃至有諸著相佛子及法師云：「奇怪！你們怎麼跟個在家人學？還學得那麼歡喜？」此諸人等迷於外相，若以神通示現，則能懾伏，非可謂世間神通爲全無用。

余今所以尚不欲修諸種神通，以時未至故，非是排斥神通，以我法乃智慧法門，須有緣人方可度之；若現神通方可得入我法者，皆屬著相執我之人，不與我法相應，度來無用，以故諸祖常云：「智慧度學人，神通度俗人。」然若因緣時節到來，必須示現神通時，仍應隨緣而現，使彼謗法著相之人信伏，停止謗法，是故大慧菩薩爲衆請問於佛：神通境界之現前，是何緣故？

「及自在三昧？」此問如何修得自在三昧？所謂自在三昧，即是修證悟入本來自在之境界一眞如從本以來自己已在，不因修得，不受苦樂，是名自在。又如菩薩悟後修道轉依，漸入八地，於相於土自在，亦名自在三昧。乃至究竟成佛，於一切法自在，而爲法王法主，亦名自在三昧。此經側重藏識之本來自在，欲示佛子見道後如何修學種智之理。

多數佛子每日定課皆誦心經，心經開宗明義云：「觀自在菩薩行深般若波羅蜜多時……」第一句前五字便明示法緣爲觀自在菩薩，而不言觀世音菩薩。觀世音菩薩是對外觀一切衆生音聲，尋苦救難；觀自在菩薩則是向內返觀不生滅之如來藏自心，故名觀自在。以所觀者爲法界實相之如來藏心，故說「深般若」；以此法智慧能使佛子到於究竟解脫之彼岸，故名「深般若波羅蜜多」。能如此返觀法界實相如來藏識之人，方得名爲觀自在菩薩。

欲觀此自在心者，須先參禪—覓心；覓得此一眞實心後，方能觀心本來自在。欲觀自在之心，須有能觀能分別之心—空明覺知之心；以此心觀照眞如佛性本來自在，不由他生，從來不受苦樂，於一切苦樂境中遠離見聞覺知，心不動轉欣厭。

眞如佛性從來不離有情，分分秒秒剎那剎那不斷示現，而諸異生凡夫及與二乘無學，悉皆不知不見；眞如無諸色相，小可小至肉眼不見；佛性無形無相，大可大至無邊際，故成佛時覺滿十方，廣大靈感應化無邊，故名大方廣；

而於異生凡夫位亦是本來自在。若諸佛子多劫修集信力及福德資糧，聞了義法而不驚畏，加行熏習，辛苦參研，終能破參而證法界不生滅心，親證眞識之本來就在，從不受苦及與喜樂，即名初入自在三昧。

《維摩詰經》三十二菩薩各說自身所證無生法門，是爲入不二法門。不二法門者如來藏之非一非異、不生不滅、本來自在，離於言說而隨緣應物，離見聞覺知而能了衆生心行，處五塵境而不受苦樂、不起貪染、不思遠離，故無有心行生滅，方名自在；是故證得眞如之人，得名法自在菩薩。證得眞如實相之後，依眞如法界觀待現象界之五蘊十八界，頓覺一切非實，莫非因緣假有，幻起幻滅；以由此了知自身之虛幻非眞，故漸斷除我執，離諸五塵及五蘊執著，心得自在，是名自在三昧。

「云何三昧心？」佛子證得三三昧―有覺有觀、無覺有觀、無覺無觀三昧時，住於三昧中的心乃是四識心（有覺有觀三昧中），乃是意識心（無覺有觀、無覺無觀三昧中），凡此定中之心，雖住三昧，仍是生滅妄心，仍是生死輪轉之根本。

但若證得另一種三三昧—空、無相、無願三昧—明心時，究竟以何心為三昧心呢？此時佛子以八識心王為三昧心。佛子以證得如來藏之本來自在，了知自我虛妄而漸漸修斷我執，然仍保持前七識不滅，具足八識：眼耳鼻舌身意、末那及與阿賴耶識。

悟前每聞有眞妄心；何謂眞心？無人示知。若有示知，每同外道常見所說之心。復有許多大善知識著作禪學書籍，直陳阿賴耶識是妄識，應該捨棄。但是吾人悟後卻發現：禪宗開悟明心，其實是找到阿賴耶識，阿賴耶識才是眞實不生滅的心。覓得阿賴耶識之後，自然能找到俱生我執識—末那；意識是分別一切法及分別我執之心，前五識是直接面對五塵的生滅心。悟前從眞善知識聞說前七識是妄心，只有阿賴耶識是眞心；悟後卻發現到前七識也是眞心，他們也是阿賴耶識的體性之一，由阿賴耶識所生，阿賴耶識亦依妄心而轉。

俱生我執的末那識，因為開悟明心之故，接受意識之微妙觀察，發覺一切眾生平等平等，因此現起平等性智，自然地運作，自然地平等觀待眾生；祂雖然依舊是恒審思量，但已漸漸轉變：悟前不斷內執眞心之體性及前六識之體性爲我，悟後了知自己及前六識皆是生滅心，其實無我我所，唯有一向被自己不斷內執爲我的另一心—阿賴耶—方是不生滅心，而祂是離見聞覺知、亦不作主、不貪求的無我性，以此緣故而轉依無我之阿賴耶識相應之無漏解脫法，以無我無生之智慧爲其依歸，漸成佛道而不斷滅，故悟後了知末那亦是從眞心而生。

悟前之意識及前五識，一旦睡醒或出定，即不斷攀緣六塵，念念生滅，妄想不斷。於悟前之加行及參究過程中，妄想及煩惱漸被求道之心降伏；乃至悟後轉生妙觀察智，深入辨明眞如佛性，亦能明辨前七識之異同；了知末那雖能處處時時作主，若離意識之分別性，則無所能爲；亦了知前五識之局限，而證知其功能差別；以此通達五蘊十八界，轉而了知五蘊十八界皆由眞如所生，父母僅是假藉之緣而已；以此故知五蘊十八界皆是阿賴耶眞心所變現，與眞心非一非異。以眞心非即是五蘊十八界，非即是空明覺知心，故名非一；以眞心遍五蘊十八界，蘊界皆由眞心所生，亦眞心本具之功能性，故名非異。祖師以證此理故，有時開示云：「一眞一切眞。」

以證入自在三昧後之八識皆眞，皆得名爲三昧心；若無前七識，是誰證悟？誰得自在三昧？悟前須彼七識聞熏第一義知見及參禪之法，悟後須彼體驗眞心之體性及其處世諸功能差別，以眞心離見聞覺知故，以眞心是無分別性故；以眞心不與別境五法相應，不能聞熏了義法及參禪故；是故求悟者不應棄捨前七識，彼前七識者，於未悟錯悟之人而言，乃是妄心；然不得棄捨，否則即斷證悟之緣，即成聲聞人所修解脫果之法，不生大乘佛智。

大乘共於二乘者乃解脫果，聲聞緣覺菩薩及佛所證無餘涅槃無有差別；大乘不共二乘者乃大菩提果，謂大乘菩薩親證八識心王之五法三自性、七種性自性、七種第一義，乃至無生法忍道種智、諸佛一切種智等，皆非二乘所知也。欲取證解脫果者，當斷三界見思惑，滅七轉識而取涅槃；欲取證菩提果者，亦斷三界見思惑，而不取涅槃，不滅七轉識而以無相大悲願，依八識心王修學一切種智無生法忍，漸次斷盡所知障愚，發起道種智，地地升進乃至圓滿一切種智而成佛；成佛之後亦永不滅七識，已成純淨七識，無有等流生滅，故於應身入滅時，眞如轉於莊嚴報身中，續於三界度化有緣，永不入滅；不滅七識，則佛地自在三昧心具足八識，於一切法皆自在故。

云何名爲藏？云何意及識？云何生與滅？云何見已還？

疏：「云何名爲藏？」藏者如來藏—第八識也；第八識具有能藏所藏之功能體性，是一切染淨法之根本依，故又名藏識。

諸祖常云：「如來藏中藏如來。」謂每一有情之如來藏中皆藏有如來體性。了義經中亦謂證悟之人能見十方三世諸佛；若言能見過現諸佛，佛子猶尚可解；今言能見未來諸佛，佛子不免生疑：「未來諸佛迄未成佛，云何能見？」此謂悟者能見一切有情之眞如也。

欲界之高等生物皆具八識（除色、無色界天），螞蟻蟑螂凡夫俗子、三乘無學乃至世尊，凡在人間示現，皆具八識。其中異生凡夫乃至三乘無學，皆名未來諸佛，以於無量數劫之後終必修學佛道而成佛故；隨諸有情而成佛者，乃其本具之第八識；此第八識即未來成佛時之本體，故名未來世佛。證悟者面見應身佛或報身佛時，皆能以其聖慧眼觀見佛之眞如；見諸貓狗人天時，亦能以其慧眼觀見彼等眞如法身，故名見三世一切諸佛。

未悟佛子不了此義，每認化現感應之色像爲眞佛。十方諸佛皆具三十二大人相，八十種隨形好，色像無二無別，若有諸佛同時示現，云何了別其爲何佛？是故應有智慧了別。

又如鬼神及天魔等，悉能化現佛身，具諸相好，如佛無異，彼所說法是否可信？佛子見彼之時，當禮受聞法？或當叱斥驅遣？若禮受聞法，是則頂禮鬼神，受輪迴法。是故佛子當依大乘了義諸經聞熏修習，莫輕易信受感應；若感應諸佛菩薩示現說法，當依了義經法檢查印證，若其符合，則可信受奉行；若有淆訛，當叱斥揚棄之，莫受其惑，免障佛道修證。是故見十方三世諸佛者，乃謂見一切有情之眞如乃至佛性也。

如來藏中藏如來者，謂一切有情本具之第八阿賴耶識中，藏有未來成佛之功能體性。此識於因地時，具有能藏、執藏、所藏之體性，故能與諸雜染有爲法受熏，攝藏來世受生之一切有漏法種，故名阿賴耶；謂能執藏而通三世，故名藏識；猶如寶藏，藏諸寶物，此識執藏一切有漏無漏法種，故名藏識。以藏有漏法種，能令有情輪轉生死，其過徧多，是故賴耶以執有漏法種名爲藏識；若離有漏法種之執藏性，即出三界，雖仍有能執持無漏法種功能，而不名爲藏識，易名爲異熟識，以能執持無學位以上菩薩之未來世可愛異熟果之無漏有爲法種故。是故藏識通謂有學聖人及異生凡夫之第八阿賴耶識，以其執藏有漏法種之過徧多，故名爲藏。

「云何意及識？」意者謂意根，即第七末那識；識者謂分別，即前六識也。意根末那識是前六識之俱有依，前六識若離末那，即不能現起，故爲俱有依。意識有時可離前五識而單獨現起，如二禪定中及夢中，名爲獨頭意識；然亦不能離於末那而獨起，必須依於末那而同時現起，方能運爲作用；猶如眼識以眼爲根，意識（空明覺知之心）以末那爲根，故末那亦名意根。

末那亦名我執識，恒內執阿賴耶識功能體性爲內我，乃至睡而無夢時、昏迷死亡時、無想定時仍不斷內執阿賴耶爲我；又外執能覺能知之意識爲我，乃至外執能見能聞能嗅能嚐能觸之前五識爲我；以不知此等皆虛妄故，遍於內外諸我橫加計度生執。此種遍計執性，生來俱有；不待生而後教，不待分別而起，故名俱生我執。

宜蘭某居士（今已出家爲僧）在書中說：第八識是我執識，是生滅心。台北某大法師說：第八識是妄心，應該捨棄。如此僧俗大師，豈唯不通宗門，亦乃不通教門；如此錯誤知見，刊於書中，流傳四方，誤導佛子極爲嚴重，應予收回重印，辨正澄清。

第八識本性清淨，遠離見聞覺知，不執我、不執法，佛說此心乃是涅槃之本際，云何可說此爲我執識？第八識從無量劫來，歷經無數五陰之生死，而彼從來不滅，云何說爲生滅心？第八識是一切有情過去無量世輪轉生死之恒不滅因，亦是十方過現諸佛成佛之恒不滅因，佛說彼爲一切染淨諸法之究竟所依；菩薩以證此心故離異生凡夫位；以有此心永不壞滅，故菩薩盡未來際勤苦修道，依於此心而成佛道，云何法師說此第八識爲妄心？云何教令廣大徒衆棄捨此心而取空明覺知之意識爲眞、認賊爲父？

佛子當知：我執識乃是意根末那識也，恒而不斷，窮未來際，唯除二乘取無餘涅槃；菩薩乃至無學位時能取涅槃而不入滅，不斷末那識之現行，繼續修趣佛果，終不斷滅此心，唯斷此心之俱生我執爾。乃至成佛時亦不滅此心，唯除此心之俱生法執爾。是故此心依二乘言，應名妄心，恒執我故，應自我棄捨、永不現行而住無餘涅槃故。依無學菩薩而言，非妄非不妄，無我執故，有法執故。依佛而言，此心亦是常樂我淨，俱生我法二執悉皆永盡無餘故，為純淨識聚故。

四大所成色身壞時，眼等五根隨壞，俱有依根不具足時，前六識即斷滅而不現起，無覺無知，名為死人；而意根末那識仍存。若非無學聖人，彼正死位之末那，以執顯境名言故，欲令靈知心重現；而彼意識靈知以五根壞故不能現起，末那俱生我執種子不斷故，遂使阿賴耶識於身外現起中陰身，移住於中陰身；末那以有中陰微細根身，便能以中陰微細根身為俱有依，復使意識靈知現起。故靈知心有斷滅，末那無斷滅。眾生因未悟入唯識眞如，不了唯識眞如—阿賴耶識，故不能了末那識之運作；以不了末那識，故錯執空明覺知之意識心為眞，流轉生死，永無了期。

當知空明覺知心即是意識，人間意識之俱有依有三，若缺其一，即告斷滅而不能起。一者阿賴耶識：若無阿賴耶識，意識種子及五色根不能運轉，則空明覺知之意識即不能現行。二者末那意根：若無意根染淨所依，不能令意識現行運作。三者有根身：五扶塵根及五勝義根不壞，如人身或中陰身，以命根不壞故，令意識得以現行；若在無色界，唯二俱有依：謂七八識。意識之俱有依如是，隨缺一依，意識即不現起；空明覺知之意識體性如是，故知非爲本自能立，非恒非常。此心以能因於錯誤分別及錯誤之教導，而生身見我見等分別我執，亦名分別我執識。

前五識之俱有依增一意識，若缺其一，則不能起—譬如五根壞、意識不起、無意根之作意、無阿賴耶識。故前五識非恒非常。

然八識各有體性，總有四類：阿賴耶識恒而不審，恒離見聞覺知故，永不斷滅而無分別。末那識恒審思量，無始劫來恒執阿賴耶識爲自內我，未曾暫斷；復於一切時中，包括昏迷及正死位中悉皆審度思量，故能分分秒秒乃至剎那剎那不斷作主，故名俱生我執識，不待出生以後所起邪分別及邪教導，自能執我，以此故名俱生我執識。前五識非恒非審，意識—空明覺知心—審而不恒；前五識唯能粗察五塵粗相，意識審觀五塵細相及諸法塵而日日斷滅。以上說明意及識。

「云何生與滅？」生滅二字，佛子皆所曾聞；緣以學佛之目的乃在遠離生滅。生滅之法乃三界世間有漏有為之法，而佛子欲入不生不滅之境，必須了知無餘涅槃及究竟涅槃；欲了知此二涅槃，必先了知涅槃本際；涅槃之實際者，即是有情之法界實相―阿賴耶識、異熟識、無垢識―因地及果地眞如。

生者以何而名為生？以世間一切法皆不離生滅相：本無今有，有已還滅。以有情如來藏中所藏往世行支異熟種為因，今世父母及四大為緣，有吾人此世色身及心（空明覺知心），四大長養及業力牽引而使色身成長壯碩衰老死亡，世間諸法之熏習而使心性靈明覺知起思造業，成就後世異熟果種，隨業往生，此即人之一世不離生異住滅。

身心外法亦然，以有情業力故，果樹生長茁壯開花結果爛壞，復歸四大。法本無今有，名之為生；法生已，念念變易，無有停時，名之為異；法於生已迄至於滅之變易過程中，暫時不滅，名之為住；法於變易究竟之後，消失不現，名之爲滅。是故生滅乃法之一體二面，法若有生則必有滅，滅已更生；滅不離生，生不離滅。

唯有究竟涅槃方是究竟不生不滅，究竟涅槃者謂涅盤實際之究竟了知及三界惑之永斷無餘，亦即雙具佛所證大菩提果及共三乘無學之解脫果也。

二乘諸法云何不得名為究竟涅槃？謂二乘法所說諸法空相，純依三界有漏有為法說，攝屬現象界；以洞觀三界有為法之無常、苦、空、無我、緣起緣滅，以此斷盡三界煩惱而證無餘涅槃；然於涅槃之本際則無所證，唯聞佛語，信有涅槃本際，非同斷滅，捨壽而入涅槃。以不知不見涅槃本際之故，二乘智慧不入中道；以不證不解第八識故，不解涅槃本際，不得無住處涅槃，故二乘雖證無餘涅盤而有漏未盡；漏未盡者謂無始無明住地未斷未盡，不得大菩提果，尚有第八識中異熟果種及上煩惱種之自心流注變易故。

大乘第一義法方得名爲究竟涅槃，謂大乘法所說諸法空相，乃依法界無漏無爲法說—依法界空性而觀二乘所說現象界之諸法空相，不唯能證二乘諸法空相，亦證二乘所不得之法界空性—涅槃本際之第八識。以具足三乘出世間法智慧而了知三界諸法，無有遺餘，方能成就佛地菩提，方名究竟涅槃。

菩薩以證涅槃本際之如來藏故，雖僅位階別教七住賢位，雖未斷盡三界煩惱而出三界，然能以此智慧而入中觀，非二乘無學及錯悟佛子之所知也。謂二乘無學所修所證所斷所知皆屬三界有漏煩惱，慧解偏墮斷滅寂靜，不入中道；菩薩以證如來藏故，知三界一切生滅諸法皆由如來藏生，諸法法相有生滅，如來藏體則無生滅，以此離於生滅及不生滅二邊，住於中道而起中觀；非如崇尚二乘法諸師之以常見外道所執靈知心，住於不起名相之靈明覺了中，自謂已證已解中觀，墮於常見外道法中。

凡有生滅之法，皆屬現象界之有爲法；乃至宣說佛法無爲法等言說文字亦有生滅，此等世出世間諸法，皆由有情之心而生。云何爲心？謂一切有情生命之本體，亦名藏識阿賴耶；修道斷盡一念無明之後名爲異熟識或菴摩羅識，斷盡無始無明塵沙惑以後即可究竟成佛，改名無垢識—眞如；以具足四智故名法界體性智。世出世間一切染淨、有爲無爲法，皆由有情之第八識而生，證知此心者，不墮生滅；以此心永不壞滅，故永無生，無生無滅故名中道；以證此心，住於中道而起慧解，爲人宣說，名爲中觀，是名菩薩初入中觀—般若正觀現前。

「如何見已還？」上來已說有情依於七轉識—空明覺知而能作主之心—及色身而有受想行覺，方能於世間生存；而色身及七轉識皆由如來藏而生，如來藏方是一切有情生命之根本。證如來藏已，般若正觀現前，初入中觀，實僅總相，唯知藏識本體不滅不生，而不知藏識之中有諸種子流注生滅不斷；佛子證中觀已，以不知別相故，從於眞善知識修學一切種智，方能證知藏識體不生滅而有所藏諸法種子生滅流注不斷，了知藏識非有生滅、非無生滅，漸入中道別相及一切種智。以入一切種智而未具足，故名道種智；以道種智故能爲有情宣說中道別相，已證中道總相之智者聞已，即能證驗，轉復爲人宣說；戒慧直往之初地菩薩雖無四禪八定及神通威德，而以中觀別相智及道種智，能爲三界人天之師，智慧不可思議，非阿羅漢及辟支佛之所能知。

阿賴耶識執藏有情色法種子、七識種子、染淨種子，故藉四大爲緣能生能長色身，藉外五塵法能現內六塵法相分，藉七識種能現見分，藉染淨種能現善染諸法；此諸法相之生異住滅，皆由藏識執藏諸法種子而生；藏識體無生滅，而內涵諸種不停生滅流注，是故非有生滅，非無生滅。

人之妄想亦然，藉諸語言文字，而有名句文，依文名句之次第，組合成語言演說而表義，有時則於心中藉諸語言名相而自思惟，亦名妄想。錯悟之人及修定之人，誤認心中無諸語言文字即名無妄想，而實心中如諸鳥獸雖無表義名言，而有顯境名言：以離語言之空明覺知心而分別思惟或作諸觀想；猶如嫻熟看話頭功夫者之參禪思惟觀，離諸語言文字而參究本心。依凡夫異生而言，名無妄想，依證悟者而言，仍是妄想；猶如鳥獸雖無語言，不得名爲無妄想也。既有妄想，不論有無語言，皆是生滅；能顯境了境故，亦名顯境名言，謂不離見分與相分生滅法故。

此諸有情內心之表義及顯境名言，既不離見分與相分之流注，即有生滅；乃至擴大而言，觀於宇宙之生滅，亦不離有情衆生心識之生滅；實因十方虛空之所以能有世界緣起緣滅，皆因共業有情藏識中所蘊共業種子，藉其不可知執受而有成住壞空之循環；此諸世界之生滅，悉皆不離有情之藏識。

語言妄想之生滅，粗心衆生皆能察知；修定之人心細，每能覺察微細妄念，其中雖無語言音聲，而於數十分之一秒內即現而復滅，但已知悉其意涵；此名妄念，不同妄想。設入定中無諸妄想，亦無如此妄念，亦名爲想，念念清楚分明故。念念清楚分明而安住於空靈之中，必定須有意識心種念念生滅流注，方能了知，故亦名想，亦名想陰；亦即意識心之前念滅已，落謝回歸藏識中時，同時引生次一意識後念，方能使意識連續不斷；意識連續不斷故，能使空明覺知之性連續不斷；是故空明覺知心中雖無妄想妄念，處於一念不生之中，仍是念念生滅變易。

法之生滅相有總有別。別相悉皆念念生滅，變易無常；總相之生滅變易則有長短。譬如世人，有處胎中未及出生而亡者，有甫生已數日而亡者，有生長已滿二十歲亡者，乃至有辟穀練氣而成地行仙者，百年千年而亡者；凡此出生乃至死亡即是一期生滅。其壽長者乃至有頂天之八萬大劫壽盡，皆以一期生死而說爲一生滅，此是總相之生滅相。

然實世人乃至諸天之一大生滅相中，有無量數之生滅別相。如人生已，四大長養，色身日漸遷移，念念生滅而人不覺。空明覺知之心始從出生，終於死亡，於其中間刹那刹那生滅，而人不覺。覺知身心之念念生滅已，當熏聞思惟還滅之理，修習究竟不生滅法，漸次修學，次第升進乃至佛地究竟不生不滅，滅盡識種流注變易。此即親見諸法生滅相已，修習還滅之法。

云何為種性？非種及心量？云何建立相？及與非我義？

疏：「云何為種性？」種性者謂具足能修證佛法之心性。能學佛法之種性有三：聲聞性、緣覺性、菩薩性。聲聞種性佛子，只合修學聲聞四諦無常、苦、空、無我、不淨。緣覺種性佛子，只合修學緣起緣滅、因緣性空、十二因緣等法。菩薩種性佛子，若聞前所未聞第一義諦甚深微妙法界實相諸法，心不畏懼，勇猛直前；非如二乘根性佛子之小根小器，聞所未聞深妙了義實相之法，心不生信，反造謗法惡業，否定世出世間一切染淨法之根本—如來藏。

若復有人欲求出離三界輪迴生死，而遇假名善知識之邪教導，或因自身之邪分別，於如來藏心之外，欲另求覓眞如；或離如來藏而求涅槃，皆名為無種性，是即非種。若復有人執於斷見，謂無往世後世，撥無因果，亦名非種性。若復有人錯會大乘般若空，謂一切法空、一切因果空、法界實相空、無有如來藏可證可修，是即大乘惡取空，撥無因果，亦名非種性；以此種人不唯不證佛菩提，亦不能證二乘菩提故；以此種人不唯破壞大乘佛法，亦兼破壞二乘佛法故；應成派諸中觀師爲其代表。凡此諸人皆名非種，同諸異生之貪著世利、不信因果、不信有佛、不信有解脫者；以皆未能具足修證三乘菩提之心性故，故名非種。

心量者，謂一切法皆由有情之八識心王而現行，其中七轉識則由第八識現行，是故藏識又名一切法。三界唯心—欲、色、無色界，莫非由此心所顯；若無此心，即無三界境界。萬法唯識—依欲界而言，以有藏識故有命根，以有命根及身蘊故有七轉識現行，以八識心王現行故，則有百法、千法、萬億法，要皆不離有情生命之根本—阿賴耶識本體及其異熟種、等流種；歸根究柢，皆由如來藏心而來，是故心之量即是法之量，心量者即是一切法，以心能生萬有諸法，與萬法相應，故法量即是心量。

「云何建立相？」建立者謂施設三乘佛法及諸名義自性差別，以應不同衆生根器而爲說法，令得解脫及與智慧。世尊應身於人間說法，有五時三教之別，凡此皆名方便施設建立；藉諸方便施設之建立，引諸有情漸漸入於一眞法界。是故於樂修人道者，爲說持五戒等法；於諸樂修天道者，爲說修十善而生欲界天，爲說修初禪乃至四禪而生色界天，爲說修四空定而生無色界天；爲諸樂求解脫之聲聞人說四諦八正，爲諸樂求解脫之趣寂聲聞說八背捨；爲諸樂修因緣觀之緣覺種性說緣起性空、十二因緣；爲諸不畏生死、起大悲心而樂求實相智慧之菩薩，說般若中觀乃至一切種智唯識妙法，函蓋二乘諸法；爲諸初地菩薩施設大乘照明三昧，爲諸七地滿足菩薩施設「引發如來無量妙智三昧」，爲諸十地菩薩施設十方如來手灌其頂及授職等。凡此種種皆爲因應衆生根器之差別，而作種種施設，漸漸誘引趣向成佛之道—菩薩無量修學法門。以五乘諸法之過程、內容、結果有異，必須建立諸多名相及修行法門，此諸方便施設，皆名建立。

「及與非我義」，乃問無我之義。有諸外道云有眞我不生不滅，佛於二乘法中亦說無我；既然無我，云何復說如來藏阿賴耶識不生不滅？此與外道眞我有何不同？

外道常見論者每云：「一念不生、空明覺知之心，即是生命之本體，永無生滅。」佛於二乘法中則說此乃是意識，合前五識及末那識，名爲識蘊；識蘊念念生滅，非眞有我，破諸外道常見論者說有眞我不滅；亦說十八界—六根六塵六識，剖析十八界緣起性空，破斥常見外道執著空明覺知心之不生滅妄計。復以十二因緣法證實外道所執空明覺知心之虛妄，謂「識緣名色、名色緣識」必依藏識而起，非能無因有緣而起。佛說無我論，破斥外道執取識蘊爲不生滅心，使二乘種性佛子得證涅槃，具足證得人無我。

復依法界空性之如來藏，而說如來藏之無我空性，敘述如來藏空性爲何名爲無我？何故名爲空性？乃依法界諸法而說空性如來藏之無我性，不同外道所說之我，而成就中道之義，是名法無我。於般若空之法無我總相中說已，復於如來藏系唯識諸經，依一切種智諸法，顯示空性如來藏之無我性，不同外道所說之我，以二空所顯眞如正理，圓滿具足顯示人無我及法無我性，一切人天外道及與二乘無學之所不知不見。

云何無衆生？云何世俗說？云何爲斷見？及常見不生？云何佛外道，其相不相違？云何當來世，種種諸異部？

疏：世間現見有諸衆生，云何佛說無諸衆生？《金剛經》云：「無我相、無人相、無衆生相、無壽者相。」此四種相，實唯一相；若有一相，即具四相。大慧菩薩於前句問無我已，此句復問：「云何無有眞實衆生？」衆生者，念念生滅相續不斷，是名衆生；衆生者皆以五蘊於十八界中生諸貪著，不明五蘊十八界之幻有，計爲實有，以致衆法出生而不能斷，是名衆生。三界六道，現見無量衆生，云何世尊說無衆生？大慧菩薩所問者此也。

「云何世俗說？」世尊於諸經中皆說無我，說五蘊空相、十八界空相，云何復云「我出生於人間遊行說法」？「我是世尊釋迦牟尼佛」？云何復說「我於一時在舍衛大城」？云何說言「我度衆生，而實無衆生得度者」？云何處處經中說我？凡夫異生有此諸疑，是故大慧菩薩以此問佛：「云何世俗說？」謂諸聖者於諸世間遊行度衆，雖常開示無我正理，令諸有情入佛知見，而須隨順世俗建立。若不如是隨順世俗而說你我，則法不能傳，故須隨順世俗說法。

又佛所說三乘佛法，凡夫外道不能理解，須以世俗言說，巧設譬喻，方能隨入，故須隨順世俗言說，以瓶衣水珠等喻方便說法，而令悟入。凡此皆名隨順世俗之說也。

「云何爲斷見？及常見不生？」斷見論者有三大類：一爲唯物論之斷見，二爲造物主之斷見，三爲自然斷見。唯物論之斷見者，謂一切有情皆由父母爲緣，藉四大聚合而有精神生命；四大分離，生命即壞，無精神體常存不滅，無有前世及與後世。造物主之斷見者，謂一切有情皆無前世，純由大自在天所造，其精神體亦由大自在天所賜，身滅之後或依行善而生天國，或依行惡罰入地獄，悉由造物主作主，有情自身不能主宰；以無往世故，亦應有情不能往至來世，故應歸類爲斷見論者，此即一神教之教義也。三爲自然斷見，彼等主張一切有情無情皆自然生，非由神造，非有自性；生已自然趨向壞滅，無業無因，無有三世；凡此皆名斷見外道。

常見者最爲普遍，凡非斷見論者，皆屬常見論者。佛法中之參禪明心之人，一旦錯悟，即墮常見。常見論者每云有情身中有不生滅心；猶如屋舍壞已，主人出舍，另住新屋；有情亦復如是，色身壞已，空明覺知之心即出色身，另行入胎，謂此空明覺知心常住不壞。常見外道其數甚多，數之不盡，皆因不如理作意而生。比見海內外顯密佛門弟子多諸常見外道見者，執三界四禪八定及欲界定中之空明覺知心爲不生滅心，錯認識蘊中之意識爲不生滅心，便以聖者自居，成大妄語業，是可憐憫者。

若欲遠離斷常二見，應先勤求正確之禪悟；欲求正確之禪悟，應先了知斷常二見之內容；尤以常見謬論極易混濫第一義如來藏妙法，稍有不愼，便墮常見，認賊爲父，成爲佛門外道。證悟之後，復須以諸三乘經論印證符契，方得謂爲所悟眞實；若違三乘經論，即非眞悟，應覓眞善知識修學，勤求證悟。萬勿妄語，未證言證；以免佛道未成，地獄先辦。

本經所說者，乃是有情生命之實相－如來藏阿賴耶識、佛地眞如。並述八識體性及此八識心王顯現之五法三自性、七種性自性、七種第一義、二種無我，幫助大乘見道佛子進入通達位—初地無生法忍。若解釋此經，須依眞如本體及七識而說，不得以佛性解之；若如月溪法師以佛性解之，名爲未悟之人依文解義，不免三世佛怨。欲註解此經者，必須先悟第八識，觸證如來藏，能於四威儀中多方體驗如來藏之自性差別，方能遠離斷常二見而爲人說，方能遠離依文解義之過。

大慧菩薩復問：「云何佛外道，其相不相違？」諸佛報身廣大，具莊嚴相及諸隨好，非諸外道所及；而應身之相，粗觀之下無有差違，細觀之下方顯有別。佛說諸法，其實皆在三界萬法之中；於三界萬法之中，能顯三乘無學解脫果法，亦顯不共外道二乘之圓成實性。而諸外道所說諸法，固然言不及義，然亦顯現三乘出世間法，而諸外道不知不覺，自墮斷常二見之中，難可出離。

佛於人間示現，舉手投足莫非佛法；乃至拈花微笑，亦能顯現大乘了義實相，金色頭陀當場領會，傳至於今，猶未斷絕。諸外道等輪迴世間，凡有言說莫非佛法，而諸外道不自覺知其中佛法，墮於邊見邪見之中；諸佛如實照見此諸法相無一相違者，衆生以未悟入，不能覺知，是故大慧菩薩以此問佛。

「云何當來世，種種諸異部？」此是大慧菩薩預見當來之世佛法流傳，將有部派分裂；各部各派不得全貌，故有此問。現見佛滅之後分部諸宗，諸宗又復分派；諸宗各派各有宗旨，皆云得佛眞傳，互不相讓。乃至現今末法，多有墮於常斷見中而說佛法者，名爲弘法，實乃破法；未具頂門眼者普皆不辨，人云亦云。此因衆生根器漸趨陋劣，得度因緣漸少，祖師菩薩之乘願再來者轉漸稀有，遂使佛子執取佛法之一端，目爲全牛，便有種種異部佛法宗派出現人間；悉皆不得全牛，而各執一詞，自謂究竟。於今之計，不應再分禪教律密淨，應求證入大乘見道，起諸見地而貫通五時三教，綜攝諸宗諸派，回復正法期之佛法，使諸佛子得目全牛，綜貫三乘，守戒無缺，以無爲法而自娛樂，則佛法中興可期也。

云何空何因？云何剎那壞？云何胎藏生？云何世不動？

疏：「云何空何因？」別譯翻作「云何爲性空？」此謂色空及法空—色性空、法性空。如來藏阿賴耶識有眞實體性，一切證悟者皆能實證；雖其體性眞實存在，然是空性，非色非物；能生萬法幻起幻滅，而自本體永無生滅；三乘修空者，非滅此空性，實乃修除此空性中之三界煩惱；斷煩惱已，取證五蘊十八界空，因此得出三界輪迴。

而此三乘無學所證五蘊十八界之我空—諸法空相—之背後，亦即法相空之背後，別有諸法緣起緣滅之因—空性如來藏。此句謂修解脫果者，當空三界煩惱—見惑及思惑；以空三界見思惑故，空諸所有三界煩惱，得成無學而出三界；出三界者以如來藏爲因，非謂空卻如來藏也。

「云何刹那壞？」謂諸有情藏識所蘊一至八識種子生滅極爲迅速，一刹那間有九百生滅；譬如眼識乃至空明覺知之意識心，於一刹那間，有九百種子前後連續現起而過，後後刹那亦復如是連續不斷，綿延不絕，以其快速不斷故，意識自身不能覺察其生滅現象，便以爲自己是恒常不滅之心。

然實空明覺知之心，是由藏識之中現起意識種子，依等無間緣，連續不斷；前識種現已隨滅，滅已復引後識種繼於其位現起；此謂開導依，或名等無間緣依；謂前識種現已隨滅，滅時開避其位，引導後識種繼於其位現起；意識種唯能於其前識種位現起，不能於眼等五識之前識種位現起，要須同等流類，方能繼於前識種現起，故名等流種。是故前眼識種爲後眼識種之開導依，乃至前意識種爲後意識種之開導依。前眼識種不得爲後耳識種之開導依，乃至前身識種不得爲後意識種之開導依。

以此開導依故，八識心王之等流種前後刹那極爲平順緊密快速之生滅連續，如流急不覺，如旋火炬似火輪現，衆生不覺，錯認眼識乃至空明覺知之意識現起運作時無有生滅，而實識種刹那刹那壞滅。云何諸識種子刹那壞滅？謂諸識種若非刹那壞滅，則不能有後識種連續而起；若無前後識種連續變易，則諸識必不能有用。猶如錄音帶必須前引後繼，方能有聲用，若停住不轉，後不繼前，即無所用；亦如放映電影，必須前格畫片過去，引導後格畫片繼於其位現起，連續不斷生滅變易，方成電影之用；諸識能起作用亦復如是，必須前後同類識種開避引導、生滅變易連續不斷，方有眼用乃至知覺用。此乃法界實相之局部，佛子宜應知之。

既知有此刹那壞滅，即知無餘涅槃位之異熟識中尚有自心種子流注，故知阿羅漢辟支佛得出三界，僅斷分段生死而已，尚有變易生死猶未滅盡，故云阿羅漢等無漏不盡；若得斷盡無始無明過恒沙數修道所斷上煩惱，則諸識及眞如自心生滅流注已盡，離變易生死，即成究竟佛果。

「云何胎藏生？」此問有情以何緣故而入胎受生？此界有情有卵胎溼化四種衆生，又分人、天、畜生、餓鬼、地獄五道，修羅則以卵胎溼化四類分別於五道中受生。此諸四生六道有情所住世間，皆在欲界、色界、無色界內，三界有情名爲三有。

人類云何受胎？云何藏於胎中？云何出生？凡夫異生以未離欲故，於中陰時，見來世父母和合，當生爲男者則於母起貪，於父起瞋，生顚倒想，令自中陰欲與母合；事畢之時，執父精母卵爲己，遂入胎中。當生爲女者則於父起貪，於母生瞋，令自中陰欲與父合；乃至執受精卵爲己，顚倒想故入於胎中。

一旦入胎，唯除少數菩薩，乃至阿羅漢辟支佛亦不能免隔陰之迷。一切證悟之人得正知入胎，不於來世父母起顚倒想，以道共戒故；入胎則迷。佛子已得三昧樂意生身及法性意生身者得免胎昧，餘皆不免，是故戒慧直往菩薩，乃至三地未滿足時，皆唯正知入胎，不正知住出。

胎藏界有情，唯人能學佛法；餘諸有情須有神通復解人語者，方能修學佛法；天界或欲風漂、或定所沉，唯兜率內院及色究竟天有佛法可學，其餘諸天不如人間，無佛法故。是故菩薩寧受胎藏界之多苦不淨而生人間，不求天福，不思天樂。

「世不動」者有二解，一謂世間於住劫中不壞不動，令諸有情得以安住，以諸共業有情業力所持，故能如此。二謂三界世間諸有爲法幻起幻滅，遷流不住，衆生心性浮躁如猿猴，渴愛如陽燄，無有一時安住，云何世尊說諸有情於萬法中、有一不動不轉不貪不瞋之本性清淨心？一切未悟佛子之所不知，不能解脫，以此請佛開示。

何因如幻夢？及揵闥婆城？世間熱時燄？及與水月光？

疏：世間於諸有情而言，應是常住不壞，億萬年來常在不壞，能住有情，長養有情，世代相傳，迄未壞滅，云何諸佛菩薩說言世間如夢似幻？

揵闥婆城者華言海市蜃樓，唯是光影返照所現，非有眞實城廓人物往來；而三界世間皆是衆生可住及以長養處所，云何佛說世間猶如海市蜃樓？

世間雖有地獄餓鬼畜生之苦，而亦有欲界天之超脫人間諸苦，亦有色界天之超脫欲界天苦，亦有無色界天之超脫色縛之苦，云何佛說世間如熱時焰飄幻不實？無有清涼可樂處？

世間五塵及諸法塵，乃諸有情心識可觸可證之有法，非幻想觀想所得，云何佛說世間諸法非眞？云何說如水面所映月光、非眞實月？

此四句偈謂有情衆生不了虛幻，貪著世間五塵及五塵所生諸法，以爲實有，故如未醒之人貪求夢中五欲；如觀海市蜃樓謂爲眞實安樂大城，起心往前欲入；如世間熱沙地面遠望似水，渴鹿不知虛妄，追逐彼虛幻之水；如愚痴嬰兒誤認水中映月爲眞，伸手撈取。不知一切五塵境不到衆生心中，衆生心亦不入五塵境；衆生七識心唯住身中，由阿賴耶識藉其有根身之五根接觸五塵，如鏡映現內相分五塵，由七轉識予以了知而起苦樂受；所觸五塵皆是阿賴耶識所變內五塵相分，未嘗觸於外五塵，是故一切皆是自心取自心，非有外境。衆生以不知不信故，貪著自心所變內五塵，執爲實有外五塵而起貪瞋，造諸異熟行支，輪轉生死，無有出期；不知一切法皆如水月光，虛幻不實。

何因說覺支、及與菩提分？

疏：覺支者謂七覺支，念、擇法、精進、喜、猗、定、捨覺支，此七覺支乃佛子修學佛法過程中之用功方法，佛子當以此自驗。念覺支者謂佛子聞熏正法，念持不忘。擇法覺支謂聞法已，能作思惟；思惟已能作簡擇，棄捨邪見而入正見。精進覺支者謂佛子簡擇法已，心住正見而自精進修持，心不退沒。喜覺支者謂於佛法精進修持，觀知諸法虛幻，於三乘菩提生起喜心。猗覺支者謂因佛法之善於抉擇修持，得於喜心而後遍身受樂，是名爲猗。定覺支者謂於修證有驗，心得決定，住於一境而不搖動，乃至發起禪定功德等，皆名定覺支。捨覺支者謂得猗已，觀諸身心樂受亦皆無常，是故除一切受，是名捨覺支。

然菩薩所證菩提，異於二乘；以證法界實相故，依法界空性觀七覺支亦是施設幻有，故於諸法不生憶念，名爲念覺支。菩薩復於諸法中觀察，無非空性眞心之自現自取，七識妄心於中自生分別，然於空性而言，實無善惡淨染可得；以住無所得正見故，得擇法覺分。菩薩非以壞滅三界有爲法而證菩提，乃於三界諸有爲煩惱中，不離煩惱而證菩提，是眞精進覺支。菩薩於三界諸有爲法中不生樂著，亦不愁憂煩惱；以證諸法唯心所現，實無所得，是故喜憂相滅，名爲喜覺支。菩薩於諸法中了知一切諸法皆是自心緣於自心，除此以外，無法可得，心樂安住無所得境，名猗覺支。菩薩深入證驗自心所取能取皆唯如來藏所現，能知能作主之心實無一法可得，心得定信，不移不轉，名爲定覺支。菩薩得心定已，觀此定心住心亦妨涅槃，故於能觀而具慧之心亦知應自捨棄，不著不貪自心，住於不知不見之無住境，是名捨覺支。此名菩薩觀二乘七覺支空。佛子欲入佛法，當以七覺支而自檢驗。

菩提分者謂三十七道品：四念處、四正勤、四如意足、五根、五力、七覺支、八正道。佛子初學佛法，當依三十七品次第而入。然大乘三十七道品諸菩提分所證，有別聲聞所證；謂菩薩依法界實相而修三十七菩提分法，異於聲聞菩提分之於五蘊十八界無常斷壞之法，其慧有同有異；同者爲聲聞所知，異者則非聲聞所知，謂法界實相也。

云何國土亂？云何作有見？云何不生滅，世如虛空華？云何覺世間？云何說離字？

疏：國土亂者乃謂五濁：劫濁、見濁、煩惱濁、衆生濁、命濁。劫濁者謂某世界於成住壞空，乃至年月日時長短劫中，遍虛空中未凝四大，虛妄見分渾沌未開爲六根，一片昏鈍，說爲劫濁。見濁者謂：有情於劫濁中起諸妄情，欲覺見知六塵，乃攝四大成有根身，依於地大質礙，由見聞覺知等羅織水火風空，由是見聞嗅嚐覺觸壅滯，不得通流，有情妄覺遂分六根，從此起諸妄知妄覺妄見，是名見濁。

煩惱濁者謂無始來憶識誦習，於自本性中發起妄見知覺，此妄知覺不離六塵，因六塵起；若離六塵，即無妄知覺相；衆生不了覺性本一，於六塵中互相交織熏習；本非有六，唯一精明；衆生以不了故，於六根六塵中，生諸煩惱，名煩惱濁。

眾生濁者謂：一切凡夫有情心識念念不停，常欲留於世間起知見聞觸等，以是業習所引，十方國土遷流受生，各種各類群聚而生，互相為緣，輪轉生死，增益妄情難以止息，名為眾生濁。

命濁者謂：一切有情見聞覺知本一精明，執六塵相及以六根，遂成六用；而體性本自相通，元無差異，然以四大五根妄覺執著及與意根執妄覺知，遂使諸根成界；雖性相通，而於六塵之用相隔，以妄情四大交織，成此身命六用隔越，不能返源歸一，謂為命濁。

以五濁故，引生火水風災及饑饉劫、刀兵劫、疫劫等，十方國土民不聊生，是為國土亂。

「云何作有見？」《大乘入楞伽經》譯作「何故見諸有？」有見者謂「見」不清淨—妄見知覺也；即是見濁之謂。一切有情以未曾了自心知見覺觸之性虛妄，常思住於世間，欲持欲界有不滅，欲持色界有不滅，乃至欲持無色界有—四空定中之微細了知心—不滅，執欲界有中之六塵覺知心，乃至無色界有中之非想非非想定中之定境法塵覺知心，不肯捨離，是故不能返本還源、實證涅槃；皆由不解見聞嗅嚐觸性虛妄，乃至不知意識知性虛妄，起於有見，不免三界後際無量輪迴。

「云何不生滅，世如虛空華？」此問世間於百千年來無有生滅，云何說言如虛空華？《大乘入楞伽經》譯作「云何如空華，不生亦不滅？」既云世間如虛空華，幻起幻滅，何故復云不生不滅？

所謂世間，不逾六塵；六塵所入，有情之六根也。器世間之外五塵，引生五蘊內世間之內五塵相，以有內五塵相故生於諸法塵相，此即名爲世間。此諸世間念念生滅，如虛空華幻起幻滅，無有眞實境界。

譬如眼根瞪久發勞，於虛空中見有諸華，非眞實有；衆生見諸世間色相亦復如是，由心及根，暫起隨滅，非是常住不變。而諸有情成佛前所見所聞所嗅所嚐所觸所知，莫非眞心本識所現自身內相分，非從外來；此相分種子常住不斷，眞心本識亦復常住不斷，不生不滅。以此眞心本性之常住不滅而觀世間，但見世間如虛空華，幻起幻滅，無有眞實。

「云何覺世間？云何說離字？」謂佛法正理浩瀚深遠，難解難知，又復難修難證難信，如何能度衆生覺悟世間虛幻？悟入三乘菩提？又復佛法常說遠離，菩薩應如何爲衆生說離？離者離諸語言文字，離世間妄知妄覺，離三界煩惱，離五蘊世間，離三界世間；離已復入語言文字及妄知妄覺三界煩惱之中而度衆生，爲諸有情說於遠離，令諸有情了知離義。而此正理深邃難知，大慧爲諸後世佛子，以此問佛。

離妄想者誰？云何虛空譬？如實有幾種？幾波羅蜜心？何因度諸地？誰至無所受？

疏：「離妄想者誰？」人間有情之八識心王，唯第六意識不離語言妄想，阿賴耶識及末那識，皆無語言妄想；謂無表義名言是也。然於顯境名言─覺知了別六塵境界之心與相應心所有法─末那尚能於中起於微劣觀慧，非無顯境名言相應，故第七識非能完全離於妄想，是故眠熟無夢之際亦是恒審思量而作主宰。又復末那雖不與別境心所前四相應，而與第五慧心所相應，故能恒內執我，成有覆性；既慧相應，復內執我成有覆性，即不能完全離於妄想，故有少分妄想相應；謂於眠熟無夢乃至昏迷時，刹那刹那觸五塵境而有了知；而此了知慧劣，衆生不覺，謂無覺知，是故眠熟悶絕時非全無知也。末那既有少分顯境名言相應，於徹悟者而言，則不得謂爲離妄想者；唯於凡夫異生及諸淺悟者或二乘愚人，方得謂爲離妄想者。

意識—空明覺知心— 一向不離語言妄想；猶如精神異常者自言自語，向天叫罵，衆生亦復如是，於不如意時於自心中自言自語向天喊冤，唯不形之於外而已。而此空明覺知之意識，經由定法之鍛練，能離語言文字而作思惟觀照；如我諸多同修，經由無相念佛功夫之修習，具備思惟觀之功夫，不用語文而能思惟尋覓眞如。亦如嬰兒甫生，能以此心察知冷暖乾溼，魚鳥能以此心了知明暗餓飽；凡夫有情亦以此心於四威儀中起諸分別，故於開車時若遇緊急事故，不待語言於心中思惟，便能立即應變，消弭意外事故；於知見當下即已完成分別，不待自心起諸語言思惟而後分別。

而此空明覺知之心復能於定中與觀想境界相應，復能於眠夢中與夢境相應，凡此悉屬妄想；以此二境悉皆不離顯境名言，故此意識不離妄想。餘前五識亦皆因境而現，能顯五塵境，非離妄想者；唯有如來藏，方是離妄想者。

學佛最難者，在於明心與見性二關具足；若不具足，每生偏頗，便致謗佛謗經。以未明心故，說法多有錯謬。譬如月溪法師錯會眞如，復未眼見佛性，便錯解《楞伽經》，全經前後皆以佛性解釋之，便誤導衆生，於諸佛子無所利益；後繼者不知，以其所示邪法而破宗門正法，則墮誹謗三寶之大惡業中，來世果報難以想像。

復有外示大乘、內秘聲聞之法師居士仁波切，以修定之法（如數息、觀心、觀想）欲令空明覺知之心不起妄想；或以觀想空行母、明點拙火等外道氣功之法令心離於妄想；或以四念處觀等聲聞法，欲令此心不著五塵而安住於內、一念不生。此諸人等每謂靈知之心不起妄想、不墮昏沉，即成離妄想之眞如，謂無妄想之靈知心漸趨空明靈覺，即成「言語道斷、心行處滅」之眞如。凡此皆屬錯悟，未入大乘見道。

又如聲聞行者修四念處觀：觀身不淨、觀受是苦、觀心無常、觀法無我；藉聲聞禪之法深觀四念處而斷盡一念無明，成慧解脫阿羅漢；以現觀五蘊空而不認靈知心爲我，說名無我。然而此中有大矛盾：既然靈明覺了而能作主之心是識蘊，念念生滅猶如幻化，則無有我，捨壽之後是何心而住涅槃？空明覺知心滅已，無心住涅槃，則同斷見外道論議。是故佛於四阿含中說有生死本際、涅槃實際、阿賴耶、如來藏，非同外道斷滅論議。以五蘊空說名無我，空明覺知心亦復如是念念變易，日日間斷，不至來世，何況能至涅槃？是故必有空性如來藏心，以無我性故，以從本以來離見聞覺知性故，於空明覺知心滅已，能安住涅槃，不墮斷滅。

大乘佛教中之聲聞行者有如是過，以大乘禪宗開悟明心之法而自標榜之法師居士亦復有過，藏密四大派古今諸師亦有此過，以彼等屢欲令人修除妄想，教其徒衆認定無妄想之靈知心爲眞如，則墮常見外道法之眞我眞心，非眞證悟「言語道斷、心行處滅」之眞如。離妄想者乃自無始劫來一向不起妄想，非因修行而後言語道斷、心行處滅。

言語道斷者謂眞如自無始劫來不曾有言說，非如靈知心之入定無言，出定有言。彼眞如心亦不入定、亦不住定、亦不出定，此一道理，若不經證悟過程，設以言語百般解說，未悟者終不能解，故名言語道斷。彼眞如心一向不通言語，非有時通言語，有時不通言語，以離三界見聞覺知故。

心行處滅者謂眞如無始劫來不於六塵起諸心行；於六塵乃至定境清淨法塵而起了別了知者，即是心行；乃至定中滅卻見聞覺知，意識斷已，猶有末那觸彼定境幽閑法塵，淺悟之人不覺，謂無心行，而實末那心行不斷。意識不離明覺了知，於嬰兒出生時起，即不斷以明覺了知之性知見六塵；此心知見六塵或知見定境清淨法塵之際，同時了別完成；若無了別功能，知即不得名之爲知，是故於知於見當時，已具分別功能，非因語言妄想現起方有分別性也；既然空明覺知之心現起之時即有覺知分別，當知非無心行，能了六塵故。今觀藏密四大敎派悉皆令人修此靈知心，欲令此心日漸空明靈覺；謂此靈知心達到空明靈覺之境，即是眞心。而實此心設能永保空明靈覺，永遠不起妄想，依舊不離六塵境之知之見，如是心行不斷，云何名爲「心行處滅」之眞如耶？又復此心日日間斷，眠熟悶絕悉斷，非恒非常，云何名爲眞如？此心既然不離五塵及與定境法塵，即非離一切妄想，唯能有時離語言妄想爾，故知虛妄，非眞離妄想者。是故大慧菩薩於此請問眞正離妄想者，佛乃於此經中，說諸妄想之相，後當敘述。

「云何虛空譬？」此問離妄想之心云何猶如虛空？十方過現諸佛及諸菩薩皆以虛空譬喻眞如。虛空無爲無作，容受一切法；眞如亦如是無爲無作，於六塵諸法不起染著，猶如虛空，故云有情眞如之本來自性清淨涅槃名爲虛空無爲。虛空永不壞滅，是故無生；眞如之體亦是永不壞滅，故亦無生，故云猶如虛空。虛空無色，故無來去；眞如之體無形無色，以藉五蘊說有來去，若離五蘊則無來去，以如虛空無形色故。虛空無色，故無增減；眞如非色，故無增減，猶如虛空。虛空與色非一非異，虛空非是色法，故名非一；虛空無法，唯是衆色所顯，若無衆色，不顯虛空，故名非異；眞如與色蘊行蘊亦復如是非一非異，以眞如非是色法，故名與蘊非一；眞如雖有實法，性如虛空非形非色，有情悟者要因色蘊行蘊方顯；若入無餘涅槃，十方諸佛亦不見此眞如；若無色蘊行蘊，不顯眞如，故云眞如與蘊非異。

以眞如體性猶如虛空，是故諸佛咸以虛空譬喻眞如。然有一分藏密行者，不解佛意，便謂虛空即是眞如；以虛空遍十方界故，便云眞如遍滿虛空——衆生共有同一眞如。顯教之中亦有如此邪見之人，月溪法師是其代表。凡此錯謬，皆因不解眞如體性，復未親證如來藏所致。

何以故？以虛空非有實法故。以無物無障說名虛空，若無有物質障礙，不能顯有虛空。小乘說有六大：地水火風空識。空大者謂色邊色，因色所顯；譬如飲食下已，口空、咽喉空，乃至排泄已，說胃空、腸空，謂食物過處空，因色所顯。復如杯中無水，說言杯中有虛空；因於牆壁門窗屋頂戶牖，說言屋中有虛空；皆依於色而顯虛空，非因實有虛空說言虛空，故名虛空為色邊色，又名空大，非有實法。

若使虛空有實法者，於地挖井時，其洞漸成，則於地中挖一鏟土出，應見有虛空同時入於出土之處，而不見有虛空入於土洞中；亦應土洞中土出置於地面時，見有地面虛空被排擠於他處，然都不見有虛空被土排擠。亦應倒水於杯中時，除空氣被擠出杯外，復應同時有虛空被水擠出杯外，而都不見有虛空被擠出杯外。若實虛空有眞實法，應吾人於此地以瓶裝虛空，緊塞其蓋，送離此地時，此地虛空應少一瓶量；送達彼地時開其瓶蓋，倒其空出，應彼地增加一瓶虛空，然都不見此減彼增，故知虛空非有實法；以無物無障之無法，名爲虛空，因色而顯，有情施設名爲虛空。眞如則不如是，有其眞實體性，唯以性如虛空如前所說，故以虛空爲譬。

「如實有幾種？」此謂眞如阿賴耶識，圓滿成就諸法實性，故名如實。此句乃問眞如有幾種？佛子於此一問每生疑惑：眞如乃是衆生之實相本體，一切有情皆各有一，皆同一類，云何問有幾種？亦如吾人常遇此問：「你們說有八識，可是我聽人家說有第九識，更有人說第十識，究竟怎麼回事呢？」

此句偈，在另一譯本中翻爲「眞如有幾種？」佛子每疑：「眞如不就是一種嗎？如何會有許多種呢？」

香港月溪法師留有肉身舍利（其實乃是屍乾整修貼金而成，非眞舍利，詳見啓釭所攝相片即知），他曾多次開示云：「用前五識向內轉第六識，六識轉七識，七識轉八識，八識轉九識；九識的境界是白淨一無所有，到此時思想不可停止，再向一無所有那裡繼續下去，九識一破，當下就可以看見法界體性智……眞如此念是有知有覺，即法界體性智。」（詳見天美印刷公司一九九五年三月出版《月溪法師講楞伽經》頁一〇〇）如此說法名為錯悟，而且錯得太離譜了。

前五識非恒非審：日日斷滅故非恒，於法塵境無能了別故非審，非審之心既不能了別法塵，云何能轉易第六識種？又第六識本具極強之分別審觀能力，何須愚劣之前五識來轉祂？猶如大學生不須小學生來教他作功課，是故月溪法師此說太荒唐，可謂貽笑大方。

「六識轉七識」則言之成理，本該如是：經由意識空明覺知之體性，於諸法中分別、思惟、整理、分析、歸納、修學，若能眞實如理作意，染汙末那即依意識之分別修學而轉依，漸次轉變為清淨末那。於六七識之學佛過程中，以眞見道之如理作意故，以歷緣對境中依如理作意之見地而修正三行故，第八識所藏之前七識種漸轉清淨，故七識轉八識之說，非無道理；而非完全正確，以第八識於悟前悟後皆是同一體性──無覆無記之無分別性，本性清淨故不受轉，唯轉其中七識種子。

月溪法師繼續說云：「八識轉九識」，則有大過。謂以第八識轉第九識時，則是八九識同時並存，方有能轉所轉—以此一，轉彼一。月溪復云：「九識一破，當下就可以看見法界體性智（眞如）。」如是即成吾人有八九十識三心並存，則佛應有十識，吾人亦應有十識。然佛開示有情唯有八識，無過第八。乃至成佛亦唯八識，非有九十。此皆月溪法師道聽途說，或讀經時一知半解，不了佛意，遂致錯會。

第八識者名爲阿賴耶識，亦名異熟識、菴摩羅識，於斷盡五下分結及五上分結時，亦即大乘所說一念無明四住地煩惱斷盡時，除去阿賴耶名，以捨三界煩惱之執藏性故，改名第九識。惟仍有識種流注之變易生死，仍不得名爲無垢識，須再斷盡塵沙惑—無始無明過恆沙上煩惱，方名第十無垢識，即是佛地眞如。雖有八九十識之名，實唯一識，於三種不同之修證階段，分別冠以八九十識之名，非有八九十識三心並存。是故八識不能轉九識，八識即是九識故；九識之中並未含藏第十識眞如，九識即是第十識眞如故。

月溪法師之所以有此錯誤，乃因見性而不明心所致（作者補註：開示當時尚未發現月溪不見佛性之證據，故作此二句開示；後來蒐證檢查，證明此師亦未見性，詳見拙著《正法眼藏—護法集》），第九識一旦打破，眞如亦歸幻滅，因爲第九識即是第十無垢識故，非有二心並存包含。又藏識性空，非形非色，不依緣有，云何能破壞之？故知月溪所言，悉屬自心妄想所得，非有實證，不應信受。

喻如某甲五年前當縣長，現在當省長，五年後當總統；不能敎五年前的縣長來幫現在的省長，亦無可能敎五年後之總統來幫現在的省長，因爲五年前的某甲縣長，與五年後的某甲總統，與現在的某甲省長是同一人，於不同時期有不同名稱，非有某甲三人同時並存。月溪法師不通經敎，又復錯悟，致有此過。

初次明心開悟而轉識成智，唯下品轉而已；亦唯六識轉生妙觀察智，七識轉生平等性智，前五及八皆未生智。七地入八地時唯中品轉，亦唯六七二識轉生中品妙觀察智及平等性智爾，五八仍未轉。釋尊修行直至三大祇劫滿已，成最後身菩薩，坐菩提樹下，於夜後分，以手按地而得明心時，六七二識方得轉生上品妙觀察智及平等性智，異熟流注生滅斷盡，第八異熟識頓現大圓鏡智，改名眞如；而猶待隨後旭日出前之目睹東方明星，眼見佛性時，方使前五識頓生成所作智，而名成佛。要非六住菩薩初悟即得成佛，要非凡夫初悟之因地眞如得名諸佛果地之眞如也；斷盡一念無明之前，第八阿賴耶之執藏行支異熟果體性仍未斷盡故；斷盡塵沙上煩惱之前，第九異熟識之異熟種子流注生滅仍未斷盡故，皆不得名爲第十無垢識眞如。以此之故，說言眞如雖因三階段之修證不同而有三名，實唯有一，非謂有三。

若依一切種智，復言眞如有七：流轉眞如、安立眞如、邪行眞如、清淨眞如、唯識眞如、實相眞如、正行眞如。由前三眞如，說一切有情平等；此依七住菩薩實證此三眞如體性，得入中道，說言一切有情平等：安立眞如謂苦諦眞如也，此云一切有情因有不滅不壞之因地眞如，故令世世輪迴，死不斷滅；邪行眞如謂集諦眞如也，此云凡夫異生不明三乘菩提，執妄爲眞，造作諸行，成就業種，集諸後有種子於阿賴耶中，故云集諦眞如也。清淨眞如謂苦滅諦眞如也，一切有情若明諸業皆因七轉識所造，若明眞如本性清淨，常住涅槃，從此轉依真如體性而住，無為無作，則名清淨真如。依此三真如，說云三乘菩提平等，所證無餘涅槃無二無別故。唯識真如謂有情一切行，皆具八識心王之了別性，唯證悟菩薩能知。依此六真如，說云三乘菩提有別，所證道種智、一切種智唯大乘證悟者得故。第七正行真如，謂道諦實性，以欲斷三界惑諸所應修之道已修，梵行已立故；以解脫果三乘無別故，說言正行真如三乘平等。

是故眞如依諸有情修證佛法階位不同，說言有三：第八阿賴耶識，第九異熟識（菴摩羅識），第十無垢識—眞如；名雖有三，實唯有一。復依凡、愚、菩薩、佛之菩提同異，建立七眞如，以簡別異，然實唯一，非謂衆生身中有七個眞如也。然不論有情修證佛法果斷高下，乃至凡夫異生無有修行，而各各有情悉皆各有獨一無二之眞如，悉皆具足圓滿成就諸法之功能體性，此性如實無有虛妄，一切悟者悉皆證知，名爲圓成實性，各無二致，故知如實唯有一種—如來藏第八識。

「幾波羅蜜心？」別譯：「諸度心有幾？」波羅蜜者波羅蜜多也，謂到達解脫彼岸之方法。此問菩薩修行，有幾種能到解脫彼岸之法門？

初地菩薩以布施福業及百法明門慧業爲主修；二地以持戒及十善業道爲主修；三地以四禪八定、五神通、四無量心及忍辱爲主修；四地以眞如空性爲本，起修三十七道品，以精進爲主修，能燒諸煩惱，智慧如焰；五地於諸道品微細智慧及於禪定三昧順逆超越皆得自在，禪定爲主修；六地現觀諸行流轉，於四聖諦而得自在，復於涅槃無相境界實證而不取滅，深觀十二因緣不離眞如空性，三乘般若爲主修；七地現觀生空、法空、俱空無分別慧，融有諦無諦於中道第一義諦；復於一切有功用行修行具足，心心寂滅，以方便波羅蜜爲主修；八地於無相法中得無功用，於大菩提仍行有功用，然不爲現行煩惱所動，而以願波羅蜜爲主修；九地於一切種說法自在，獲得廣大智慧，入法際智，而以力波羅蜜爲主修；十地無礙智觀，法雲無量，五分法身具足圓滿，以無上智波羅蜜爲主修而修學無上菩提。總言賢位七住已去、及解行位菩薩皆各應修六波羅蜜多；解行位菩薩修此六波羅蜜多者，多在外門轉，唯是修集資糧及聞熏般若；七住已去乃至十迴向位之外聖內凡賢人，漸入內法修六波羅蜜多。

初地已去乃至十地，修十波羅蜜多：布施、持戒、忍辱、精進、禪定、智慧、方便、願、力、智等十波羅蜜多，非僅成就解脫果而度生死至彼岸，亦漸成就大菩提果而度愚痴至彼岸。

六波羅蜜及十波羅蜜有次第相：恒行布施者能信因果，故得受戒不犯；以戒能持故心得調柔，能修忍辱；以心能忍故不退道心，修精進行；以精進故能定其心，證諸禪定；以心定故，深細於法，於般若深法能深熏習乃至證驗，終證涅槃；解脫果已得故，修諸方便入菩薩行，不取滅度；以方便修，得證念念入滅盡定已，於諸煩惱心無所動，故修願波羅蜜，願證大菩提果；以願波羅蜜成就故，修於力波羅蜜，得成善慧無上力；以力波羅蜜成就故，得法雲地無礙智觀，迴向無上菩提智；如是斷愚圓智、次第增上、地地增進乃至佛地，不得躐等而進。

余多年來主持共修，亦常提示：欲得大乘見道而不退失菩提者，須具五種條件：信心具足、知見具足、功夫具足、福德具足加以除慢。若不具此五大資糧，雖善知識大施鉗錘、強令悟入，不久又復退失，反致謗法；此乃菩薩所修大乘法門異於二乘之處。修二乘法，不必定有福德資糧；修大乘法而求見道者，必須先集福德資糧，是故菩薩六度十度皆以布施爲先，後乃圓慧。

余多年來每聞學人抱怨，謂彼多年學佛參禪，逛盡諸方道場，虛耗光陰錢財，未臻究竟了義；久久方聞此法，猶須多方打聽地址，方得進入此門；爲彼多年諸方奔波而大呼冤枉，勸余應作宣傳廣告。然余常言欲修此法者，應多先向諸方供養、求法，累積資糧及除我慢，方得至此；雖然虛耗錢財光陰，而實不虛；唯除往世已多累積福德資糧而無慢者。於知見熏習亦復如是，若得眞正熏習二乘佛法，具知五蘊十八界空相者，若於吾法中悟入者，必不退轉；若未具知識蘊及六識界空相者，不名已知二乘法，則必執取常見論者所執之空明覺知心爲眞實不滅之心，則於吾法容或悟入，亦必生疑退轉，入於常見外道法中。是故佛子莫怨莫艾，莫責余等一向不作廣告。試思古來多少祖師踏破草鞋無數，喝卻多少漿水錢？而猶不得入處；於今末法，枉行十年路，亦不爲冤；以此十年冤枉路，能植福德及諸知見故。

「誰至無所受？」此問菩薩修行地地轉勝，究竟是誰能至究竟無受境界？若有能至無受境界者，則必有能至者，此能至者云何？謂此境界非是五蘊所證，非是空明覺知之識蘊所能證。若是五陰或識蘊（空明覺知心）之所能證，則今生以證此境得入初地，此陰壞已復生第二世陰；以第二世陰亦證此境修入二地，二地陰壞已，復生第三世陰；第三世陰亦證此境修入三地；則三世陰各各互異，云何三世識陰得名爲證者？以五陰不通三世故，不得謂空明覺知心能證入無所受之境。

無所受者從本以來曾未有受，非因此生修行方入無受之境；因修而入無受者名爲入無心定，此乃修得，必因出定又復入於諸受，非眞無受之心，乃是空明覺知之意識也。此世靈知心既不能至於來世，則知能至無受境界之心乃是無始以來即無所受之心，是知無所受心乃是藏識：阿賴耶、異熟、無垢識。證得此識之人，即是已至無所受者。

若依理言，證得藏識之人固得名爲已至無所受者，然彼證者實爲五陰內之識陰；若無識陰，則藏識離見聞覺知、無分別性，無所揀擇，尚無有我，云何自知住無所受？故須有一空明覺知之心，與慧相應，能知揀擇，方能證知從來無受之藏識。而此證知別有無受心之覺知心，從生以來不離苦樂憂喜捨受，是故能至無受境者非是此心；而以此心能證知彼無受之藏識，故名能至無所受者，非彼無所受也。

此依未悟初悟者說藏識無所受，若依初地菩薩所證，則不說藏識為無所受者，而說佛地真如方名真無受者。以因地菩薩之藏識與捨受相應，故眾生一覺醒來，精神充足，捨受相應故能如此，謂於眠中仍有七八識之種子生滅變易流注不斷，而以捨受相應故不起靈覺心，色身得以恢復精力；佛地真如則以自心種子流注之變易斷故，捨受亦無，故佛睡而無眠，亦得恢復精神體力，故名佛為真實能至無所受者。而此諸理唯有地後菩薩真實能知，七住菩薩雖證真如，十住菩薩雖見佛性，猶未知之，大慧菩薩欲令已悟者速入初地，故問於佛。

何等二無我？云何爾燄淨？

疏：二無我者謂人無我及法無我。人無我者謂三乘無學所證五蘊空相，以斷盡分別我執及俱生我執故得出三界。而出三界者非由吾人之空明覺知心入涅槃而出三界，以此心名為我故。若由此心入涅槃而出三界者，則此涅槃即非無我，即非寂靜，能受涅槃寂滅境故，則違佛說。是故三乘無學取證涅槃者，乃滅此心，於捨壽後永不復起，不受後有；於涅槃中無受無想無思無作意，不觸五塵境及定境法塵故，離見聞覺知故，方得名爲無我、名爲涅槃寂靜，實證人無我。

然二乘無學入無餘涅槃已，空明覺知心滅而不起，永斷無餘，非同斷見外道所執之死已斷滅、一無所有；而有藏識空性無形無色，無見聞覺知，無受想行及諸思覺，唯以斷盡見思二惑故，所藏七識見聞覺知種子不現，故不生中陰，亦不受生，永不於三界中出現，故名無餘涅槃。

而此涅槃心本具諸法功能，能生五陰七識諸法；雖不知自心，亦不會諸法，而能生諸法；生諸法已，復自能於諸法中隨緣應物而離見聞覺知，離於我見；雖在凡夫異生位中輪轉生死，而不生我想、人想、衆生想、壽者想，以此涅槃心是無我性故。菩薩以證知此心故，能於萬法中體驗諸法無我性故，名爲證得法無我，非凡愚所知。是名二種無我。

爾燄者謂有情之無明渴愛也。譬如夏日荒原，烈日曝曬，地面空氣搖映，遠處望似有水，渴鹿無知，不斷追逐而不得水，乃至渴死。喻如有情衆生諸修行者，不明法界實相，盲修瞎練，而不能離外道斷常見，自云已離；廣造諸論（如宗喀巴之《入中論釋、辨了不了義善說藏論、菩提道次第廣論》等）欲服他人，以諸外道所言涅槃之法，錯置佛法之中，同諸衆生共逐彼涅槃陽焰，死已復生中陰，中陰生已復受人天果報，終不能知涅槃實際，此即名為陽焰。

譬如衆生希望離苦得樂，不思護生，反害有情，恣縱口腹，遂遭來世受人宰割身肉諸苦；又如衆生希望富樂，欲離貧窮，而不布施修來世福，反於此世欺詐衆生、侵三寶物，遂致來世貧無立錐之地，上無片瓦遮身，乃至三餐不繼，貧苦潦倒。又如古時宗教狂熱者，因其聖經主張：「凡不順從神的人，要加以剪除。」遂發起宗教戰爭，殺害無數異教徒，以此惡行欲生永恆不壞之天國；殊不知殺人乃是最大重罪，云何殺害衆多有情而得善果生天？斯名邪見。修解脫道者亦復如是，以所知障故不明實相，以空明覺知心為果地心，墮於常見，故以此心而自盲目追逐與此心相應之有境界法，執為實有；密宗古今諸師率多如是自墮妄心妄覺境界，執妄為眞，背棄涅槃清淨妙心，追求定境及與神通等有爲法；若能修得靈知心不起妄想語言，便道靈知心已達空明之境，便宣稱能住於空明之境者即是證得根本智；復以此心觀想思惟，以離語言文字之思惟所得，謂爲後得智；錯會佛法乃至於斯，令人感嘆！而實此心所相應之一切法，悉是有爲生滅之法，密宗諸師以無明遮覆故，認此爲眞，遂傾力修定修諸神通，盲目追逐此心相應諸法，皆如渴鹿追逐陽燄，不曉其幻。凡此皆因不明實相，無明障覆，生於渴愛，追逐陽燄，死已方知不免輪迴；而生前狂言已得根本及後得智，大妄語成，不免三塗重報；哀哉密宗諸師！不知伊於胡底！

大慧菩薩憫諸敎內敎外墮於常見諸人，乃以此偈請佛開示陽燄之眞相，令諸有情了知其幻，漸入實相。

諸智有幾種？幾戒眾生性？

疏：智慧總有二類：世間及出世間。一切外道亦言得離生死，永恒不滅，而實未解出世間智。世間智者舉凡資生護生、嚴持五戒、修十善業、證知四禪八定等，皆名世間智；及與外道所言涅槃及其衍論，悉名世間智。藏密四大派古今諸祖所言涅槃心，悉墮五現涅槃之中，佛於《楞嚴經》中說爲外道；不論其定境及神通境如何高強微妙，悉名世間智，不離三界有爲生死法故。

出世間智者廣有多種，略說有三：一切智、道種智、一切種智。一切智具十智：世俗智、法智、類智、苦諦智、集諦智、滅諦智、道諦智、知他心智、盡智、無生智；此十智函蓋漏與無漏，以世俗智通三界四禪八定有漏法故。三乘無學俱解脫者悉有一切智。慧解脫二乘聖者悉有十智之九，於無生智或有或無，鈍利根有別故；大乘法中已明心之菩薩慧解脫無學，必具十智，慧強根利故。

一切種智唯佛具足，了知一切有情諸心心數法。此智函蓋大圓鏡智、平等性智、妙觀察智、成所作智，一切法界體性悉已具足了達；具足人法無我。分段生死諸法及斷分段生死之一切智，變易生死諸法及斷變易生死之一切種智，悉皆具足了知，故名一切種智。佛以一切種智故，名爲一切智者，非三乘無學之所知也。

道種智者地上菩薩方得；大乘佛子以明心故，般若正觀現前，初得大乘無生智忍，此名法智，唯知般若空之總相，不解別相；般若經六百卷所說，乃依般若空之總相而說別相，悉唯法智類智，未及種智。佛子以般若中道觀之總相別相爲基礎，方能修學一切種智；若未明心證眞，不能體驗如來藏之運作，則不能證驗一切種智，唯能依唯識名相，於外門熏聞一切種智。佛子若能證驗種智，證驗八識心王之五法三自性、七種性自性、七種第一義、二種無我，深入現觀諸法無我，雙觀諸法空相及空性實相，發起一切種智之少分智慧，名爲道種智；斯則名爲初地菩薩，非二乘愚人及凡夫異生所知，亦非明心見性而不學種智之禪宗祖師所知；唯有證悟如來藏後，隨眞善知識修學一切種智者，方能發起道種智而入初地，方知初地道種智之智慧。

「幾戒衆生性？」此問戒有幾種？衆生根性復有幾種？世間宗教悉有戒法；鬼神信仰亦復有戒，如諸禁忌即爲其戒，雖無明文規定，信徒奉行不犯。道教依其宗派不同，亦有各種不成文之戒禁，由諸神降乩宣說，信徒筆錄奉行。一神教亦有經典說戒，譬如十誡。各類外道邪戒極多，各有立論根本，故有牛戒、狗戒、雞戒、水戒、火戒、常蹲不坐戒、常立不臥戒、狗吠之家不乞食戒、有蠅之家不乞食戒、常舉手戒、食自落果戒……難以盡述。凡此正邪諸戒，皆因衆生根性差別而異其戒；率多取相爲戒、非戒取戒乃至取於邪戒者。

於佛法中亦有諸戒不同，因於衆生根性差別及修道過程有異而有差別。取相戒者，如在家五戒、優婆塞戒、沙彌戒、沙彌尼戒、式叉摩那戒、比丘戒、比丘尼戒、菩薩戒；亦有一日齋法，如八關戒齋，爲來世出家求解脫果而作因緣。

於諸取相戒外，復有非取相戒者：初如佛始成道，不即制戒，依過現諸佛偈爲戒：「諸惡莫作，衆善奉行；自淨其意，是諸佛教。」初創僧團悉以此偈爲戒。後因僧衆漸多，良莠不齊，多有不如法者，乃因事漸制，遂有取相戒法漸制漸廣；然於初期未嘗取相制戒。次如定共戒：以諸佛子修定有成者，依其定境修證，分別能伏欲界貪、色界瞋、無色界痴，故依定之有漏功德不違佛戒，不依佛所制定戒相而持。三如道共戒：三乘弟子以見道修道故，依見修道無漏功德受用，自然不犯佛戒，不取佛戒。是名三種非取相戒。亦依有情根性差別而作用有異。

五戒者：在家之人於三皈時，或受滿分戒，五戒俱受：不殺生、不竊盜、不邪淫、不妄語、不飲酒。或受多分戒：三戒四戒而受。或受少分戒：一戒二戒而受。此五戒者前四爲性戒，犯者不唯得戒罪，亦須未來世中受彼性罪果報。若不犯者，能生持戒功德。若不受戒而犯者，雖無戒罪果報，仍須受性罪果報；如惡意殺人者必下地獄受苦，苦盡返生人間，尚須於緣熟之時，意外枉死於被害人手中。不飲酒戒唯佛教回教有之，此是遮戒，遮止有情飲酒亂性而犯前四重戒；若犯此戒而不犯前四者，無有性罪，唯有戒罪，受戒罪違犯果報。持五戒不犯者得保人身不失，來世具諸福德果報，亦名世間戒，於佛法中亦通出世間戒。

此外復有解脫戒：佛子出家已，若是女衆，須先受式叉摩那戒一年，名爲近住女，觀察有無身孕，一年滿已圓頂，受沙彌尼戒。男衆出家已，名爲近住男，受學戒，以八戒持；一年滿已圓頂，受沙彌戒。次第再受比丘或比丘尼戒，比丘戒爲聲聞戒，共二百五十戒；比丘尼戒亦爲聲聞戒，約五百戒，須持六和敬。出家戒以求取解脫果爲主，又因其已廁身三寶之列，不禮不依在家人。

在家出家佛子若有菩薩根性者，不欲獨善其身而取涅槃，能發菩薩清淨大願，盡未來際自度度他，乃至成佛亦不捨大願者，佛為建立別解脫戒：菩薩戒。此戒唯大乘佛子能受能持，大乘比丘比丘尼多有受聲聞戒已，復受菩薩戒者，是則名為出家菩薩。出家菩薩持戒者，以菩薩戒為主持，聲聞戒為副持，故為一切人天應供，心量廣大深遠故。

聲聞戒者唯人類之諸根具足者方可受之；菩薩戒則異，根不具足者，乃至二根、黃門，畜生能解人語者，以及天神鬼神等，悉皆能受，非唯人受，故稱別解脫戒。

菩薩戒有一生受者，如《菩薩優婆塞戒經》之六重二十八輕戒。餘皆盡未來際受，生生世世隨於學人乃至成佛，不失戒體，故一受永受，無有捨法，非如出家聲聞戒之有捨法。盡未來際受之菩薩戒，其戒相或增或減，大同小異，各依不同戒經而有小差別，依據經律為：《菩薩瓔珞本業經、梵網經、地持經、瑜伽師地論》。

菩薩戒以心爲戒，非如聲聞戒以身爲戒；戒相雖因依據經論而有小別，然依精神主旨而論則無差別，故可歸納爲三聚淨戒：一、攝律儀戒－盡未來際受持十重戒，永無違犯；二、攝善法戒－盡未來際修學一切善法，於一切深經及所未聞法，無所畏懼，無有一善法不修學者；三、饒益有情戒－以四攝法饒益有情，救度有情置於佛法之中。若有佛子欲求成佛而不受菩薩戒、不依止菩薩戒者，無有是處。

誰生諸寶性？摩尼眞珠等？誰生諸語言、衆生種種性？

疏：有外道言：摩尼眞珠等一切諸寶體性，皆是造物主所創造。復有外道言：諸寶皆是自然性，非主所造。復有外道言：一切諸寶皆因緣成，以自然中有諸寶性，施以輪繩打磨及與養殖人工，故有摩尼眞珠等。然於佛法中說，一切皆是衆生本心共業種子所生業力所感而有寶性，非唯自然，非因緣有，非有作者能作。衆生不解一切種智，私心揣度，生不如理作意之思惟，故起種種謬論。

如前所述，語言者必須先有顯境名言－空明覺知心能於一切五塵境中，及於五塵所生諸法之中領納法塵，爲欲向人表達自身所受五塵及法塵，遂有表義名言－藉音聲文字之共同施設而表達意思，能令受者領納吾人之意思。是故語言依於了境而有，若離見聞覺知，必無語言。八識心王之與語言相應者唯是意識，亦即錯悟者所執之空明覺知心；此心之審察了別功能極勝故，能施設語言文字表義；第八識離見聞覺知，於六塵境無所了別；末那雖然恒審思量，若離空明覺知之意識，亦無所能爲，其慧微劣，唯於俱生我執法執相應，於六塵中無了別性，故非末那能生語言；前五識之了別性雖勝末那，而不起我執法執，爲意識所用，而其了別性各有界限，不似空明覺知心之遍六塵界，是故無能生諸語言。故知能生語言之心乃是意識，能解語言之心乃是意識，故知空明覺知心非是言語道斷心行處滅之眞心。

語言文字既不離意識而起，則必依於有情靈知心於六塵境中之領納覺受，而由同一群聚之有情共同約定立義：某音爲某義，此音爲此義，彼音爲彼義；約定俗成而語言生。語言生已，復因人際演變而有改易，非有永不變易之語言。文字則依語言而設，施設某字代表某音某義等，文學因之發展成立。不同聚落而久無往來者，則各自形成不同語言文字，皆依地域隔絕、種族差異而有種種語言差別。

衆生種性亦復差別萬種，然於佛法可分五種：聲聞種性、緣覺種性、佛種性、無種性、不定種性。此諸種性前三雖定，而由熏習亦能轉變；譬如二乘種性有情，聞佛說於唯一佛乘時，亦有於後後際能迴心大乘者。無種性者名一闡提，謂斷善根人，然一闡提人或時以佛慈力故而生善根，故無絕對之一闡提人。是故衆生種性各各差別，而非絕對。

明處及伎術，誰之所顯示？

疏：明處者謂五明也。五明之學略分爲二：外論及內論。外論者謂因明、聲明、醫方明、工巧明；內論者謂內明也。內明者謂有情身心之法界實相，總括三乘菩提。然內明聖者欲敵外道邪論，須學外論四明，方能制敵機先，摧邪說而顯正理，故《地持》云：「菩薩求法當於何求？當於一切五明處求。」

菩薩求因明之學者，爲破邪論，以安立正道，非爲好樂言說論辯也。若爲廣益有情，但傳慈氏菩薩《瑜伽師地論》而廣說之即足；然於末法邪說橫流，滲透佛門皮肉骨髓、牢不可拔之際，若有內明菩薩勇發大心，暫欲匡正佛門頹綱，必須勤學因明，覃思精研，復立規矩，而後綱馳目張，函蓋一切外道邪說，逐一破立，則諸邪說必漸銷聲匿跡，非爲善辯而求因明之學也。

因明之學，以宗因喻而爲破立。先建立宗旨而破外道，復述其因以爲明證，後舉諸喻而證宗因之實。隨復立宗以述自家之旨，次復敘述自家宗旨之因以爲明證，後舉諸喻而明自家宗旨之正眞。是則因明學之大略也。若人誤會般若中觀，學彼應成派諸中觀師不立一法而破他人者，悉皆不免因明學者之所破也；唯有證悟如來藏者能入中觀，彼應成派中觀師雖於他人言處而能隨應取破，所向無敵，而猶不免證悟藏識者之破立，何況證悟者復以因明之學而破立之？是故菩薩欲通因明之前，當先精通內明；此則必須勤求證悟藏識，了知藏識中道眞義，而後方能眞通因明，否則所立宗因及後說譬喻，不免偏邪，雖通因明之學，而猶難免內明菩薩及應成派諸中觀師之隨應取破也。

因明學已，菩薩復學聲明，則通論辯及爲人宣說宗旨；醫方明及工巧明諸理，不唯能益自身，亦得利益有情，復能作爲因明譬喻之用，是故菩薩內明通已，當通外論四明，不唯能弘內學，亦能摧伏邪說，建立佛法於不敗之地，如此菩薩無可譏嫌，世所應供，眞佛子也。

伎術則由五明而生，若離五明之智，不唯外論四明不生，乃至出世間法之內論內明亦不能生；以阿賴耶與五明不相應故，以五明是法處故，唯意識與法處諸法相應故。故知空明覺知心—意識—乃是五明之處，法處乃是五明之處，餘識餘處皆與五明不相應故。譬如空明覺知之意識心滅已斷已，甚至知覺亦無，云何能起五明之智？故云意識與法處乃是五明智慧依處。

然依意識之俱有依而言，則五明依處實爲有情之本心也。何以故？以空明覺知心必依六塵相分及自身之見分方能起五明之智故，而其見分及相應之相分悉由阿賴耶所現故。譬如悶絕、眠熟、正死位、二無心定中，意識不能現起，則五明之智隨之不現，以藏識中之意識種子未流注於意根故。譬如正死位，以五根壞捨故，藏識不能藉五根所攝五塵而現內相分，以藏識內相分不現故，意識不能現起，五明之智隨之不現。而彼意識見分及內相分，悉由藏識所顯；若離藏識，尚無意識見分，何況能依相分而現五明之智？伎術亦復如是，既依五明而有，亦必輾轉依於藏識方顯其用；是故狹義而言，明處及伎術皆依空明覺知之意識心而有；若依廣義及究竟說，明處及伎術悉依藏識方得顯示。

伽陀有幾種：長頌及短句？成爲有幾種？云何名爲論？

疏：世尊說法廣及五乘、三界九地，深及一切種智甚深智慧，函蓋世出世間法；爲免時久遺漏忘失，遂有伽陀。伽陀譯爲諷誦偈頌，以諷誦之法記於心中，欲說法時隨誦隨說。伽陀略爲短句、長頌、重頌。短句多爲以偈提示主旨，以短句之主旨敷演即成長頌，長頌亦是經文之一種方式；長頌或經文演畢，恐聞者忘失或未眞解，遂復以偈重新頌之，名爲重頌；重頌乃重複經文之義，亦有將重頌別於伽陀之外，稱爲祇夜者。

短句有時用爲總持，以貫諸經；如四阿含諸經之首，往往有短句，將數經之經名編爲四句偈；以四句偈之經名而貫串之，便使此偈所編之經不致因時久而忘失，故此數部經前共有之短偈，亦名總持；總持諸經故。

此外，偈頌語句亦有長短之分；有以三字四字為一句者，有以五字為一句者，有以七字九字乃至十二字為一句者；是故偈頌亦有句逗長短之別，而多以五字七字為一句者。此諸伽陀者，即是聲明之法也。

「成」謂圓成實性，亦即眞如之體性，於一切種智中說為圓滿成就二空之眞實體性。前面所說七種眞如，即是圓成實之七種體性。此圓成實性，莫依名相宣說，應依藏識宣說；謂圓成實性是藏識之圓成實性，非應成中觀師依於五蘊十八界名相遮遣所說者；若離空性藏識而說圓成實性者，此人不解中道，名為未見大乘道者。

圓成實者亦顯二空正理—人我空與法我空。於五蘊十二處十八界中尋覓不滅之我而不可得，蘊界處悉皆緣起緣滅故，暫時有我，非眞有一不生滅我。而蘊處界皆依藏識之圓成實性而起，不論有情造何種業、須受何種報，藏識皆能依其業緣而使來生異熟果報現起：地獄業受地獄苦報，天道業受天界樂報，人道業受人間苦樂參半之報，悉能應現而無錯謬，使其來世之靈知心受於六道五趣之報，藏識能使有情依其業緣而現異熟果報，名爲圓成實性。而藏識於其所生現世或來世之異熟果中，不唯顯現蘊界處之有爲空相，亦於蘊界處之空相中，顯現其離見聞覺知、不作主、不貪不瞋、無我之空性，於蘊界處之無我空相中，顯現其能生蘊界處之無我空性，此即圓成實性之人我空。

於蘊界處中能顯三界九地萬法，亦顯四聖六凡萬法，三乘菩提悉皆不離蘊界處所生萬法。然萬法須依根塵觸及八識心王而起，八識心王之前七識復須依藏識而起。悟證藏識者依於萬法了知緣由，證知萬法皆非孤起，悉依藏識爲因、根塵觸爲緣，方能現起；三乘菩提之覺證亦復如是有因有緣方能證知；乃至初地菩薩所證八識心王、五法、三自性、七種性自性、七種第一義、二種無我諸法，亦復不離藏識因及根塵觸緣，以此得入無生法忍。探討此等諸法，皆唯空相，念念變易，眞實無我；而能生根、塵、見分、相分之藏識，雖能依彼而生萬法，於萬法中隨緣應物，而自不動本心，不貪不瞋萬法，一向遠離見聞覺知，不受四受，於萬法中一向不起法見我見，故名法無我。藏識以能圓滿成就及顯現諸法空性與人無我性，說名圓成實有二種：人空與法空圓成實性。

藏識雖具圓成實性，體性清淨，無我我所，然依修證之不同，其中所藏種子各異，故又分爲三種：阿賴耶（執藏識）、菴摩羅（異熟識）、眞如（無垢識）。一切凡夫異生之藏識，悉皆具此三名。

阿賴耶識云何名爲藏識？謂其執藏三界九地生死輪轉之業種，故名藏識。由諸無量數有情藏識所藏共業種子，而有此一銀河系之廣大世間誕生，而有衆生住於此一銀河系中受報以及造業，是故藏識乃是宇宙之第一因；十方三世一切世界於無盡虛空中之成住壞空，皆依藏識中之業種感應而幻起幻滅，皆非自然，非無因起，非無因滅。藏識因於凡夫異生乃至有學位聖人之階段，皆尙有執藏三界生死業種之體性，故名阿賴耶。此識於生死輪轉中，現起前七識受諸苦樂，而自身遠離見聞覺知，不受苦樂，無我我所，本性清淨，於遍計執及依他起性中，顯現其遠離能所清淨無我之中道體性，此名藏識第一圓成實性。

佛子以證悟藏識而體證其清淨體性故，轉依其體性而修正五蘊七識之身口意行，歷緣對境漸斷一念無明四住地煩惱，由是藏識斷其執藏三界煩惱之功能，則三界九地隨業受生之業種除盡，具足證得解脫果而成無學聖人，名爲菩薩阿羅漢；若依聲聞法而斷盡五下五上分結，證解脫果，名爲聲聞阿羅漢。此位佛子以斷三界業種執藏性故，其藏識三名，捨阿賴耶名，唯餘菴摩羅（異熟識）及眞如（無垢識）二名。此謂藏識依六識之依他起性而斷末那之遍計執性，能證無餘涅槃，此名藏識第二圓成實性。

菩薩證解脫果已，未具證大菩提果，乃以破參證眞之見地，修入初地無生法忍，地地分破無始無明，分分斷除菴摩羅識之變易生死及異熟果之體性，藉第八識之異熟果體性，而以無相悲願繼續於三界中受生，漸漸達於佛地。於最後身菩薩位成究竟佛時，斷盡識種之自心流注，變易生死斷盡，第八識中永無異熟果種，具足圓滿大菩提果，則其第八識復除菴摩羅（異熟識）名，唯名無垢識眞如。此謂藏識依六識之依他起性，而於八識心王所生一切法中，能斷盡塵沙惑及變易生死；藏識本具此功能性，名爲藏識第三圓成實性。

此諸正理，極爲難了，二乘聖人之所不知，唯利根大慧之菩薩能知；七住明心證眞，十住眼見佛性，尚且未知，須進修一切種智方能知之；然欲進修種智者，須以明心證眞爲基礎，方能觸證八識心王諸法，否則修學種智者，悉皆外門熏習，無能內證。而此極甚深、極了義之法，七住明心證眞之後若不從眞善知識學，猶不能知，何況二乘無學所證菩提不明本心、不知實相，云何能修能入無生法忍？

而明心證眞一事，苟無眞善知識接引，難逾登天，是故一切外道人天二乘無學皆悉不知，何況一切種智妙理，云何能知？譬如一類外道，說言吾人身心皆由一造物主所造；於此復生一疑：「吾人由造物主所造，然則造物主是誰所造？」若再推之，則造物主之創造者又係誰之所造？以此推之，則有無窮之過。若云造物主是本來自在，非由誰造；則吾人理當亦可本然存在，不必由祂創造，理必如此故。而造物之神自身亦同吾人，各自皆有生命本體從來不滅故永不生，而造物主自身亦未能知，因此不知彼與一切有情平等平等，乃妄自尊大，欲降伏一切人間人類，妄說彼爲一切之主。明心證眞之法智類智，彼尚不知，云何能知能了地上菩薩所修一切種智？故知一切種智妙法，難修難學難聞，爲衆生說者亦復甚難，少諸利根善根佛子故，是故佛亦不常說之。

又譬如《解深密經》中佛云：「阿陀那識甚深細，一切種子如瀑流，我於凡愚不開演，恐彼分別執爲我。」阿陀那者阿賴耶識也。佛子明心證眞—覓得阿陀那識，非是易事，以阿陀那識行相深細，慧根不利者皆覓不著，索性假藉考證佛經之名，予以否定，謂此第八識乃是佛之方便說法，非眞有此識，遂成誹謗三乘根本正法之大罪。

然菩薩證得第八識後，方知此識本體不滅不生，而其中有諸業種識種及相分種，其數無量無邊，生滅流注永不間斷，猶如瀑流洪波洶湧，無窮無盡。以此一切種之內涵甚深極甚深，故初明心證眞之人，聞之猶有不解者，何況未明心之人而能聞之即解？是故佛於未悟凡夫及二乘有學無學愚人，悉不爲彼開示演說，唯爲菩薩明心證眞者說之。是故佛亦感嘆：「我若說爲眞，其奈帶持種子；種子不斷，悉將隨波逐流，輪轉生死。我若說爲非眞，衆生必將向外馳求，心外求法。」故云：「眞非眞恐迷，我常不開演。」凡此皆因宇宙生命本體之實相—第一因阿賴耶識及其所藏一切種，究竟了義甚深難解，是故雖有長頌短句，仍未足以弘傳詳盡，故佛必須施設言論及重頌，反復宣說。乃至佛涅槃已，衆生去聖日遙不解佛意，諸說紛擾，令諸佛子無所適從，菩薩遂造諸論以明佛旨，裨益佛子早入內明之境。

三世諸佛爲一大事因緣而生人間，此一大事者乃是眞如佛性一切種智妙法。尤以此界有情剛強難化、信慧不具，復缺福德，難令悟入無上妙法；佛觀因緣，乃設五時三教，次第而說，由聲聞小法引入大乘般若類智，後乃引入一切種智妙法，故佛最後說諸如來藏系唯識經論。

然於末法之際，必有天魔化作比丘像，出家受具之後，住如來家，食如來飯，說如來法而破如來根本大法—否定佛說有如來藏，謂爲佛之方便說法，實無如來藏。故於末法之中弘法者，亦須略通因明之學，以之破邪而顯正理。是故菩薩造論摧邪顯正，維持根本大法不墜，以之護持三乘諸法，令諸外道人天不能破壞。

云何生飲食、及生諸愛欲？云何名爲王、轉輪及小王？云何守護國？諸天有幾種？云何名爲地、星宿及日月？

疏：佛云一切有情依食而存，無食則無命根。食有四種，三界九地有情悉不離此。欲界有情同有四食：摶（團）食、觸食、意思食、識食；摶食者謂食物具有形色，可分段分聚，欲界食之，以爛壞爲相，方得成就食之作用—長養命根。欲界有情食摶食時，兼有觸食、意思食、識食；謂欲界有情食摶食時，觸諸五塵境相，長養命根生於觸諸法欲；又前六識一旦現起（醒後），隨於六塵追逐不捨，長養熏習後念六識種子，欲於一切法塵中常能了知，不肯滅除靈知，執著靈知心爲眞，背涅槃性，是名觸食令諸有情輪迴生死。

意思食者以心生希望爲其法相；謂有情不了六塵境皆唯自心如來藏所現，執有漏法爲眞，以爲摶食色香味等實有，而起希望貪著；於六塵境亦復如是不了其幻，思欲和合，於中纏綿，希望永住三界九地之可愛境中，能長養意識靈知於中貪著，名爲意思食。

識食者謂阿賴耶識於三界九地輪轉諸法之種子等，具有執藏之體性，以執藏性爲識食之法相。謂欲界有情食摶食時，長養七識及諸煩惱種子，以此熏習故，令阿賴耶識之執藏體性增長；於摶食時如是，於餘六塵諸法亦如是，使阿賴耶以此執藏體性不滅，長養阿賴耶執藏輪迴三界之功能，故於捨壽時復生中陰受生五趣，名爲識食。

欲界有情俱有四食；上二界有情唯有後三，隨其所住定境，令前六識或現或斷而定有無；人間三乘無學已斷四食，爲度有情故留命根、現有四食，而實已斷。以欲界有摶食故，以諸飲食資養命根。

欲界世間有情以處五塵境故，漸生愛欲，皆因往世欲習貪著未斷所致。至於男女欲之滋生，前已略述，茲不重複。於五塵境界之愛欲，不易斷除，此唯三乘諸三果向之有學聖人所斷；凡未見道之人修得四禪境者，皆唯伏而不斷，於後後生，必於退失定力後復起，故四禪境不足爲恃，三乘見道方可依歸，不久必斷愛欲故。

「云何名爲王？轉輪及小王？」世間人王初有之時，權力其實不大，如諸部落酋長。初始之時亦無酋長，乃因群居之時不免利害紛爭，各執一詞；遂於衆中挑選壯碩有德聰明有智之人作爲仲裁者；時久沿襲，約定俗成，遂成具有權柄之酋長。若酋長有大力者，領諸屬民征服諸餘部落，即成小王。若復征服多國，廣有領土軍隊，遂成大王。世間諸王由此而生，故多世襲。

轉輪王者有其四種：鐵輪王、銅輪王、銀輪王、金輪王。鐵輪王王一天下，銅輪王王二天下，銀輪王王三天下，金輪王王四天下；金輪王乃至能以金輪寶而升忉利天，會見忉利天主。轉輪聖王有七寶：金輪寶（或銀銅鐵輪寶）、玉女寶、象寶、馬寶、主兵臣寶、主藏臣寶、摩尼珠寶。轉輪聖王以正法治化，不以邪法；其得王位，皆因往世親見諸佛，盡形壽供養所致；然以不見道故，多在外門修菩薩行，不入菩薩數，故成轉輪聖王。此二句偈請問世間小王、王及轉輪聖王之所由來。

「云何守護國？」守護國者非謂如何守護國土國家也。守護國者謂四大天王也。欲界六天中，最近人間者爲四王天；此天分爲東西南北四天，各有一大天王，常遊行人間，秉忉利天主之命，案察人間善惡諸事。若有人王行諸善法，供奉忉利天主（玉皇上帝）及四大天王者，即爲其所護，故名守護國。

此四天王隨所巡察人間善惡諸事已，稟於忉利天（三十三天）天主；若人間行善者多，造惡者少，諸天額手稱慶：「天衆行將日盛，修羅衆行將日減，快哉！」若人間造惡者多，行善者少，諸天扼腕唏噓：「悲矣！天衆行將日滅，修羅衆行將日增。」此謂四天王天及忉利天之三十三天，俱皆守護善法國土，若有人王正法治國，或有行善學佛者衆多之國土，忉利諸天及四天王天等諸天，悉皆守護彼善法國土；俗謂護國天王者即是此也。

「諸天有幾種？」天有二類：有德天，無德天。有德天謂諸天，無德天謂阿修羅。阿修羅天常欲與欲界諸天共戰；以常布施而喜怒不定，道德有虧，故其果報無酒可飲，亦名無酒；以常布施而有福故名爲天，然因德闕故名非天。又阿修羅非僅天道有之，餘四道中亦皆各有阿修羅。

復有三類：欲界天、色界天、無色界天。欲界天有六，色界天有十八，無色界天有四，共爲二十八天。其中欲界第二天名爲忉利天，此天又分爲三十三天，中天天主爲玉皇上帝，經中名爲釋提桓因，或名帝釋。東西南北方各有八天，各有天主，此諸天主即是道教中之諸多天帝上帝。此天諸天主之果位，乃因迦葉佛入滅時，有一女起塔供養迦葉佛之舍利，餘有三十二女人見此善行功德而往助之，乃成舍利寶塔，此三十三女後時捨壽，生忉利天得爲天主，遂分彼天爲三十三天。

欲界第四天分為外院內院，內院現由當來下生彌勒尊佛掌管，每日說法，以俟人間緣熟之時降生成佛，故名彌勒內院。欲生六欲天受樂者，當行十善業道，其願可成。

色界天乃修得初禪乃至四禪之人所往生處。無知見之外道常見論者，錯以四禪中之微細了知心滅而不起以為涅槃，不捨色界天身，遂入無想定中以為滅盡定；此類人捨壽便生四禪中之無想天，無想天中無思無知無想，壽命最長者可達五百大劫。一旦知覺現起，立即下墮，繼續輪轉生死；若生天之前有餘惡業未報，此時便受畜生餓鬼之報；生天之前無有惡業果種者，此時方得復生為人。以生彼天者不造福慧諸行，純受定福，福盡復墮人間，故名客天。

色界十八天最高者為五不還天，下四天為三乘之三果聖人所居。其第五天為色究竟天，釋迦牟尼佛之莊嚴報身盧舍那佛，今現在彼天天宮說法，人間之地上菩薩捨報得生彼色界頂之天宮中，聞報身佛說法。此天已去，皆無色身，名四空天，皆無色界攝，修得四空定之人所生之處也。

「云何名為地？」地者名為承載，能載一切有情衆生，使之安住。地亦名住，使有情衆生得依之而住。地復名爲能生，能生有情，及生有情資生之物。以此三緣，說大地爲有情衆生之母。

於佛法中亦復如是，令諸有情了知三界之中總有九地，地地皆是有情身命安住之處，故名：欲界地、初禪地、二禪地、三禪地、四禪地、空無邊處地、識無邊處地、無所有處地、非想非非想處地，是名三界九地。

菩薩若入聖種性中，亦有十地：初歡喜地、二離垢地、三發光地、四焰慧地、五難勝地、六現前地、七遠行地、八不動地、九善慧地、十法雲地。諸地境界能載菩薩，令其安住，並能生長諸功德行，使諸菩薩依之漸次升進而至佛地，故名爲地。

又佛法中亦分諸地：譬如通於外道凡夫之三界九地，五識相應地，意識相應地，意根相應地，阿賴耶相應地；不通外道凡夫之聲聞地、緣覺地，菩薩法中不通凡夫外道及二乘愚人之菩薩地，以及不共一切佛子之究竟佛地。以能令法安住，及能令法生起，復能生諸功德，故名爲地。

「星宿及日月？」星宿及日月不斷運行，除天文學家外，一般人少有注意之者。乃至無智之人有時訶云：「太陽月亮是否存在運行，與我無干，何須大慧菩薩多此一問？更何況問及諸多星宿？不預我心！」

佛子當知：日月運行，與一切人間有情息息相關。日焰若熄，則無白天，生活諸多不便；人間亦必天寒地凍，植物不能生長結實，亦不能行光合作用，吾人亦當無有空氣可供呼吸，若無暖氣，氣體不能生故。是故太陽之運行及其是否正常，關乎人間有情之生命財產至鉅。

月亮之運行，亦對人間造成極大之影響，然不如太陽之強烈。譬如明月可供賞玩；亦如明月之引起潮汐漲落，導致海岸生態之變化，此皆人人可知者。然彼明月於人間之生態影響，仍有許多不爲人知之處，非無關連。

至於十方虛空之無量星宿，距離吾人遙遠，動輒以光年計，似與吾人無關，而實不然。近者如火星水星，於太陽熱能漸減之際，將可能漸漸降低溫度，變爲植物可以生長之環境，適宜有情居住；而此地球將因天寒地凍，植物不生，一切有情終將死亡，轉生火星水星，故其存在非與吾人無關。木星等世間，亦有可能於前諸小劫中曾爲吾人生活之空間，只以現今之科學無力探索之爾，非可謂爲無關也。

至於宇宙間，十方虛空無窮無盡之星雲世界，亦必悉皆如此銀河系世界，有諸有情於中生老病死；不得謂宇宙中僅有此一銀河系之此一太陽系中獨有吾等有情，而不許有他方世界亦有有情衆生，否則即是眼光偏狹，智慧淺薄；便如一神教之造物主可以本來自在，而不許其他有情亦可本來自在；皆是偏狹淺薄之人，不足與語。

既然十方虛空無窮無盡，世界國土不可限量，則必構成十方諸佛世界之互動，依於衆生業力、願力、修道力，及十方諸佛之通願別願，而使有情死此生彼、死彼生此，互相關連。又諸星雲漩系於虛空中之運轉，互有引力相互牽制，非全無關連，然以其整體之引力作用微細，非如月球於此地球引生潮汐之明顯，致使吾人不易覺察而已，非無關連。此諸現象境界皆因宇宙中無量無數有情共業所感而成，非無因而現，故非吾人淺智所知，大慧菩薩以此請佛開示。

解脫修行者，是各有幾種？弟子有幾種？云何阿闍黎？佛復有幾種？

疏：於此人間有諸修學解脫道之行者，各各自謂能證解脫、永生不死。下焉者殺害有情以爲牲禮，欲求天帝保其長生不死；中焉者練氣練丹服藥，欲求長生不死；上焉者行諸善法，欲求死後生於天國永生不死，或修四禪八定及諸神通，欲求免其生死，自謂已能出神往至他方世界，便認已離生死；悉皆不解修斷煩惱障之理，亦復不解天國之不免水火風災所壞之理，欲求解脫，無有是處。是故塗灰事火諸種外道出於人間，六十二種外道、九十六種外道，悉皆出於不如理作意思惟所得之邪見；依於邪見故，解脫修行者其類雖多，無有能離三界生死者。

唯有佛法之中，實有修行解脫者。謂佛法之中修學解脫道者有其三種：聲聞菩提，緣覺菩提，佛菩提。

佛菩提者甚深難解，非諸福薄慧淺之人能知能解，何況能修？佛菩提且置，假饒二乘菩提之淺薄猶如螢光擬於佛菩提之日光，凡夫異生尚且少有能修之者，故佛以人天善法及五戒而度有情，令發善根；善根起已，方度入聲聞菩提，漸漸引入大乘，而非人人能入。是故佛法雖有五乘，人天二乘屬於世間，三乘菩提屬於出世間，能證解脫果，能出三界輪迴故。

若不依解脫果而論，世間亦有諸種解脫，修彼諸行之人亦得謂爲解脫修行者。譬如有人欲免失於人身、常能生於人間，則受五戒，奉行不渝，來世得脫三途之苦，是名於三途苦能暫得解脫。譬如有人欲免人間之迅速生死，奉持五戒之外復行十善，以此業緣生於六欲天，受諸天女服侍，五欲自恣，壽命長於人間，暫脫於人間生老病死苦。譬如有人求脫欲界天之無常及五欲束縛，修除五蓋，勤修未到地定，命終生於初禪三天，禪悅爲食，暫脫五欲縛。乃至有人欲免色界天之身縛，修伏色界煩惱，捨壽而入無色界，暫脫於色界縛。此諸有情修彼諸行成就者，多自以爲已得解脫。

最常見者乃是五現涅槃邪見，皆是常見外道法。例如藏密四大派諸祖諸師，悉以無妄想之靈知心爲涅槃心，謂靈知心修除妄想之後，住於空明覺知之中，謂此即是涅槃心，即是不生不滅之涅槃境，謂此即是涅槃，此即《楞嚴經》中佛斥外道五現涅槃之初也。復有執初禪境中之靈知心爲涅槃心者；乃至執四禪中之微細靈知心爲眞者，此名五現涅槃之第五邪見。此諸邪見所修得境，僅能暫時解脫下地之苦，非能離於三界輪迴，後後際中亦復不免下地諸苦，非眞解脫也。

以外道中修解脫者皆因邪見而起故，其種類可依不如理作意之差別而歸類爲六十二種或九十六種，故其弟子及阿闍黎各有六十二或九十六種，類別無出其外。

佛法中之解脫修行者有其三種：聲聞、緣覺、菩薩。聲聞緣覺二種菩提，悉依現象界之相空說。

聲聞菩提依於現象界而說五蘊、十八界、世間三界九地之無常、苦、空、無我，依此體驗現觀，斷盡三界貪愛而成慧解脫阿羅漢，謂一切法悉皆不離無常空相；然以不了法界實相故，雖能取證無餘涅槃，而不能了涅槃本際，知見同於斷滅空；以信佛語故，知無餘涅槃之中雖然無有意根意識，離見聞覺知而極寂靜，亦無知寂靜者，但有本際阿賴耶（改名異熟識）存在，非同斷滅，故以畏懼生死而捨自我、住於涅槃，不復受生於三界之中。

緣覺菩提亦依現象界之相空，而說五蘊十八界及三界九地諸法之緣起性空，謂彼於五蘊十八界中作十二因緣觀—此起故彼起，此滅故彼滅。復認三界一切諸法皆是緣起緣滅，體性是空，名爲緣起性空，皆依有爲三界諸法而說空相。辟支佛以現觀緣起性空及十二因緣而得緣覺菩提，捨報能入無餘涅槃，而猶不知不解涅槃之本際，同於聲聞阿羅漢之不知不解涅槃本際；以緣覺法悉依現象界之相空而說，不及法界之空性故。

菩薩則修佛菩提，於修佛菩提之前，亦如二乘學者先依現象界而現觀五蘊十八界之無常苦空無我，觀五蘊十八界之緣起性空，亦觀三界一切法皆有爲生滅、緣起性空，此即菩薩六住位聞熏般若後所修四加行也。而後熏習佛菩提正理—不離蘊界處之法界空性—一切法皆唯心所現，所取能取皆唯自心。於心眞理深入思惟，漸漸解知法界實相—如來藏妙眞如理，此即加行位世第一法之觀行；亦如二乘迴心無學知有涅槃本際而不能證，故而精進參禪，欲求破參以入大乘見道。

菩薩依善知識故熏習般若禪法，加功精進；一旦破參，覓得如來藏心，漸漸證驗法界空性之實相，依如來藏而現觀所取能取皆唯自心所現，本無絲毫外法可得；依此現觀漸除能取所取，便證無餘涅槃而不取滅度；雖不入無餘涅槃而能現觀無餘涅槃之本際，亦同二乘無學具足得解脫果，然此菩薩所得涅槃智慧及佛菩提，非二乘無學所能臆想；謂此菩薩不唯了知二乘菩提所證現象界之無常苦空無我及緣起性空，亦能了知法界實相之非有非無—空性如來藏—般若空；乃至能修一切種智而發起道種智，得入初地。二乘無學聖人無有能猜測其智慧者，若聞初地菩薩說法，如聾如啞，莫測高深；此謂佛菩提不唯函蓋二乘依現象界所修相空諸法，亦觸證法界空性—涅槃心之法界實相，不共二乘無學。故謂二乘證空，不證不空；菩薩證空及與不空，能了三乘差別；二乘無學則唯知二乘之法，於大乘所證法界空性，悉皆懵然，不知所趣。

以此故知：佛子中之解脫修行者唯有三種，亦即修學相空之聲聞緣覺菩提行者，及兼修相空與空性之菩薩行者，故有三種。以修學智慧之差異故，云諸佛子有三種弟子及三種阿闍黎，無有第四乘。故密宗諸派若依此三乘而云有金剛乘者，則是於佛菩提之上復加菩提，則成畫蛇添足，頭上安頭，則非佛法；

是故密宗四大派諸多密續（覺囊派除外），悉皆無能通過三乘菩提之檢驗，墮於五現涅槃之常見外道法中。

以此諸緣，大乘佛子修學佛法，尋覓善知識時，當先觀察：我所遇之師，爲是教授相空之法？爲是教授空性之法？爲是頭上安頭之金剛乘法？若彼所教皆是以五蘊十八界之無常苦空無我之法而授者，或以十二因緣及緣起性空之法而授者，悉名三界有爲法空相，名爲相空之法，斯則大乘佛子所不應依止者；若彼教授上開相空之法時，亦教空性如來藏法者，名爲教授空性之法，是諸佛子所應學者；若彼所教乃是五現涅槃之外道法，復於五現涅槃法上再加男女欲法，美其名爲無上瑜伽雙身修法之金剛乘法，一切佛子皆應遠離，不可親近。

而彼教授空性法之諸善知識，有親證空性如來藏者，有未證空性如來藏者；已證之人得入中道，未證之人不離斷常。彼藏密中之應成派中觀學者，悉皆未證空性如來藏；彼等否定有阿賴耶識，破斥如來藏之後，墮於斷滅論中；恐人譏彼爲斷滅論者，遂執取無妄想之靈知心（意識）以爲不生滅心，因此復墮常見外道法中；密宗月稱菩薩之《入中論》、寂天菩薩之《入菩薩行論》悉皆如是，皆非眞實證空性者，佛子若從彼諸應成派中觀師受學者，皆必墮於常見論之斷滅法中而以爲證聖，大妄語成，殊可憐憫。

今日台灣多有弘傳相空法之崇尚原始佛教諸師，墮於應成中觀錯謬思想中而否定如來藏者，彼等其實不解原始佛法；蓋因佛陀世尊早於四阿含中說有大乘、有如來藏、有菩薩、有佛菩提、有十方佛；彼等不解不證，隨於中觀應成派諸錯悟祖師言論而轉，破壞三乘正法根本，其罪遠甚於月溪之將外道法置於佛法中；穿如來衣，吃如來食，住如來家，說如來法而破如來法，而諸佛子迷於彼等著作等身，廣有名聲，不知遠離，反而推波助瀾，爲其張眼，助其加速破壞三乘佛法之根本—空性如來藏法，令人感嘆魔強法弱乃至於斯。爲此之故，末學乃著《眞實如來藏》一書，依原始佛教阿含經等證實如來藏之眞有非假；冀挽狂瀾於末法，欲顯慧日於娑婆；願諸佛子普具慧眼，知所抉擇。

「佛復有幾種？」此問佛之三身，謂佛有應身化身，依有情得度之緣而現化身，或數分鐘、或數小時而滅；有時示現應身，譬如盧舍那佛之示現釋迦牟尼佛，與有情同現生死飲食之身，方便度入佛法，現入無餘涅槃，故有八相成道以示人間，此等名爲應化之身。

盧舍那佛則是佛之莊嚴報身，現今仍於色究竟天宮說法，不可謂佛已滅；盧舍那佛分身八十億，於八十億世界示現應身而度有情；此界菩薩若已修入初地而有輪寶者，悉能隨時至色究竟天宮面見釋迦牟尼佛之莊嚴報身—盧舍那佛；若有人自稱能乘輪寶至極樂世界見佛，而不能隨意於此娑婆世界面見盧舍那佛者，悉是以其神通面見他方世界應化身佛，此人尚非初地菩薩，何況三地四地？若是戒慧直往菩薩，須至三地滿足方有輪寶及與五通，方能隨時面見莊嚴報身盧舍那佛及十方莊嚴報身佛。是故戒慧直往菩薩，於三地滿足之前，皆不能見報身佛，唯能見應化身佛。

佛之法身則是無垢識眞如，常樂我淨，能與二十一心所相應；於十方界之有緣衆生，隨緣赴感，靡不週詳。錯悟佛子不解佛地眞如方能與別境五心所相應之理，誤取空明覺知心爲眞，見道且無，何得自稱爲大活佛？月稱、寂天、蓮花生、宗喀巴等輩，於凡夫身中之阿賴耶識尚未能知，未是見道，何能知於佛眞法身？觀今全球密宗諸師，不論在家出家，迄未見有已入大乘見道位者，尚非別敎七住菩薩，何得尊爲活佛、法王？

此謂佛眞法身無形無相，乃是眞如。眞如法身與三大無量數劫前之阿賴耶識非一非異。因地阿賴耶識修除執藏三界有漏法種之執藏性已，捨阿賴耶名；復修除變易生死之種子流注，斷盡塵沙惑已，復捨菴摩羅名，無有異熟，方名眞如。一體三名，隨於修證層次差別而分別安立，實唯一心，非謂有三；故云現今異生凡夫身中之阿賴耶識，與未來三無量數劫後之眞如非一非異；是故佛子不應效法月稱、宗喀巴等人否定有阿賴耶識，不應效法當今某些導師之否定如來藏及十方世界諸佛，不應效法彼大乘中之二乘法師誣蔑極樂世界彌陀淨土法門爲太陽神崇拜。彼諸師等以未入大乘見道，亦不解二乘涅槃，故有諸多謬論；明爲弘揚大乘、回歸釋迦本懷，實則不解釋迦佛於四阿含中所說密意，故其所著諸書所說諸法，誤會大乘及與二乘，其實乃是破壞三乘妙法之根本；以其否定如來藏故。若無如來藏，三乘佛法所說無餘涅槃即成斷滅；若無如來藏，三乘佛法悉成戲論，釋迦佛即不須示現於人間、辛苦奔走說法四十九年，以同斷滅故，無因無果故；是故佛子應急遠離彼等所著諸書之邪見，以免成就

「破壞三乘正法根本」之重罪。

以上依佛三身，說佛有三種：謂應化身、莊嚴報身、眞如法身。此外依有情一心說有三身：前六識說爲應化身，一切有情悉能與悟者之前六識相感相應故；第七識說爲莊嚴報身，一切異生乃至初悟之人，悉皆不知不覺悟者及自身之意根末那識故，唯除已受眞善知識之教導者；第八識說爲眞如法身，一切凡夫異生及與二乘無學聖人，悉皆不知不解七住菩薩所悟眞如阿賴耶識故，說爲法身；此名依一心三身，說佛有三種。

復依藏通別圓四教判果，說有四種佛：三藏教佛、通教佛、別教佛、圓教佛。三藏教之菩薩地分入通教九地，九地圓滿入第十地，名爲三藏佛或通教佛；此二種佛，等別教初地；別教初地之異於見道七住者，後自當說。別教佛者莊嚴報身佛也，亦即圓教六即之究竟即佛也。

圓教佛者說有六種，謂六即佛也，詳見拙著《平實書箋》第一一一頁至一一三頁之略述，此不贅言。三藏教及通教之佛，布衣木食，菩提樹下吉祥草爲座；別教佛及圓教究竟佛皆是究竟佛，以莊嚴應身，於欲界六天現有錦衣玉食；亦如釋迦佛之莊嚴報身盧舍那佛，於色究竟天宮以禪悅爲食，七寶金剛爲座。此謂藏通別圓四教佛有異有同，說有四種佛。

復有幾種生？魔及諸異學，彼各有幾種？自性及與心，彼復各幾種？云何施設量？唯願最勝說。

疏：「復有幾種生？」此問三界六道中之三有四生、二十五有也。三有者三界有，謂欲色界之五蘊有，及無色界之四蘊有。三有中之有情，共有四種生：卵生、胎生、溼生、化生。卵生者依於殼卵受形而生，如諸鳥類及龜鱷等；胎生者依於母胎受形而生，如人及諸獸等；溼生者依水及卵受形而生，如魚蚊蝌蚪等；化生者不依父母精血，如於諸天中及地獄中忽然化現。此謂四種生也。

二十五有名爲二十五種生，謂欲界十四有，色界七有，無色界四有。欲界十四種生者，謂欲界有四天下人果報差別，此即爲四；又欲界中之畜生餓鬼修羅地獄，復是四有；合欲界六天之六種有，共爲十四有。色界七種生者，謂初禪乃至四禪天有四種有；其中梵王爲第五種有；四禪中之無想天異於諸天，爲第六種有；五不還天爲三果聖人及地上菩薩所居，名爲五淨居天，不同下地諸天，爲第七種有；合共有七。合無色界四天差別，共二十五種生有。

復有四種生：一謂佛出世時，一切佛子悉因佛口化生，聞佛說法乃成佛子故。二謂無佛之時依善知識生，依於善知識之攝受化導而悟入佛法，成佛子故。三謂無佛之時依佛遺敎諸經而生，參研遺敎悟入佛法而成佛子故。四謂無佛之時自參自悟而生，往世已曾聞佛說法開悟，今世以胎昧故自參自悟而成佛子。合此四種是爲佛子之四種菩提心生。

此外，幾種生者亦問佛於往昔因地行菩薩道時，或爲鹿王，或爲牛王，或爲鸚鵡，或爲兔王，或爲人王，或爲轉輪聖王等；於其中間與諸有情利行同事，受生無數，施捨身命亦復無數。又復多世爲轉輪王，盡形壽供養多佛而不獲授記等等事跡，詳見《佛本生緣經》可知也。

「魔及諸異學，彼各有幾種？」此問魔及外道各有幾種？魔者梵音魔羅，此土翻譯爲能害，能害諸善法功德故。魔有四種：鬼神魔、煩惱魔、陰魔、死魔。異學總有六十二、九十六見，皆因不如理作意而生邪見所致，佛子欲知其詳，請閱阿含或瑜伽大論可知，此不贅述；又諸異學歸納爲時、方、自然、作者（造物主）……等諸大類，後於經文之中自當宣說，勿煩先舉。

鬼神魔者，譬如天魔波旬率諸魔子魔女魔民，於諸邪見學佛人中，示以神通有爲法，或示以定境法塵；或示以世俗淫樂，譬如密宗「空行母、大樂光明、金剛勝樂、佛母（明妃）雙身至樂、喜金剛、嘛嚕嘎」等法，皆是印度教性力派思想滲入晚期印度佛教內而傳入西藏，密宗諸祖美其名爲無上瑜伽，謂此爲十地菩薩所應修者，謂修此法速能成就無上佛果；炫惑世人遂行貪淫，其實皆是羅刹鬼神欲食世人精氣故傳此法。

佛子若著神通及定境法塵者，往往爲彼鬼神魔乘虛而入，漸漸精神錯亂，死墮魔道；以缺正知正見，不知一切神通皆是三界有爲生死之法，無關解脫；亦與三乘菩提了不相干；若爲其所迷，從彼修學，來世便墮鬼神道中，成爲魔民，佛子宜有警覺。

復有鬼神魔，受天魔波旬之命，受生爲人，及長剃髮出家；住如來家，穿如來衣，吃如來食，用諸如來資財，說如來法以破如來法之根本；彼以胎昧故不自知是魔轉生，佛子若不具道種智或擇法眼者，多不能知，便大肆讚歎、鼎力資助，共成魔衆破法大業，反認爲是護持正法，殊堪浩嘆！

煩惱魔者，謂於三界諸法起於貪著，心不能捨。如諸世人於欲界五欲貪戀不捨，起諸煩惱；以自身之煩惱魔不伏不斷故，鬼神魔乃有機可乘。若人不起欲界五塵貪染，初聞密宗無上瑜伽喜金剛秘密灌頂修法，當笑傳彼法者愚痴，即便捨去，云何開門揖盜、引狼入室？云何令彼上師於我上下其手乃至兩兩相合？聲聞法之向三果人尙斷欲界貪愛，云何自命成佛之金剛上師卻貪欲界五塵？有智佛子略思即知，云何生迷？

密宗一切上師悉當速斷煩惱，遠離此魔，則不爲此邪法所惑；亦當挺身而出，於諸密續分別簡擇，回歸眞密。其或不然，縱得神通三昧等法，不斷心淫，死後皆墮鬼神道中，生爲魔子魔女，遠離正法，絕緣於三乘菩提之外。

若諸佛子乏正知見，爲慢所障，不肯親近眞善知識，貪於色界定境及諸神通境界，自命登聖及與出離，斯皆不離色界煩惱，仍未得離煩惱魔境；貪著四空定境者亦復如是，爲煩惱魔之所掌握。

陰魔者謂源於自身五陰而生之一切煩惱，《楞嚴經》中詳述源於色陰十種陰魔，受想行識四陰之中亦各有十。稍有不覺，墮於五十陰境之中，見諸奇異妙境，妄自以爲登聖，心生慢狂；天魔隨入，增其異境，炫異惑衆，造諸魔業，上焉者死成魔王子民，下焉者死墮無間地獄；佛子欲知其詳，逕閱《楞嚴經》中所說五十陰魔即知，勿煩贅述。

死魔者非謂別有令人致死之鬼神魔，乃謂修行者未離分段死及變易死者，方便說爲不離死魔境界，爲死魔日夜窺覷。

比見世間俗人，但有生兒育女者，便致歡喜莫名；忽見家中長老死已，便生苦惱愁憂。殊不知兒女生時，死魔亦隨形躡跡而至，無分先後；是故有生則必有死，長老之死，於其生時已定，非諸神通定力所能得免。欲免死魔境界者，唯有三乘菩提可依，佛子修之，漸漸可離。

末法比丘不知眞妄，錯認識蘊爲眞—執彼一念不生之靈知心爲眞；此心非是涅槃寂滅之本際，以此爲明心開悟，云何能脫分段生死？云何能取無餘涅槃？若有比丘具足四禪八定，但得入我法中開悟明心，即可以此大乘見道功德立出三界，超過分段生死魔之境界。若無定力之人，但得眞實悟明涅槃寂靜之本際—離見聞覺知之阿賴耶識，亦可於修得四禪之時捨身而入無餘涅槃；若是鈍根少慧之人，復修四空定及滅盡定，亦可隨時捨身而取無餘涅槃。若不見道，饒汝四禪八定及五神通悉皆具足，亦不能出離三界而取無餘涅槃，後後際中、終將失其定力神通，不免分段生死魔之掌控。

若有二乘行人具足四禪八定，但令悟解識蘊之虛妄，命其於五位中證驗之，執心便捨，棄捨靈知之自我而入無餘涅槃；或令知曉十二因緣之無明本質，令其證驗，亦得超過分段生死魔之境界。以上所述，皆非彼諸否定如來藏之末法比丘衆等所能知之，以彼諸人悉皆墮於斷滅見中，而復錯認如來藏有覺有知，則又墮於常見外道法中；口中好言緣起性空、涅槃寂靜，而實不解緣起性空及涅槃寂靜等正理。又復爲慢心名聲所障，目空一切，不肯虛心參究自身之如來藏，亦未眞解二乘之法，三乘見道俱無，云何能過分段死魔之境界？嗚呼哀哉！是謂末法！

三乘無學以斷三界煩惱，過煩惱魔及天魔境界，然猶未過死魔之變易死境界，亦尚未過行陰識陰魔境；凡此皆須依於大乘之真見道—開悟明心，復藉相見道，具明八識心王、五法、三自性、七性自性、七第一義、二無我等法之具足，以修初地百法明門，獲得初地無生法忍之法無我道種智，地地升進，乃至究竟成佛而斷識種流注變易，無始無明塵沙惑斷盡，方過變易生死及行陰識陰境界。從此能依初地十無盡願，盡未來際現應化身而度有情，復以莊嚴報身常住三界廣度有情，斯名已過四魔境界。

末法無聞比丘不知此理，妄言釋迦世尊已滅，不承認有莊嚴報身盧舍那佛，亦否定有眞如阿賴耶識，斯名「原始佛法」，否定大乘諸經及阿含經中佛說如來藏妙法，專弘緣起性空之二乘相空法門，美其名曰「回歸佛陀本懷」；然則釋迦世尊既無眞如，五陰又復壞滅，則佛入於涅槃，何異斷滅？如此「佛法」何得名爲中道空性？云何據此斷滅論議以弘中觀？云何據此斷滅外道見而責他人證得眞如阿賴耶識者爲自性見？此理不通也。

如此無聞末法比丘，二乘見道且無，云何能知函蓋二乘之大乘妙法？尚不能知煩惱魔及天魔境界，云何能過？尚不自知爲魔所用，以諸佛法名相而破佛法根本，自造地獄鐵城以俟來日受報，以諸弘揚佛法善根而得惡果，令人悲憫！

自性及與心，彼復各幾種？云何施設量？唯願最勝說。

疏：自性及心，不唯佛法說之，謂爲內明，外道亦多探討之者，惜於邪見所誤，不得悟入；是故佛道獨稱內明，佛道之外悉名外道；以於本心之外，求諸三界有爲生滅之法，名爲心外求法，故名外道。

佛云一切有情皆有眞如自性，名爲佛性；一切常見外道亦悉言有自性，而彼外道輩所云自性，雖亦各各稱爲常不生滅之涅槃體性，其實言不及義，無有觸及第一義諦者，故名自性見外道。

彼諸外道或以五陰體性爲其自性，或以四大本無生滅爲涅槃性，或以能知能覺之心日日現起爲涅槃性，或以自然能生諸法爲涅槃性，或以時節因緣能生諸法爲涅槃性，或以方處能生諸法爲涅槃性，或以知覺靈性能生諸法爲涅槃性，或以作者（造物主）能生諸法爲涅槃性，或以老母娘（一貫道之造物主）

能生諸法為涅槃性;凡此皆名外道自性見,以彼等所言,悉皆未及第一義諦,故名言不及義。

又如大乘佛門中之崇尚原始佛法諸師,不知不解四阿含中三乘密義,謂無如來藏眞如,一切開示墮於相空之中,不能及於空性如來藏,亦名言不及義。

復有大乘比丘誤認識陰為涅槃性,謂彼無有妄想時之靈知心為涅槃心,同於月稱、寂天、蓮花生、宗喀巴等人,皆墮常見外道法中,悉名自性見者,故彼諸師所說自性,亦皆言不及義。

然佛所說心與自性,非同彼等闡揚二乘相空法之斷滅論諸師所說者;亦非誤認無妄想時之靈知心為眞者所說自性心;彼諸人等自墮斷常二見之中,非佛所說眞實自性。佛所說者謂彼錯悟諸師自亦同有之眞心阿賴耶識及其所生諸法自性,謂眞如心及與佛性。實即因地本覺乃至佛地圓覺之眞如自性心,於其中間有諸斷修過程名相差別,是故大慧菩薩問此自性及心,各有幾種差別?

「云何施設量?唯願最勝說。」施設量者謂法現量之施設。法之現量無說無示,心行處滅,離於六塵,不在靈知心中,唯證與證乃能知之;法謂眞如,因地名爲如來藏空性；空性之法，唯是現量，無有比量；一切眞悟之人同皆體驗觸證空性之運作，證知空性之運作悉是現量，非如意識靈知心之有比量非量。然因空性之法行相微細，未證悟者悉皆不知，世尊若欲度諸有情同入空性寶海，勢必以諸語言名相施設，方能顯示空性實義，令諸有情循義而入而證；此諸名言即是施設量。此諸名言施設非即法性，然諸佛子要依此諸施設方能契入；佛子熏聞空性之法義時，雖未能入，其聞熏之所知所解，亦是施設之量，以仍非現證，故不名爲現量。

道家爲示無極，是故施設太極；因太極而生兩儀，兩儀生四象，四象衍生八卦，八變復成六十四卦；否極泰來，循環往復，終歸無極，道法自然；此乃三界有爲之法，不離自然，然欲說此理，亦須卦象名言施設，方能爲衆宣說，漸入其理。

佛法亦然，函蓋世出世間一切萬法；諸法莫不由此空性生，萬法無非從此法界流；空性寶海汪洋浩瀚，十方諸佛悉窮源底；施設三乘五時三敎，釋尊度此五濁衆生；苟非名言諸施設量，此界有情無有能入大乘空性寶海者，是故有諸方便施設，漸漸引入大乘究竟無上法海，令諸賢聖弟子住於大乘，以了義法玩味自恣。然諸大乘了義名言法相施設，非即空性，非非空性；言非義故，能顯義故。

譬如佛法之中，三乘皆說無我，緣何世尊復常說我？豈非矛盾？謂世尊於人間說法，若不施設汝我等法相，難令衆生於法信解，是故依於靈知之心，隨俗說我；以依此我故，能說三乘無我法；若離此我，無有能說無我解脫法者，亦無能聽解脫無我法者；以此之故，世尊有時說云：「我常說無有我與我所。」雖然說我，無過失也；而此說法悉是法性之施設量，非謂法語即是法性也。

余自弘法以來，常有愚人責云：「汝謂無相念佛之念無相，然若無有意識心相，汝云何念佛？」亦有人責云：「汝說無我，然汝不離靈知心而說無我，此靈知心即是我也，云何汝說得成？」此即不解佛法之人誤會佛法；佛法有二乘大乘差別，二乘修相空，捨壽即不再入三界；於無餘涅槃位時，無我、無我所、無見聞覺知、無有色身、無知者聞者，云何能聽能說二乘涅槃寂靜之理？云何能令衆生得證？故諸趣寂聲聞於入涅槃之前，亦常假藉五蘊之我而說無我，令眾生能入無我。

大乘之法不唯說二乘之相空，亦兼說不共二乘之空性；謂與相空諸有爲法生住異滅同時，別有空性存在，一切有爲法皆依此空性而生；有爲法無常故相空，空性則爲非有爲非無爲，與諸有爲法並存而自在，非藉緣起而有；然此空性無有我與我所，無見無聞無覺無知，心行處滅，言語道斷；亦不自知己之言語道斷心行處滅體性，無說無示；無始以來不曾自知，無始以來不曾起心動念；尚不自知，云何能爲人說？此空性心即是涅槃之本際，一切二乘無學知此而不能證此，能入無餘涅槃而不知無餘涅槃之實際；須捨靈知心之自我，方能由空性住於涅槃故；靈知之我滅已，於涅槃中無有能知者知於涅槃故；空性住於涅槃中離見聞覺知，不自知我故；空性自體爲無我性故，空性自體爲寂滅性故。是故十方過現諸佛及一切已證無我聖者，欲爲眾生宣說無我法者，必須依於身施設、我施設、法施設，而後能說無我法；而彼等所說諸法相，亦屬法性之施設量，非即非離法性如來藏。大慧菩薩憫諸末法聰明伶俐而不實修之佛子，故有此問，欲佛開示。

云何空風雲？云何念聰明？

疏：虛空、風、雲之體性爲何？云何而有？以法界之中有情衆生之心無量，故有十方虛空無窮無盡；虛空本無，有情衆生顚倒想故，謂有虛空實法；然實虛空無法，以無物無色無障，故名虛空；依有物有色有障而設無物無色無障爲虛空，虛空無法，因人施設而有，乃相待於物障而有。

有情衆生若修定者，於定境中之靈知心，亦於心中起虛空相－上下三際，橫亙八方，無窮無盡，皆是自心所生；而能生此虛空相之自心，因於有根身而生，是故佛云：「身含十方無盡虛空。」又云：「當知虛空生汝心內，猶如片雲點太清裡。」虛空相一法，在於吾人心中，僅是萬法之一毫爾；皆由心生，本無實法；愚人不知，謂十方空爲涅槃際，墮於斷見，誠可哀憫。

風之與雲，皆因有情共業所感，生於空氣；以有氣故生諸風雲，有情心動，澎湃不已，遂致風起雲湧，雨雪紛飛。心靜有情，既離欲界根身，則無雲水之災，如三禪天人；若捨妄知妄覺，捨於無語言之想，捨念清淨生於四禪天中，風災亦不能及。是故風雲皆因心未寂靜之有情共業所生，非自然生，非從因緣，本諸有情如來藏種之所從生。

古人云：「人之異於畜生者幾希？」然實人之異於畜生者，非僅增一惻隱之心而已。謂人雖同畜生俱有顯境名言—能了五塵境及五塵所生之法塵境，而別有廣泛之表義名言—語言文字；非如畜生之僅有音聲之長短高低促緩等極為狹義之表義名言。

人天有情以有語言文字等表義名言，具有言說及書寫之能力，故能演說表示形而上學；遂有靈知心之追求精神層面內涵等心行。經由形而上學之熏習，解脫之緣成熟，故有諸佛示現於人天之中，佛法因此流傳住世，若無言說書寫等表義名言，佛法則難演示流傳。

然而一切佛法之思惟熏習等名言，皆名為心想。心想有粗有細，粗者如同一般俗人，於其心中起諸語言音聲，名為妄想；亦如佛子心中運用語言思惟佛法，亦名為想；細如禪子不起語言而作思惟觀，參究眞如佛性，亦名為想；乃至佛子入於定中，離諸妄想，有時念頭一閃而過，雖無語言而知其意，亦名為想。乃至入於第四禪中，此念亦皆不起，名為捨念清淨定，而猶名想，以有靈知之心及其別境心所能了定境故；此即不離顯境名言，故皆名想，是故四空定中亦不離想。又復念者，名為憶持不忘；以聰明了境故，知已解已，事過境遷之後若復遇之，亦能憶諸所曾經事，故名為念。

因於靈知覺明，能了境故，名為聰明；因於聰明故能起念，為表示念相念意，乃有表義名言施設；此諸境相、顯境、聰明、念、妄想、名言等，佛子亦當了知；以念及聰明之作用，能熏習增進而不忘失，能生智慧，是故大慧以此請問世尊。

云何為林樹？云何為蔓草？云何象馬鹿？云何而捕取？

疏：此問林樹之由來，蔓草亦然。枝細柔矮，名之為草；枝長細軟，蔓生攀附，即名為蔓；枝粗有幹，堅固高大，名之為樹；聚樹成片，即名為林。此諸蔓草林樹，皆非自然而有，乃因有情業力所感，應以為食及以為家，故有蔓草林樹及諸果實，現有生長成熟爛壞，有情於中受用，長養色力。

象馬鹿等依於業力而生其中，各以爲家爲食；其無負欠於人者，無人捕取以供勞役，自在適意；其曾負欠者，人即捕取用服勞役。若無負欠而被捕取，後世緣熟，便向負欠之人索償。象馬鹿等示現人間，非無共業因緣，非無因生，悉依各自如來藏種而自受報，非人人可以捕取殺害，以皆各有空性如來藏故，以彼等空性如來藏非由神造故。

云何爲卑陋？何因而卑陋？云何六節攝？云何一闡提？男女及不男，斯皆云何生？

疏：此六句偈，乃問因果。生而爲人，云何有人身份卑賤？有人容貌醜陋？有人五根不全？若是造物主造人，或是依於父母及四大性而自然生人，不應有人生而貧賤醜陋，潦倒一生，衣食不繼；一般皆是自然性或造物主所造，不應自然及造物主有偏頗心，令彼諸人一生卑陋窮困潦倒，是知其中必有因果。

古印度分一年爲二大季──雨季及乾季。乾雨季中各以二個月爲一節，一季三節，故一年中分爲六節；以此而分亦有其因。

一闡提者名爲斷善根人，或名不證涅槃之人。斷善根人謂謗大乘經法、謗無十方佛、謗極樂淨土法門爲太陽神崇拜、謗無如來藏阿賴耶識、謗無一切種智道種智；如此類人必墮地獄，輪轉三塗，永不能證無餘涅槃，以斷善根故，名爲一闡提人。

一闡提人雖不入涅槃，非必不能成佛，以可見之未來不能成佛，未來不可見之無量際中亦當成佛故。此外復有菩薩一闡提人，永不取滅度，以無相大悲願自度度他，永無休息；此一闡提，後亦當說，勿煩先舉。

欲界中人各分男女，以成家庭眷屬；以貪著男女細滑觸故，生於欲界而有男女，然皆唯執一欲—男欲或女欲。若有兼執二欲者則有二根，忽然爲男、忽然爲女，於男女欲皆受其味。復有黃門—得於男根而未具足者。凡此等人，皆非無因而有。

云何修行退？云何修行生？

疏：佛子修行，有三不退：位不退、行不退、念不退。六住之前悉皆有退；有云十信滿足，得階初住，即名不退。此非決定；謂初住位雖名爲住，而於菩提道之證修，有時畏難，心生退屈，故非不退。乃至有人修至六住位已，復還退屈。

位不退者，謂佛子修學菩薩六度，以未見道故，多依外門修六度行；依於布施持戒忍辱精進禪定，逐次進修而至六住修學般若；若於第六般若波羅蜜多，正觀現前──觸證空性如來藏而生起般若，便得進入第七住位，常住不退。

然此佛子有二種退失，不入七住：一者觀慧微弱，不能深入證驗，若復不遇佛菩薩或善知識指導攝受，則於當生次生、十百千生退失般若；長至有於一劫二劫乃至十劫退失菩提者，此於律部律典《菩薩瓔珞本業經》中佛已訓示；是故佛子若有福德，獲蒙諸佛菩薩或善知識攝受者，方得不退所悟空性般若。是故佛云：「佛子！若不退者：入第六般若，修行於空，無我、人、主者，畢竟無生，必入定位。佛子！若不值善知識者，若一劫二劫、乃至十劫，退菩提心；如我初會衆中，有八萬人退。」故謂佛子修學般若空性者，眞善知識之攝受極為重要，不可或缺。

二者遇惡知識亦退；惡知識者有二：初為錯悟之師，後為教授聲聞法而排斥大乘法之師。錯悟之師以墮常見靈知心故，不得無我功德，喜樂宣傳造勢以求名聞；以名聞故，若聞他人所悟異彼所悟無妄想之靈知心，便予否定，以護已悟之虛名；若諸佛子眞實證悟後，以文字障故不能深入經論自行印證，便為彼錯悟之惡知識否定，退回六住位中。

崇尚二乘法而排斥大乘法之師，即如現今本島中高倡「回歸原始佛教、回歸佛陀本懷」諸師；彼等其實不解原始佛教，不知佛陀本懷，誤會四阿含經佛之意旨。此謂四阿含中，佛已處處說有涅槃本際，說無餘涅槃非是斷滅，說有摩訶衍（大乘），說有阿賴耶、有如來藏，亦說有十方佛、有菩薩（詳拙著《眞實如來藏》）；今者傳授二乘法諸師，否定大乘為佛所說，否定有空性如來藏；若遇有人開悟明心，便謂非是究竟，謂為執著如來藏，謂為自性見，指責證悟者「同於外道執有眞我不滅、無異自性見外道」；並謂緣起性空方是佛法究竟正理，謂緣起性空方是究竟中道觀，便學應成派諸中觀師，欲破證悟明心之人，以一法不立爲其所宗，墮於斷滅戲論而自謂已知已解中觀。

殊不知大乘中觀所說空性者，即是佛於四阿含中所說阿賴耶、如來藏、涅槃之本際，非謂一切名相遣除不著得名中道觀也。緣起性空之理，若離空性如來藏而能獨起，即成無因有緣而起，則違佛說理教實義。此謂佛於三乘諸經皆開示云：「法不孤起。」豈有緣起性空之法能離如來藏而獨起者？法若如是，亦應虛空此時忽現二日三日、二月三月。若人不解二乘緣起性空之理悉依有爲法之相空而說者，若人不解大乘般若中觀係依法界實相如來藏之空性而說者，則於悟後覓彼崇尚二乘法而不解二乘法之惡知識求取印證時，必將被彼大名聲之惡知識否定，因此不入七住，不能常住不退，於後後際仍將退回凡夫惡行之中。是故佛云：「如淨目天子、法才王子、舍利弗等，欲入第七住，其中值惡因緣故，退入凡夫不善惡中，不名習種性人；退入外道若一劫若十劫，乃至千劫作大邪見及五逆，無惡不造；是爲退相。」

「云何修行生？」此問佛子修行佛道，如何能現起善法善境界而得解脫功德正受，並發起大乘智慧、邁向佛地？發起善法善境界之法極多，然於悟前悟後有其差異，於地前地後亦有差別，戒定慧學有異有同，三乘之法深淺有別，非可一言而盡、一以概之。

佛子欲證大乘見道者，當覓眞善知識；欲覓眞善知識者，當先如實觀察思惟五陰本質及其體性；如實知已，方能眞知錯悟諸師與常見外道之同異；知已即離錯悟諸師之名聲言語籠罩，能順決擇分際，親隨眞善知識，悟後得不退失菩提，以具擇法眼故，則得安樂；生諸智慧，不共二乘無學；善心善法生故，得於解脫功德正受，是名修行生。

若學禪定，亦當熏聞定境定力定相等知見，莫隨假名善知識言語。余數年來，常聞金山鄉某寺有一老師，主持禪七時每每開示佛子，謂打坐時若能坐至身體變大，即是證得初禪天身；據此幻境幻法以爲證得禪定，完全不知初禪天身住於身中，未捨報前，量等肉身而無五臟六腑，如雲如霧。如此老師不知不解不證禪定，又復未入大乘見道，二乘菩提亦復錯會，而能主持禪七，謂之末法，眞所宜也。今觀全球佛子，到處所遇，難得一二眞善知識，欲求定慧等善法生，殊難可得，令人浩嘆！

禪師以何法，建立何等人？衆生生諸趣，何相何像類？

疏：前二句別譯：「瑜伽師有幾？令人住其中？」此二句所謂禪師，非謂禪宗之禪師，乃謂依於定慧修解脫道而有分證之人，亦名瑜伽師。禪宗之禪師，錯悟之祖師極多；即今所見《傳燈錄、五燈會元、指月錄》所載者，悉是歷代一時之選，而仍多有錯悟之人，何況未錄入之歷代大師？魚目混珠者比比皆是。而諸證悟祖師，往往明心者不能眼見佛性，見性者復未明心；二者具足者，曾未多見。設使眞得二關具足，亦少有能授種智之人，是故眞瑜伽師難覓，自古已然。

彌勒菩薩傳授《瑜伽師地論》時，建立瑜伽師爲十七地，始自五識身相應地、意識意根相應地……，中則禪定相應地、聲聞地、緣覺地，末有菩薩地、有餘地、無餘地等；能傳此十七地所說諸法者，悉得名爲禪師—瑜伽師。地者謂諸瑜伽師所住境界也。佛子若能善了十七地之境界，則具順決擇分；非必開悟，能自簡別諸種禪師，不爲諸師所惑。

當今全球佛教禪師極多，顯密諸宗諸派各設道場，廣招徒衆教授禪法；亦有許多外道禪師，自世界各國蜂湧而來，各各自謂已證佛法。多數佛子不具慧眼，但見彼等名爲禪師，便往修學，不知揀擇。其中或有傳授聲聞禪者，或有傳授聲聞定法者，或有傳授印度教法者，或有傳授錫克教法者；亦有大乘及金剛乘之禪師喇嘛上師，傳授開悟明心見性之法，其實則爲常見外道法者；間有本土老師傳授以定爲禪之法，而反自是非他者。

台灣佛教徒之信仰虔誠，舉世聞名；利之所在，各國禪師競相來台；所傳法教五花八門，無奇不有；只需冠以佛法名相，大作廣告，便有許多佛子聞風而來，猶如久旱之望雲霓，饑不擇食。甚至有一越南女人，將其所學印度錫克教聲論外道之法，冠以「觀音法門」之名，便能聚徒傳法印心，哄動一時。台灣佛教徒之佛法饑渴症，如此嚴重，卻又不肯依經依論逐步深入、嚴謹探究，反而跟隨新聞媒體廣告而亦步亦趨，盲從迷信，追逐傳聞不實之有爲法；凡此皆因未具正確知見，欲冀灌頂印心即成佛道；下焉者失身失財，極力遮掩；中焉者失財已，於失身前察覺有異，中途捨去；上焉者細觀思察即行捨離。是故佛子擇師之前，應先蒐集閱讀思惟彼善知識之著作，比對經論是否符契？若無了義法之著作可供研判，而僅信徒口耳相傳、炫異附會者，彼等人大多屬於不學無術之徒，不應親近，非眞瑜伽師故，不解瑜伽師諸地內容故，於瑜伽師諸地內涵未曾修證故。

憶昔出道弘法時，爲應多人請求，乃繕《無相念佛》一書，免費送與某寺附設出版社印行，然彼寺多所推搪，藉詞三送三退，無意出版，末學乃與諸同修共同集資印贈有緣。彼書跋文中原曾聲明不再另寫新書，余此一生原擬出此一書即止，後以某同修之堅持懇求，乃刪除彼段聲明，仍未預備再寫新書。不意因緣變遷及情勢所逼，乃竟如今已有十三種著作，始料未及。而今已可預見此諸著作，對於未來二三百年之全球佛教，勢將產生重大影響，維繫三乘宗門正法於不墜，一切外道人天及錯悟禪師所不能破，正法無憂。

然而大部分佛子未讀末學諸著作前，於諸方禪師無力簡別，多墮名氣大小及徒衆多寡之表相中，以盲從盲；若能全部讀畢末學著作，則有能力簡別，亦知學佛方向，不再盲從。

以上所述乃謂擇法眼之建立極爲困難，皆因大乘第一義微妙甚深，非如數學加減乘除之一成不變。然若佛子閱余書、信我法、前來學禪者，我會中諸師則普皆勸令勿讀諸經及諸知識著作，唯令鍛練無相念佛及看話頭功夫，輔以參禪知見，後令參究與五陰不即不離之眞如—如來藏；除此以外，悉令暫捨。

緣以佛子學佛者，悉當先令見大乘道；若未見道，則於大乘佛法諸經諸論不能通達；若得見道—覓著如來藏，則於三乘佛法漸漸通達，則不隨人言語。

每見學術考證派之知識方家，否定如來藏；彼等引據錯悟禪宗祖師言論，謂如來藏有覺有知，同於常見外道，故責大乘如來藏思想爲常見外道法，而不知彼所引證者爲錯悟之祖師言論。古來眞悟之禪宗祖師極多，悉言如來藏離見聞覺知，未有眞悟祖師主張無念之空明覺知心爲如來藏者。是故如來藏思想非是常見外道法，是故余以如來藏法能破外道斷常二見；亦以如來藏法而建立三乘正法，一切外道人天所不能壞；若無如來藏空性，緣起性空之五陰死已滅已，即同斷滅，豈有阿羅漢所入無餘涅槃？若無如來藏，則無餘涅槃全同斷滅，解脫之道成大戲論。若無如來藏，五陰死已滅已，即同斷滅，豈有前世今生來生？若無如來藏，五陰死已滅已，而無過現未三世，即同斷滅，則一切因果悉不成立；必須有如來藏別於五陰不滅，方能建立一切染淨因果。若無如來藏，則無三世因果，則三乘佛法悉成斷滅，則聲聞無常苦空無我諸法，及緣覺十二因緣緣起性空諸法、及大乘菩薩道、三乘解脫道等法悉成戲論，大乘般若空亦成大戲論，同於斷滅，無所附麗；此謂五陰滅已，靈知心意識隨滅，若復不許有如來藏離見聞覺知而獨存，則成斷滅。今者本島崇尚二乘法而否定如來藏法之諸大導師，豈眞無智至此？豈眞無慧思惟及此？讀者欲知其詳，請閱拙著《眞實如來藏》即知。

佛子入我會中學法參禪，若得證悟如來藏阿賴耶識，則我會中諸親教師即一改往昔不令讀經讀書之訓示，而反令彼悟者重讀余諸著作，復令研讀四阿含所說三乘經典，復令以無餘涅槃寂滅之理印證之，復令以二乘諸行無常之理印證之，復令以諸法無我之理印證之，復令以大乘般若中道觀及如來藏系唯識諸經印證之，復令以《顯揚聖教論、成唯識論》印證之；以三乘無我之理，普遍印證如來藏離見聞覺知亦不作主之無我涅槃空性已，佛子遂通三乘無我之佛法，通達二乘於現象界所說之空相及大乘所說法界之空性，以此而入大乘眞見道位，常住七住不退；以常住不退及漸修相見道故，終能入於初地，非二乘無學所知也。

以上所述，乃謂我正覺同修會中，有諸瑜伽師能以種種建立，令諸學人安立大乘正道，通達三乘佛法，入不退轉地，依菩薩地而了知聲聞地與緣覺地。不特現世有瑜伽師，未來際中仍將有菩薩依於釋迦世尊之安排而出現於世，建立三乘佛法，令學人依於大乘而住持二乘正法，非彼誣蔑如來藏爲常見等諸師之所能壞。

「衆生生諸趣，何相何像類？」此謂三界有情之四生二十五有，各有相貌種類差別。以四生爲例，卵生者亦有飛鳥，亦有溼生之魚類，亦有溼生之阿修羅，亦有溼生之蜻蜓；胎生者亦有人類，亦有披毛戴角之畜生，亦有卵胎生之鯊魚，亦有溼生之鯨魚及海豚；溼生者亦有胎生之鯨豚，亦有卵生之魚類，亦有化生之蛙類及蜻蜓等；化生者亦有卵生之蛾蝶，亦有純化生之修羅，亦有卵胎溼生之修羅，亦有化生之神鬼。而諸有情同一種類之中，相貌亦各各有別，如人之有白人、黃人、黑人、侏儒等等不同。同是白人，髮白髮黑髮金，及其相貌種種不同，難得相似者。

欲界之內，五趣雜居，相貌像類各各不同；地獄、餓鬼及上二界諸天亦復如是，有諸種種差異。凡此皆因各自藏識種子業種差別而致有異，非因緣及自然性也。

云何爲財富？何因致財富？

疏：所謂財富，一般而言是指金銀珠寶以及房地產；但因時空之不同，財富之定義亦異。譬如古時以貝殼爲通貨，可以換取一切物，貝殼即是財富。後來以布帛爲財富，以布帛可以換取一切物；有時皇帝以布帛賞賜臣民。再後來則有銀兩及碎銀，復有以銅所鑄錢幣；亦有銀票發行，方便攜帶收存，則似現代之支票及銀行存摺。然而今日康藏蒙古及非洲農牧地區，仍有許多人以牛羊馬之數目多寡爲財富之表徵；相反於是，現代社會乃至一種商標品牌亦是財富，名爲商譽。總而言之，財富在經濟學上之定義即是購買力，財富越多，表示購買力越強，是故無形的購買力—信用，也是一種財富。因此緣此，財富之定義不易界定，譬如因於修行而得功德，亦能多致財富；如修四無量心者成就時，得爲梵天王，財富無量；又如佛之三十二相，每一相皆因成佛前之無量施而得，故三十二相及八十隨形好，莫非財富。

然而歸根究柢，一切財富皆從心來。此則一般俗人之所不知。每見有人勤苦一生，節儉奮鬥，而窮苦潦倒一世，欲求一屋久安身心，竟不可得；有人生而多有財寶，先人已預爲彼籌謀，一世無憂；此皆有其宿世因果，非無因得。是故佛子富不須驕，窮不必赧，但能把握現前，廣種福田，無有不於來世致富者。

欲求來世財富不耗不損者，今生莫侵欺詐騙他人。欲求來世富裕、遠離窮困者，今生當奉養父母，供養三寶，布施有情，莫侵占三寶物。一切有情之有財富，皆非無因；皆以先時先世之因，而得今時今世之果；絕非無因無緣而得財富，亦非無因無緣而求索不得；施之果報，多屬異熟，少有現世報者，其中因果錯綜複雜，非諸有情神鬼所能盡知。

據《菩薩優婆塞戒經》所示：「若施畜生，得百倍報；施破戒者，得千倍報；施持戒者，得十萬報；施外道離欲（得初禪者），得百萬報；施向道者，得千億報；施須陀洹，得無量報；向斯陀含，亦無量報；乃至成佛，亦無量報。」其中復因受施者爲貧窮田、功德田、報恩田而有差別。

布施之人心態不同，果報亦異；有人施時求受者後時回報，有人施時求來世生天或得財利；有人以未悟故，施時求於功德；有人施時但因憐憫，不求功德，猶如佛子施佛不求功德；有人施時不動其心，無有施者受者施事；有人施時名菩薩行，有人施時名凡夫行；以此諸緣，後世果報互異。

有人專行財施，有人專行無畏施，有人專行法施，有人具二，有人具三；而此三施，有人能以一施而攝其三其二，有人一施唯是一施，是故後世果報各各有別。

有人至心而施，後世財寶豐饒，人無責者；有人輕鄙而施，後世多財而人多訶責。有人自手親施，後世財寶得已能用；有人假他手施，後世財寶雖得，要假他人方能自用。有人信心而施，施已不悔，後世眷屬來皈，互相愛念；有人施已生悔，恐無後世施果，來世眷屬叛逆，雖受其惠而不愛念。有人善觀時節，善於適時布施，後世須物隨得；有人施時多所推拖延遲，後世雖報，而用不及時。有人如法布施，非劫他財而施，後世得果，五家所不能侵；有人剋扣眷屬親友財分，或侵欺他人錢財而施，後世得果，五家共有。

復次，施之行門，差別無量；施之果報，差別無量；施之功德，果報無邊；要在佛子具正知見，能修般若；不修般若者，不能知之。布施之因果，錯綜複雜，唯至佛地乃能具知，凡夫佛子，宜所熏習。是故有人修施能至彼岸，有人修施不至彼岸，唯得福德。

菩薩六度以施爲首，非如聲聞不論布施。菩薩以施，住持三寶，能令二乘托缽乞食而無匱乏；菩薩以施，爲諸聲聞說有空性法界，非僅現象界之空相爾，令二乘人漸趣大乘菩提；菩薩以施，攝受有情，成佛時眷屬財富無量；菩薩以施之般若，成佛時能得無量財富，而示衆生以貧窮田相，托缽乞食。

施者有淨以及不淨，淨施之人後世福慧果報無量無邊；不淨施者，不唯後世無財，又復遭諸惡報。如人施刀以救病苦，病人因其施刀割除瘤害而全性命，施刀之人後世不唯得財，亦兼長壽健壯；如人施刀以助殺害，施者後世不唯失財，亦得短命多病果報。如人施財印贈邪謬錯解佛法之書，以無慧故，猶自認爲此施乃是護持佛法；如今台灣否定如來藏法諸人，出資印行否定如來藏法諸書，後世欲冀三乘佛法有修有證及與財富者，無有是處，以斷滅邪見破壞佛之正法故；如人施財印贈護持如來藏種智正法諸書，以求後世乃至今世得證三乘菩提及與財富者，斯有是處；以如來藏妙法能消外道斷常邪見，一切佛門斷見外道及與一切外道人天，窮其智慧而不能壞故，是故淨施者果報無量無邊，後福無窮。

財富果報皆因施得，非無因緣；俗諺亦云：「小富由儉，大富由天。」而實非天所能主宰，皆由自心所作而自受報；其中因緣果報絲縷萬端，非至佛地不能具知，大慧菩薩因此請佛開示。

云何爲釋種？何因有釋種？云何甘蔗種？無上尊願說。

疏：此四句偈乃問應身佛示現於人間之因緣。

佛子逢遇比丘二衆時，不懂禮儀者往往問云：「請問法師貴姓大名？」學佛稍久者即不如此問，僅問名而不問姓；一切佛教比丘皆姓釋，是釋迦佛之子故；是故佛子僅問名之二字，不問其姓，乃問：「請問法師上下？」請問其名上下二字已，隨即稱名問訊供養。此諸比丘二衆皆是釋迦之子，故名為釋種，皆為釋迦種姓故。然釋迦種非僅出家二衆，尚有在家多衆，譬如佛子住於俗家，已證菩提、行菩薩行；或現為人，或現為天；或住地前，或已入地；譬如無生菩薩無住菩薩，亦如文殊菩薩淨名菩薩，雖非釋姓，亦名釋種。

世間何因而有釋種？皆因釋迦世尊出現人間，示成佛道，三轉法輪，故有釋種。世尊何因現出人間？為一大事因緣故，此一大事因緣者謂眞如佛性故。緣以此界有情已有能依三乘菩提得度者，因緣熟故，佛出人間。如法華云：佛出人間為一大事因緣，所謂開佛知見、示佛知見，欲令有緣者悟佛知見、入佛知見。以佛出於人間說法度衆，故有釋迦種姓。

悉達多太子降生人間，為淨飯王之子；淨飯王以甘蔗為姓，故昔印度釋迦一族，皆名甘蔗種。《佛本行經》云：昔有大茅草王，修行成仙；後為獵師射箭所中，滴血於地；彼地後生二甘蔗，日炙剖裂，出一男一女，男名善生，即甘蔗王；釋迦一族皆其後裔也。

云何長苦仙？彼云何教授？

疏：長苦仙出現於世，皆因邪見—不如理作意而生；迄今天竺仍有苦行仙。苦行外道多有種類，依於邪見以制邪戒，墮戒禁取中。譬如水戒、牛戒、狗戒、火戒、食自落果戒、裸形戒……等。

復有外道欲藉色身之苦痛以贖過罪，是故穿針澧火，乃至投岩自盡。佛門之中亦復如是，多有佛子打禪七時，以腿痛自勵；以爲禪七期間之打坐腿痛，可以抵消往世罪愆。其師亦以此種邪見訓示學人，上下互效，同以忍痛消業互勉，此名邪見師徒。

世尊往昔爲令衆生知此邪謬，遍隨外道修證四禪八定後，示現苦行六年，日食一麻或一稻，勤苦自勵；肌肉消蝕，唯餘皮骨，筋脈俱現。某次入定久住數十日，出定後覺己頭上有鳥築巢，恐動身已，鳥驚捨去，則巢中幼雛必死，以慈心故，遂復入定，長住定中；俟雛長成，能自飛翔覓食，方才出定。如此勤苦修於苦行而無解脫果之可得，乃離苦行林，前往尼連禪河沐浴塵垢，受牧羊女供養乳糜，恢復體力，乃於菩提樹所覆之蔭涼下、吉祥草所襯之柔軟適意中，經由聲聞菩提、緣覺菩提之覺證後，於夜後分以手按地而證眞如，復於東方明相初現時，目睹明星而見性成佛；大圓鏡智及成所作智現前。

以此緣故，能令一切修行者知解苦行非是解脫之因，唯有智慧方是解脫之因；苦行不能斷三界惑故，苦行不能證大菩提果故。若佛弟子勤苦太過，心生煩惱，佛即令其改善，使其於身心適意中得證四果；若佛弟子貪奢驕逸，不能捨離，佛即訓以頭陀之行，令於阿蘭若中，修除貪逸而成羅漢，不以身受諸苦而得果證。

爲免弟子貪著世法，故令三衣一缽，身無長物，乞食自活；復令弟子於山林洞窟或樹下安住，不令造屋炊煮，以此無懼盜賊，不煩衣食，易修易證解脫果；然戒弟子以諸痛苦加之於身，並告誡弟子：解脫者依心而修，非依身苦。建立正見，方得果證。

然諸佛子亦修苦行，非諸苦行外道所知，謂心不放逸也。身苦行易，心苦行難；譬如身力強健之人，令其日食一麻一麥，唯得飲水，彼人不以為苦，七日不難；然若令彼五分鐘內不得妄想，供以上膳妙食，若起妄想者應自責其心，彼人則視為大苦，半日亦不能得。是故佛法之中，不以身苦為修苦行，乃以心不放逸而為苦行；依心修行，依心斷惑，是名眞修苦行佛子。

如來云何於，一切時剎現？種種名色類，最勝子圍繞？

疏：此問世尊：何故十方諸佛於十方無量世界常現應身化身？十方諸佛莊嚴報身何故有諸地上菩薩圍繞？

有諸佛門內外之心外求法外道，常謂人言：釋迦已滅。若作此說，不論身為佛教法師或在家弟子，悉名外道，以其不知三乘菩提故。

釋迦世尊之入滅，唯依應身說，此乃依現象界而言，非依法界實相；法界實相中，則依眞如之永不壞滅，而依解脫果、大菩提果及初地所發十無盡願，恆現莊嚴報身，永不入滅，常於三界度化有緣，永無休息。

莊嚴報身所在之處，恆演勝法一切種智，諸最勝子—已得意生身之地上菩薩—圍繞聞法，修學無生法忍。

比見古今大師，多有誤解佛法修證者，每云一悟即是初地聖人，而實不然；佛子若修如來禪，一悟即入十地；若修大乘禪，證四禪已，伏二界惑，修四加行—依四尋思四如實智，實證蘊處界之名義自性差別，然後悟得空性如來藏者，尙須修學一切種智—五法、三自性、七種性自性、七種第一義、二種無我—而發起道種智，尙須三界惑永伏不現，方得入地。

祖師禪之修行者亦復如是，必須於悟後永伏三界惑，加修初地無生法忍而證道種智，方得名爲初地；然觀中土禪宗諸祖之證道者，少有永伏三界惑及修證初地道種智者，是故禪宗中土諸祖已入地者其數非衆，豈況錯悟邪師而得入地？《六祖壇經》雖云一悟即至佛地，實非別教究竟佛也；禪宗每云祖師禪不立階位，超凡入聖，一悟成佛，悉同《六祖壇經》依理而言，唯是相似即佛。若有祖師悟後效法藥山惟儼、克勤圜悟二人，於證悟後永伏三界惑及修學初地無生法忍者，方得入地，名爲初地聖人；否則悉同六祖之相似即佛，非可謂爲分證即佛之地上聖人。

佛子以證如來藏空性故，得大乘無生智忍，唯得法類智；然能代佛宣說中道正觀，不墮斷常，故名相似即佛；然此佛子猶未能爲三界導首，未得道種智故；是故證悟祖師加修初地無生法忍而得道種智，如玄奘菩薩，其智深不可測，一切凡夫、二乘無學、乃至禪宗證悟而不學種智之祖師等，悉不能知其智慧淵深；以此能爲三界導首，故名最勝子；非依禪定神通變化，而依智慧能爲三界人天之師，故名最勝子。

然諸最勝子不以其智而得滿足懈怠，若最勝子具意生身者，必乘輪寶常隨報身佛，熏習一切種智，修學大菩提果。而諸最勝子非必皆爲人類，或有天人，或有天龍，或有天金翅鳥，或有夜叉、緊那羅等，故云十方報身佛於一切時剎現身說法時，有種種名色類之最勝子圍繞。

云何不食肉？云何制斷肉？食肉諸種類，何因故食肉？

疏：大乘佛法弘揚地區，常見有人少小之時即有素食傾向，亦有胎裡素者。胎裡素者，謂其母懷彼人已，即不能食肉，每食必吐。常見有人少小之時不敢食肉，尤以家禽爲最；凡此皆因往世素食習性所致。

有人則因健康不佳，醫師戒其食肉，以免癌細胞增長，故不食肉；西洋人亦有二種人不食肉，一者主張健康素食，因爲發覺肉類不清淨，而且現代肉類殘留極多抗生素及化學污染，故主張健康素食。二者則如孟子生惻隱心，見其生，不忍見其死，故倡導愛護動物觀念，因此不食衆生肉。

有人則因福報不足而不食肉。有人則因觀念所縛而不食肉，因爲孔老夫子曾云：「肉食者鄙。」欲示清高故不食肉。孔老夫子又云：「席不正不坐，肉不方不食。」後人祭孔，若非全豬全牛，其肉必須切得方正，其故在此。

復有不食肉者以許願故持齋，如諸俗人爲求父母長壽或病痊，許願長齋，不食五辛及與諸肉。復有宗教禁戒而不食肉，如法會前數日持齋者。復有禁食某種肉類，如印度教不食牛肉，回教不食豬肉而多食牛肉。

佛子受菩薩戒已，亦不食一切肉，不論自死他殺。不食肉者其故繁多，要在捨離欲貪、長養慈悲、及離不淨。

然於初期，佛制三淨肉等，然後次第漸禁。若有樹木五穀不生之處，唯有雜草可供放牧，若不食肉則難生存，遂制三淨肉：非我所殺，非因我殺，眼不見殺；佛子初學者得食。然應漸漸設法遠離食肉，以食肉多過故，佛子不應食之；其過多端，經末當敍，不勞先舉。

佛子應離肉食，乃至肉食爲生之鬼子母及金翅鳥尚離肉食，云何佛子非生而肉食種類，而不能離？若爲活命或入藥用，食時當如食子肉想，勿生貪著。當思一切佛教寺院凡食之時，皆須施食與鬼子母衆；彼等鬼子母衆原以人嬰爲食，爲佛所度，頓捨所愛肉食，云何佛子而不能捨？

亦如大鵬金翅鳥爲佛法所度而不食龍。金翅鳥及龍悉有四種生：卵胎溼化。化生金翅鳥能食四種龍；胎生金翅鳥能食卵胎溼生龍，不能食化生龍；以此類推，溼生金翅鳥唯食溼生龍，不能食卵胎化生龍。

金翅鳥威力極大，一切龍種悉畏懼之；若欲食時，以翅搧海，水即二分，隨入龍宮抓龍，飛至忉利天之大樹上方食。金翅鳥法若欲食龍，先從尾食。前曾有鳥取龍欲食，覓於龍尾而不可得，無能食之；怪而問之，方知彼龍持八關齋，以佛力故，鳥不能食；彼金翅鳥遂慕佛法，求龍度之，龍乃爲說八關齋法，鳥遂奉行，同至龍宮廣閱經藏，遂成善友，永斷肉食。

人乃雜食類有情，非生而食肉者，佛子以此應當素食，遠離食肉。於祭祀時亦不應供奉肉品，凡諸正神皆嫌肉類不淨，味復腥羶，不樂食之；鬼神之類則好不淨之物及與腥羶，故樂血食；若佛子多以血食祭祀，則正神遠離，鬼神親近，漸漸多所不安，故宜遠離。

世俗人不離肉食者，除貪味之外，多因邪見而起；每謂素食不營養，肉食方有營養；現見近代人之營養不良者多非素食之人，衆多素食者反因素食而面色紅潤健康；君豈不見牛羊唯食草葉，而能每日生產牛羊乳供人飲用？

食肉衆生種類繁多，彼等何因故食諸肉？此除由於法界中之自然法則因素，亦因此諸衆生往世熏習及業報所致。食肉衆生若見有情，便思彼有情身肉可不可食；好食肉故，生爲肉食種類，難復人身。

大慧菩薩以此四句偈，請佛開示衆生不食肉之緣由，佛子當如何遠離肉食？佛如何制禁斷食諸肉？以及食肉種性有情生爲肉食類有情之緣由。

云何日月形？須彌及蓮華？師子勝相剎、側住覆世界？如因陀羅網，或悉諸珍寶，箜篌細腰鼓，狀種種諸華？或離日月光，如是等無量？

疏：此問世界海中諸種世界差別也。《華嚴經》中說有許多世界海；世界海者，無量無數世界團聚一處，猶如海洋浩瀚無邊。吾人所處太陽系，位於銀河邊緣，吾人以望遠鏡只能側觀，形似銀河；若能深入太空，由正面觀之，則此銀河系形如大圓盤、大漩渦，不斷繞行；由此太陽系出發，經由銀河系中央而到另一端，須時十萬光年，可知此銀河系之廣大。

然此銀河系在世界海中，猶如大海中之一泡浮漚而已。《華嚴經》說諸世界海其數無量，中有一世界海名蓮華藏。蓮華藏世界海上下共有二十層，上層寬廣，下層遞減，呈倒三角形。此娑婆世界（銀河系）及極樂世界皆在第十三層內，相距十萬億銀河系之遙，非俗人臆想之所能知。何況全部蓮華藏世界海？而此蓮花藏世界海之外，復有無量無數世界海，是故諸世界海於十方無盡虛空中住，形狀各異，有日月形者，有須彌山形、蓮華形者，有獅子形、勝宮殿形者，有側住及覆住者，有寶網形者，有散住光明如珍寶者，有箜篌形及腰鼓形者，有似各種花形者，有日月所不照者；如是世界海及世界無量無數，唯佛乃能具知。

云何爲化佛？云何報身佛？云何如如佛？云何智慧佛？

疏：化佛者莊嚴報身及眞如，爲度衆生而現色像，或數分鐘或數小時數天而滅，唯是影像，無有形體。應身佛者爲某界有情得度因緣成熟而示現受生成佛說法涅槃，是名應身佛，猶如釋迦牟尼佛。莊嚴報身佛者如盧舍那佛，常住此界色究竟天宮；亦如常住極樂世界之彌陀報身，皆具三十二大人相，八十隨形好，常住於無住處涅槃者。

如如佛者，此謂法身，謂佛眞如能與五遍行、五別境、善十一等心所法相應，不忘不愚一切法，能以無功用行而了一切有情心行。法身佛不說法，無色無相，唯佛與佛乃能具知，證悟之菩薩隨其悟之深淺，知其多少。智慧佛能說法度衆，化身佛多示因緣，很少說法，不名智慧佛；應身佛多說二乘法，二乘法說已，復說大乘法之總相，少說一切種智；此是智慧佛，以應身住世時多所饒益人天故。報身佛多說大乘一切種智，少有宣說二乘法者；唯有地上菩薩之具意生身及輪寶者能見，戒慧直往之初入三地菩薩猶不能見；所說諸法甚深難解，未入地者聞之不解，於報身佛所說諸經不能信受；二乘無學及諸未悟大乘凡夫，悉不能測，往往謗爲後人僞造，而不知諸大乘經法能修能入，故稱愚凡。是故應佛及報佛名爲智慧佛。

云何於欲界，不成等正覺？何故色究竟，離欲得菩提？

疏：此謂佛之成道，爲何不能在欲界境界中成？而須於色究竟天之境界成就？最後身菩薩成佛，必定都在人間，但不以人間之境界而成佛，必須住於欲界中，而其心以具四禪之上的色究竟天境界方成佛道，非謂上升於色究竟天中成佛也。

往往有諸錯悟佛子，狂言一悟即至究竟佛地，悟後不必再修行，將此謬論印入書中，流通全球誤導佛子。並以此謬論批評眞悟之人：「主張悟後起修的人，都是未悟者。」然有多種理由可證悟後必須修道，唯除最後身菩薩之悟；

大慧菩薩問此四句偈，亦可證明悟後起修方是正理。

佛子當知：十方三世佛—包括諸位將來成佛—應身取涅槃時，皆須入於阿迦尼吒天—色究竟天—境界方取滅度。此天位於四禪四天之上，五不還天之頂。四禪四天乃是修得四禪而能伏欲之人所住境界，未見道故不能斷欲。五不還天則是斷欲之人所住境界，以證菩提故，後後際中永不爲欲所轉，故名離欲天。三世諸佛成佛之時，皆須具足四種禪：觀禪、練禪、熏禪、修禪。具此四禪方能身處欲界而示入色究竟天境界成佛，方具莊嚴報身，能度地上菩薩。捨壽時亦須以熏禪而取滅度。

十方三世諸佛雖具無量百千三昧，然皆依熏禪取滅。熏禪即是獅子奮迅三昧—由初禪轉入二禪，復依順序而漸次轉進至非想非非想定；復由彼定依序漸次退回初禪；復由初禪依序漸次轉入四禪，方於四禪之色究竟天境界取滅，示現涅槃；成佛亦如是，於彼天境界成佛。觀諸四阿含及大乘諸經所說，義皆如是。

而彼居士（出家後名○禪法師）認同月溪法師之說，認爲所有人一悟即成究竟佛；觀彼境界同於月溪，粗淺之欲界定念住功夫尚且未得，何況熏禪？至於修禪—超越三昧—更無論矣！而敢以佛自居，反謗正法爲邪謬法。彼居士及月溪法師皆弘《圓覺》《楞伽》，而此二經悉言事障理障及悟後起修之理，云何居士不解此意，反誣主張悟後起修之悟者爲未悟？爲非法？豈非可笑？是故佛子應當定慧等持，偏定偏慧皆所不宜。

善逝般涅槃，誰當持正法？天師住久如？正法幾時住？

疏：此四句偈問佛涅槃後，由誰住持世尊正法？世尊住世時間久暫？正法能住於世間多久？

現象界中，凡有生者必定有滅，只有久暫差別，無有不滅者；故應身佛出現於人間，必定亦有示現涅槃之時。凡夫異生不曉生滅之理，貪著生滅之法以爲實有，故有種種苦痛、輪迴生死。

修行者亦然，以未見道故，爲慢所障、或因循怠惰，不肯速求解脫；佛以三大無量數劫所修福慧，能住人間一劫、不滿一劫；然佛久住於世者，於諸衆生無大助益。何以故？因衆生必多心生懈怠故。衆生將因佛能住世幾個小劫或幾個中劫，便思人間五欲諸法，思忖自身貪著五欲數百千生之後，佛猶尚在人間說法，遂便懈怠，欲俟百千生後方修佛道，是故佛隨世法，示現八十歲之壽命而入涅槃。

佛住世時，外道跋陀已得四禪八定，年百二十而不能證得涅槃；雖欲求證，而思佛壽少彼四十，難捨慢心，猶豫不決。後聞世尊宣佈：將於三月後在娑羅雙樹間入滅。而仍遲疑，耽延不決。佛又遣人於入滅前一天通知，彼仍未能決定覲佛，遲至佛臨涅槃時至之前，方才趕來；彼時阿難尊者不令見佛，以涅槃時至，不宜打擾故。然佛天耳徹聞，知彼求見，乃告阿難曰：「此人乃我最後得度弟子。」遂令阿難尊者將彼老人入覲，佛爲開示有愛住地煩惱即是障彼涅槃之緣由，跋陀以此而知住於非非想定中之靈知心爲我執之心，若棄此我，即得入無餘際，立成四果俱脫無學。跋陀方知人天導師實至名歸，惋惜世間將失世尊，不忍見世尊涅槃，遂請先於世尊入無餘涅槃；世尊准之，跋陀遂入滅度。假使世尊當時不取涅槃，跋陀終不能得度。

世尊云何名爲善逝？此名悖俗，而有深義。常言道：「活到老！學到老！」世人學一輩子，都是學生—學習如何在世間生活生存，少有願意學死者。若言學佛之第一大要事乃是學死者，必招人嫌怪。此不特世人如此，乃至佛門中尙在外門修六度行者亦復如是。是故臨命終時哭哭啼啼、拉拉扯扯、牽腸掛肚，捨不得自己死滅，認定靈知心之自我是不生滅心故，不知此我乃因緣和合而有；於未來無知，故生恐懼。於生死一如之理不明，遂生種種妄想，恐懼死亡。

譬如世人生兒生女，滿懷歡喜，卻未曾思：此兒從何處來？是去年鄰家老奶奶過世來投生者？或是去年堂上老爺過世而投生者？或是去年被我惡性倒債的老王自殺來投生？此諸道理都不思索，都不思想我兒我孫今日之生乃是去年之死所致，都不思想如今垂死都因七十年前之生所致。

錯悟之人每謂無妄想之靈知心爲眞，然卻從未思惟：「若此靈知心爲眞，應此靈知心乃從前世來，則應入住出胎皆悉能知，亦應能知過去世事，因何此心不知往世諸事？因何必待修學宿命通已方能知之？」豈眞此一靈知心如民間信仰所言：於前世投胎前喝了孟婆湯？凡此皆因錯悟，不了此心虛妄、不通三世。以此靈知心皆唯一世，此世靈知心不通前世靈知，亦不去至來生，若執此心眞實，即是有我，即與常見外道同墮一處。若不覓著如來藏，即無可能了知捨報之過程，即不得名爲善逝；證悟之人若學一切種智，能知未來自他一切有情如何捨報，以具道種智故，二乘無學所不知也；而亦不得名爲善逝，未完全了知異熟果種故。是故唯佛與佛，乃名善逝。

學習生存之人必定求生—好死不如賴活；求生乃是有情之本能故。世人多不思索如何才能離開生死？佛子亦多在外門轉，少人思惟：如何死得自在？如何能由自己決定何時何處死？死後往何處去？死後欲生何佛淨土？或於娑婆繼續自度度他？來生當於何處出生？如何入住出胎分明不昧？如何觀察一切有情因緣？以此諸事於多數佛子而言，皆是可望而不可及，故多數佛子於此皆作下劣想：「我何人斯？而敢望想？」何以故？以諸崇尚二乘之大論師等尚不敢想望大乘見道之明心，心疑有無如來藏之可明心，云何敢求見道？是故一般佛子以彼況己，生下劣想，若聞見道明心之法，莫不退避三舍，心生疑謗，何況欲求善逝境界者？無足論矣！

「誰當持正法？」此問世尊應身般涅槃後，當由何人於世間住持正法？所謂正法者謂四悉檀中之第一義悉檀。第一義悉檀所說皆是眞如佛性；佛子學佛之目的，在於具足了知眞如佛性，並現起眞如佛性之全部大用，於一切法悉皆無功用行，此乃善逝之境界。欲入佛境界，當先求大乘見道—開悟明心及眼見佛性。明心見性後漸與無始無明上煩惱相應，漸漸探索之後，便知修道之路以及道之次第內容，至此方能於無佛之世住持大乘正法及護持二乘菩提。

二乘菩提悉依現象界之空相而說無常苦空無我及緣起性空，所言未至第一義諦，雖能令人得證涅槃，唯證解脫果，不證大菩提果，故非眞第一義諦；乃佛方便度衆而由大乘法中析出，接引欲求速離生死之小根性人，乃是佛之方便說法，故名二乘菩提爲化城，《法華經》中具說分明。

唯有大乘法雙具解脫果與大菩提果；二乘無學不證大乘菩提果故名愚人，凡夫不具三乘解脫果之修證故名異生；故說佛法實唯一乘，名爲佛乘；方便接引小根之人故，權設三乘。是故欲於無佛之世住持佛法者，當求大乘明心見性，方能悟後修入初地無生法忍，以初地道種智而住持佛之正法。若不明心見道，唯能住持名言正法，不能住持宗門第一義正法；二乘無學唯能住持二乘權法，不能住持大乘第一義諦之法界實相佛法；是故欲於佛涅槃後住持正法者，當求大乘見道—開悟明心；而以悟後證得道種智之初地菩薩為最適宜。

應身佛入滅後，雖有報身佛常住色界說法，而人間佛子若不具四禪所得五通，又復未斷五下分結及證道種智而入初地者，悉無能力於捨報後生於色究竟天宮聞佛說法；唯有具備四禪所得五通及斷盡五下分結之三地滿足菩薩及戒定直往之初地菩薩，方能於捨壽前隨意前往色究竟天宮面見報身佛，聞法修道；餘無能者。故須佛子住於人間，護持正法不滅，令諸人間有緣佛子得入正法；人間若有初地菩薩住持正法，則三乘佛法無憂，一切人天魔梵所不能壞。

「天師住久如？」天師者謂人天之師。度人師者，只須體會二乘緣起性空之理，即能度人學佛。欲度天人者，不唯須修五通，禪定境界復須高於天人，復須悟入大乘；若未悟入大乘者，單憑神通及禪定，無以度天人入大乘見道也；只能降伏天人，令彼皈依，而無能力令彼天人入大乘見道；是故欲為天人之師者，當具四禪八定、五神通、大乘見道之法智類智及道種智。此句偈所問者乃詢佛住世時間之久暫也。

何故有此一問？此因諸佛應身住世長短不定。釋迦應身壽八十歲，緣吾等有情以八十歲爲長壽故；若人壽轉增至八萬歲時有佛出世，則彼應身佛壽隨之而爲八萬歲；依於有情之福報差別，導致應身佛之壽量有異。

然十方佛之壽命無量，釋迦世尊之莊嚴報身盧舍那佛，如經所言壽命七百阿僧祇劫。以三阿僧祇劫所修福慧能致此果。成佛之後恒利人天而無休息，福果無盡而智慧圓滿，云何而言報身佛有涅槃時？故佛報身永無涅槃之時，而以於相於土自在，復能依一切行、於自悉皆無功用故，言佛恆依無住處涅槃常住三界。

「正法幾時住？」此問佛之正法住世久暫。依經而言，說此時代名爲末法之際。經云佛之正法住世一千年，像法住世一千年，末法住世一萬年。正法住世復分十期：第一百年聖法堅固，第二百年寂靜堅固，第三百年正行堅固，第四百年遠離堅固，第五百年法義堅固，第六百年法教堅固，第七百年利養堅固，第八百年乖爭堅固，第九百年事業堅固，第十百年戲論堅固。此名天竺正法住世千年，然實天竺第六百年已失法義，唯餘法教，其後每況愈下，是故亦有主張正法住世唯五百年者。

然正法期滅，非謂正法盡滅；像末之世，亦非無正法住世；皆以人之根器漸漸陋劣，不能普遍修證正法，及與正法之修證不能綜貫三乘、深解佛意，故名像法末法時期，非謂像末之際而無正法在於人間也。此由彌勒、馬鳴、龍樹、提婆、無著、世親……諸大菩薩踵繼出世，非皆出於正法住世之時而可知也。乃至末法最後五十二年，尚有月光菩薩率諸二乘無學住於人間，皆因彼時衆生無德不信，是故月光菩薩等人所持三乘佛法無有受者，以此無人繼承，佛法遂滅。以此可知：際此末法，仍將有諸大心菩薩陸續出現於人間，住持及弘揚大乘宗門正法，不令斷絕；唯因末法衆生根小福薄者多，故不能如正法期之廣傳爾。

今我同修與我共修第一義諦正法，我雖努力攝受護持其心，而仍不免多人退失、自我否定；或因月溪法師邪見而退失，此即末法之表徵也；然諸同修當於未來法滅盡前，盡力護持弘揚第一義正法，莫令中斷，以待月光菩薩之示現於人間。以上說佛寶，下說法寶。

悉檀及與見，各復有幾種？

疏：悉檀者謂宗義，復名遍施。宗義者謂佛法之主旨，施設四種主要宗旨而度衆生，名四悉檀。以四種施設，能具足宣說佛法宗旨，故名遍施。悉檀有四：世界悉檀、爲人悉檀、對治悉檀、第一義悉檀。

世界悉檀者，佛爲衆生宣說世界之成住壞空、五陰之生住異滅也。世界由欲、色、無色三界合名，欲界之中五趣雜居，兼含地獄；三界之成住壞空，皆有所由，非自然起滅；乃至人間有情之所從來，語言名相之出現，社會制度之建立等，皆有所由。五陰亦名世界，五陰之生住異滅及各類有情之五陰差別，皆屬世界悉檀。

譬如佛於四阿含中說有轉輪聖王受用七寶，金輪王乃至能升忉利天，而與釋提桓因共坐，具三十二相而不得解脫；說其得致輪王之因，以明因果。又說地獄有情之身命廣長，受苦無盡，罪報未盡者不得出離，明其因果。令諸弟子於三界二十八天境界有所解知，並令了知其爲幻有幻滅，及除世界貪愛而發出離心，凡此皆名世界悉檀。

對治悉檀者，謂佛爲弟子求出三界而不能成辦者，巧設對治之法，令其得證解脫果；復令弟子以諸對治之法，除衆生之愚迷而得解脫。

譬如貪欲重者；以貪食故，令觀食物不淨、食物生處不淨等；以貪男女觸故，令觀淫欲不淨，觀異性色身不淨、九孔惡露，作九想觀、白骨觀等；以貪自身而執色我者故，令觀自身不淨、無常敗壞；以貪自心靈明覺了而執心我者故，令觀自心念念無常，無常故空，空無故苦，苦故非我；以貪諸受者故，令觀五受無常變易、苦空無我；乃至識陰亦復如是，觀其無常變易苦空無我。

略而言之：瞋心重者，教令修學慈心觀；貪心重者，教令修學不淨觀；愚痴重者，教令修學十二因緣之緣起性空觀—所謂此起故彼起，此滅故彼滅；凡此皆名對治悉檀，能各別針對過失之重者而治理故。故佛有時云：「但能除斷男女細滑觸，便得出離。」實非唯斷貪欲便出三界，乃因某人餘障悉無，唯因貪欲致令輪迴，故唯令其斷於貪欲，便成羅漢；餘唯令斷瞋及痴者亦復如是，皆是對治悉檀之權設方便，莫謂佛語自違，干地獄業。

爲人悉檀者，謂佛隨人差別而設不同之修行法門及開示知見。人之根性八萬四千，不可一體適用，應須依人設教；主旨固然必同，施教可以互異，是謂爲人悉檀。

如舍利弗尊者有二弟子；其一弟子出家之前爲金師之子，舍利弗教令修不淨觀；其次弟子出家之前爲屠夫之子，舍利弗教令修數息觀；此二弟子久修而劬勞無功。佛令彼二人互易：金師之子改修數息觀，屠夫之子改修不淨觀，不久二人俱成羅漢，此即爲人悉檀也。

亦如佛度難陀尊者，欲令捨離美妻之執著，以神通力攜彼至忉利天，令知天中已有五百天女美艷非常，候其捨報生彼受樂，難陀觀已，不復念妻。佛復攜彼入於地獄，令知空鑊沸油正待其於天中捨報後墮此煎之，生於恐懼，不復思念天女五欲；精勤修道乃成羅漢。此亦爲人悉檀也。

第一義悉檀者，謂大乘如來藏空性之中觀類智，及地上菩薩道種智、佛地一切種智也。

凡二乘相空及緣起性空之法，悉是佛之方便施設權法，不及實相之義；雖共大乘菩薩法道，而非究竟，不及第一義，皆依三界有爲法而說而修故。唯有大乘不共二乘之菩薩法道，方依法界實相而說而修，能證空性眞如佛性故，故說唯有大乘是第一義法。大乘之空性法函蓋二乘相空諸法，兼及三界有爲法之相空及法界實相之空性故；二乘法乃從佛法之中方便析出，以度畏懼生死之人，令其現生實證無餘涅槃，證已不畏生死，迴心佛乘而修菩薩道；故二乘法本是佛菩提之局部內涵，非究竟法；故《法華經》云：「唯一佛乘，無二無三。」是故第一義悉檀者唯大乘中有，二乘中無。

有諸法師居士崇尚二乘法，排斥大乘唯識系之如來藏經典；彼等異口同聲推崇四阿含，謂四阿含爲究竟說，是佛親說；謂大乘唯識如來藏系諸經非佛所說，謂唯識諸經爲方便說，非了義說。此種現象，不獨顯教中有，密教之中亦復如是多有其人。譬如天竺月稱「菩薩」誤會龍樹菩薩《中論》，彼著《入中論》，而不承認有如來藏；又如西藏密宗阿底峽「尊者」及黃教始祖宗喀巴，亦同月稱「菩薩」服膺中觀應成派思想，否定如來藏；此諸古今假名善知識，悉墮二乘相空之法，執緣起性空之無常斷滅法以爲究竟，謂彼諸人不許無餘涅槃之中有空性本際故。然佛於阿含四部之中，早已密意說有涅槃本際，說無餘涅槃非同斷滅，謂其中有阿賴耶識空性不滅不生，故名涅槃；而諸二乘無學以信佛語故，捨報入涅槃，非同斷滅。今觀應成派諸中觀師，既不許涅槃中有佛說之本際，又說靈知心亦是緣起性空、幻滅之法，則無餘涅槃豈非斷滅？無異斷見外道。以不解不證無餘涅槃故，執二乘法爲究竟，又復因此墮於斷滅見中，而自謂已知已證中觀，可笑之至。

若未親證空性阿賴耶識，任憑口說中道之理、滔滔不絕，感得天花亂墜，亦皆戲論，不離斷常。如此之人必以遮遣一切名相爲離有，以靈知心離諸名相而不滅爲離無；以靈知心不起語言影像而安住不動爲中道；此名戲論。何以故？蓋靈知心乃一期生死所有，不通三世；彼世靈知心死已即無，彼心不入母胎來至今世；今世之靈知心亦然，死已即滅，不能去至來生。今應成派諸中觀師認定靈知心爲不生滅者，具足我見，正是自性見外道，而反指責證得空性如來藏者為自性見外道；同於盜賊之誣責屋主為賊，顛倒是非而反責人正法為非，可笑之至。如此之人豈唯不解大乘，亦乃不解二乘；豈唯不解楞伽楞嚴，亦乃不解四阿含、不解原始佛教。謂彼諸人不解世尊已於四阿含中密意說有阿賴耶識、說有涅槃本際、說涅槃非死已斷滅、說有如來藏、說有大乘、說有菩薩，而彼應成派諸中觀師不知不解；復於一切有情身中不知不見如來藏性，求索不得，遂謂為佛之方便說；乃執靈知心為不生滅心、為中道心，墮於意識之緣起無常，正是我見，而反誣指親證如來藏者為自性見，顛倒是非。

如來藏阿賴耶識方是般若經所說之空性，不可謂一切法緣起性空、一切法無常生滅為空性。若一切法之無常生滅及緣起性空即是空性，則般若空性即成斷滅，悉皆無常生滅故；如來藏則非如是。

凡夫異生之如來藏，悉皆駐在有情五蘊身中，一切異生及二乘愚人皆不能見，唯有菩薩以其慧眼方能見之。證得如來藏者，名為親證般若空性；般若名為智慧，乃是世出世間之慧，不共二乘。證得如來藏者，經由觸證體驗如來藏空性之各種法性，而漸漸發起般若慧，方能了知般若經所說非有非無、非一非異、不生不滅、不來不去、不增不減之義；以如來藏之體性本來如是故，便不再如應成中觀師之執靈知心爲我；實證無我。

心若有知有覺，不論定中定外，不論有無妄想，皆是分別我見我執之心，此心是意識故；心若有作主、能作主者，皆是俱生我執之心，此是意根末那識故。如來藏空性離見聞覺知，不自知自心，亦不作主，不貪不厭五塵，不貪不厭佛法；其體非無非有，不增不減，不生不滅，不來不去；能生一切法，而與一切法非一非異；遠離三界覺觀，無所貪著，亦不執著自心，方是中道心，方契三乘無我空性。

此如來藏空性方是法界之實相，是無餘涅槃之實際，亦是佛地大菩提果之根本，即是十方三世一切諸佛之法身，非以緣起性空之空無可名空性也，無異斷滅故。一切有情悉皆各各有一「唯我獨尊」之如來藏，彼諸應成中觀師等，人人亦各有其如來藏，唯彼不見故否定之；而人間一切證悟之人，悉能以其證悟所得慧眼觀見彼應成中觀師之如來藏，非二乘無學之所知也。是故二乘無學聖人若未迴心大乘而證如來藏空性者，悉皆不解大乘般若空，故生諍論。

而諸菩薩證得如來藏已，僅知般若空性之總相，唯得般若法類智；尚未能知如來藏空性之內所藏之一切種子功能差別，故須悟後加修一切種智。一切種智即是全部如來藏系經典所開示之深密法義，總名唯識學；一切種智修學未圓滿前，皆名爲道種智（未入地者除外），具足圓滿則名一切種智，唯佛成就。

今觀西藏密宗古今諸師之認同應成中觀者，尚且不知、不解、不證般若空性，中觀類智仍無，竟敢將悟後應修應學之一切種智唯識如來藏系諸經，貶爲不了義之方便說，謂爲愚痴顚倒，誰曰不可？

若究其實，中觀般若及如來藏唯識學，皆是第一義諦。中觀般若乃空性之總相及別相智，如來藏唯識學乃空性之種智，通達中觀般若而不學種智者，不通如來藏唯識學；通達如來藏唯識學者必通中觀。然佛子若未證悟如來藏而學唯識種智者，皆唯能想像思惟，不能向內觸證體驗如來藏之一切種，皆外門轉，只名聞熏，不名修習。是故佛子欲入不退轉住乃至初地者，當務之急乃是禪宗之破參；以破參覓得阿賴耶識之後方能驗證其一切種故。是故唯有覓得如來藏者，方能眞解第一義。以上略說四悉檀。

「及與見」：見謂邪見，或名惡見，略說有三有五、廣說有六十二及九十六。

說三惡見者謂三縛結：我見、疑見、戒禁取見。我見者謂有諸凡夫執色身或靈知心為我。凡夫執色身為我故畏生死、故貪五欲；佛子未見道前，執見聞覺知心為我，故畏死後此心滅壞，恐墮斷滅空，故不欲死。錯悟之人執靈知心離於妄想為不生滅我，故於我瞋不能離、不能斷。應成派諸中觀師則以靈知心不執著名相、不執著自己，以此為中道。此四種人悉皆不離我見，或依色身起見，或依靈知心起見，故名我見。如來藏從來不曾知覺自己離於我見，從來不曾知覺自己為名相所縛；因如來藏自無始來不曾墮於我見之中，無始以來不知名相、不曾被名相所縛，云何欲令如來藏離我見及名相？能斷我見、能離名相者乃是靈知心，能知佛法、能修佛法者乃是靈知心；如來藏離見聞覺知、自性清淨，云何令彼知覺佛法？修學佛法？是故應成中觀師等自言已離我見、已證中道，而實不離我見、不證中道；以彼等未證般若空性故，以彼等錯認靈知心為不生滅心故。

疑見者謂於理猶豫，不能決定；此有二乘及菩薩之別。二乘人修學聲聞四諦苦集滅道，依於無常、苦、空、無我，實證色我、受想行我、識我（靈知心）之空幻不實，故除三界貪愛而成無學；若實證已，性障習重而不能頓除貪愛，則名初果斷於疑見，以於五蘊空理證實，決定不疑，名為斷疑見。二乘人若修學十二因緣之法，依於十二因緣而了知此起故彼起、此滅故彼滅，則知五蘊十八界悉皆緣起性空，亦斷疑見，於蘊處界空相決定不疑—知蘊處界性是空，無眞實體性，故名緣起性空。然二乘人對於無常苦空無我及緣起性空背後之法界空性猶未能知，故彼二乘人唯斷蘊處界空相之疑見，不斷法界空性之疑見。

菩薩修大乘法、求破初參之前，亦須如上所說，依四尋思修四如實智，如二乘人斷除我見及與疑見，證實蘊處界之空相，由煖頂忍而入世第一法，障習輕微者，以此即入初果及初果向，然猶不名菩薩不退轉住，未證實法界空性故。菩薩依二乘法證實蘊處界空相已，復聞熏法界空性—如來藏—之眞實正理；聞已參詳體究，忽然覓著如來藏阿賴耶識，觸證此空性心，證實法界空性之存在，從此遠離生滅斷常一異來去增減，證實法界實相之清淨體性，於法界實相之眞實體性，印持決定，不再生疑，是名菩薩斷除疑見，非二乘無學之所能知。

戒禁取見者，謂諸凡夫外道不斷我見疑見，以墮於斷常二邊之邪見執爲正見，以之施設戒禁，取以爲實，欲藉邪謬之戒禁苦行而求解脫輪迴；譬如外道持諸水戒、火戒、不語戒、牛戒、狗戒、食自落果戒、裸身戒、常坐不臥戒……等，譬如佛子打禪七時強忍腿痛而不放腿，以爲藉此可消業障，師徒以此相勉等，悉名戒禁取見；我見疑見未斷，致生不如理作意之邪見。佛子當知：欲斷三縛結而證初果者，非以打坐腿痛所能得致，乃以審觀五蘊十二處十八界之空相、或以尋覓法界空性方能得致。

邪見復有五見，謂五利使：我見、邊見、邪見、見取見、戒禁取見。我見及戒禁取見同前三縛結所說。邊見者：謂修行人未證法界實相之空性，往往自以爲已入中道，而實不離斷常有無一異二邊；如應成中觀師之自認已入中道，而實雙具斷常邊見，此乃邊見之具體事例。邪見者謂不信眞實性用德業及與因果，謗無眞實性用德業因果等；五利使中一切邪見而不攝於餘四見中者，悉屬邪見所攝；舉要言之，一切不如理作意之思惟而得之觀念，皆名邪見。見取見者，由見取生；謂執自身五蘊勝他、執自己之見解勝他，無有勝己者；隨以己見爲勝妙清淨，欲以己見降伏一切人，而不反觀己見有無過失，是名見取見。此五利使即是六種根本煩惱中之惡見，乃見道所斷之無明；邪者謂不如理作意，惡者謂邪見能令有情不起般若慧，爲見所縛，流轉生死，故名爲惡見。

舉凡見道所斷之無明悉名爲見，故依大乘說解脫果所應斷之一念無明四住地煩惱而言，見一處住地亦是見惑，因不如理作意之邪見而生；菩薩覓得法界空性如來藏時，一切見道所斷之不如理作意隨眠悉滅，故斷見一處住地惑，入大乘見道位，成眞佛子。

至於餘五根本煩惱中之疑，非是見道斷；此乃見道前後修所斷惑；如十智之初—世俗智，皆須修道得證之後方斷；如疑有無初禪二禪、神通等，修得之後斷於此疑；此非見道能得，故須修而後得，得證而後斷疑，是故此疑非見，乃修所斷。

毗尼比丘分，云何何因緣？

疏：此二句偈請佛開示戒法之由來。毗尼者戒律也。如前所說，戒有多種：有外道戒，有佛戒；有定共戒，有道共戒；佛戒之中復有在家戒，出家戒；在家戒爲人天善法，出家戒爲解脫戒。復依不共二乘之唯一佛乘而制訂別解脫戒，謂菩薩戒。出家聲聞戒復有式叉摩那（近住女）戒、沙彌沙彌尼戒、比丘比丘尼戒之別。

佛子若未圓頂出家，不可學出家戒，亦不可讀誦；唯除證悟而不退轉之菩薩。此非輕視在家人，實爲保護在家弟子及護持佛教，故有如此禁制。

云何在家弟子不可讀誦出家戒？此因在家弟子若曉出家戒相，往往欲觀出家二衆之身口意過，觀已向人評論比丘二衆之過失，謂彼等犯戒。此則不唯令心放逸，亦且成就有根誹謗三寶之過，成菩薩墮。

爲護正法故，一切三寶不應誹謗（法義辨正不可混爲一談），不論有無根據。凡謗僧寶之身口意行者，俱得誹謗三寶重罪，於菩薩戒中乃斷頭罪，不通懺悔，必失戒體。若無根據而謗僧寶，名為無根誹謗，必入地獄，失菩薩戒體。為免佛子誤犯此過，故遮在家者不准讀誦出家戒本。

又諸佛子應當注意，人間之僧寶有二種人：一為住持僧寶，如諸剃髮而著染衣、受具足戒之出家人；二為勝義僧寶，一切佛子不論在家出家，凡已實證如來藏空性而不退轉者，悉名菩薩僧。菩薩僧有七住位乃至七地者（八地以上多不示現於人間），非必現出家相，是故佛子應當在意小心，莫隨意謗人。未學亦復如是，若無十足證據把握，不敢隨意說人錯悟；萬一錯謗眞悟之一人為未悟，則捨壽之後，三賢十地一切皆失，果報極重，萬萬不敢輕忽。

戒律之制訂，其來有自，非無因緣。昔年佛於菩提伽耶悟後，步行至鹿野苑（鹿野苑距菩提伽耶約二百五十公里，今乘遊覽車八小時可達），為五比丘說法，初創僧團，以一佛偈為戒：「諸惡莫作，衆善奉行；自淨其意，是諸佛教。」初期僧團成員皆是阿羅漢，本性清淨，乃是聖人，以故佛未制戒。後來僧人漸增，中有凡夫及諸有學，良莠不齊，漸有不如法事，佛乃隨事漸制。是故比丘二百五十戒、比丘尼五百戒，悉是隨事漸制，非初創僧團即有。

至於在家戒，皆因佛說人天善法及與持戒功德，令善信男女信受後，復為說五蘊空等法；聞法已畢，心生歡喜，乃於佛前胡跪叉手，自三歸言：「今我歸依佛、歸依法、歸依僧，唯願世尊聽我於正法中為優婆塞。自今日始，盡形壽不殺、不盜、不淫、不欺、不飲酒。」如是三說，即成三歸五戒，無諸儀軌繁文。

上說在家出家戒，皆為人設；然三界有情非僅人之一類，憫諸有情，佛復說別解脫戒，一切天、人、傍生、鬼、修羅等，凡解傳戒法師語者，悉受得戒，此即菩薩戒。菩薩戒者比丘比丘尼亦得受，受菩薩戒已，以菩薩戒為依止，即名菩薩比丘比丘尼。此戒乃為不畏生死，能發大悲心之佛子而制，一受永受，盡未來際不失戒體，以之得成佛道。此戒無有捨法，唯有破戒而失戒體；如犯重戒者失其戒體。佛子若不受此戒，永不能成佛道；受此戒已，得超三大劫生死，是故應受。以上四句偈問於法寶，次復十二句問於僧寶，今先解四句：

彼諸最勝子、緣覺及聲聞，何因百變易？云何百無受？

疏：僧寶有三：菩薩、緣覺、聲聞。聲聞者謂諸修學四聖諦無常苦空無我法之有學無學聖人，總有四向四果，皆因聞說四諦八正之法而入，故名聲聞。緣覺謂依十二因緣而觀一切緣起性空：此起故彼起，此滅故彼滅，頓悟一切諸法無眞實不滅之體性，故名緣起性空，以此成辟支佛。

最勝子者即是菩薩。云何菩薩名爲佛之最勝子？謂聲聞唯通四諦八正無常苦空無我等法，辟支佛唯通十二因緣之緣起性空等法，菩薩不唯俱通二乘，又復通達大乘空性及道種智，故名佛之最勝子。

菩薩若遇聲聞種性之人，即爲彼說聲聞四諦八正；若遇緣覺種性之人，即爲彼說十二因緣、緣起性空；若遇菩薩種性之人，即爲彼說三乘諸法；若遇已悟之菩薩，則爲說八識心王、五法、三自性、七種性自性、七種第一義、二種無我；若遇初地菩薩，則爲教授百法明門、令伏三界惑、令發十無盡願；若遇二地菩薩，則爲說千法明門，令修十善業道，令嚴持禁戒；……。菩薩之法，現同凡夫俗人，不住聲聞解脫相，於五欲中亦得自在，非二乘無學臆度所知；

又復不畏生死，生生世世於三界生死之中自度度他，盡未來際荷擔如來家業，故名最勝子，二乘佛子無有能出其右者。

唯有最勝子，能眞明解八識心王之五法三性七第一義及二種無我；唯有最勝子，能眞明解百法明門；唯有最勝子，能眞實傳授百法明門，不依文解義；唯有最勝子，得名眞佛子，得名眞出家，能荷擔如來三乘正法，永不趣寂取滅故。

《大寶積經》云：「出家者唯形像爾，菩薩眞出家者，爲於世間覺悟衆生，名眞出家。」是故眞正之出家不在身相，而在於心；心若不出家，身雖出家，終不能出離三界。依聲聞人而言，唯有出家人方能得入四果而成無學，以出三界；然依唯一佛乘而言，唯有實證如來藏之七住不退菩薩及證得無生法忍道種智之地上菩薩，方得名爲眞出家人。二乘無學迴心大乘修菩薩行，若未明心證實空性，只證二乘相空，唯名別教六住菩薩，尙在賢位，猶未是大乘七住不退轉位，何況七地？尙未實證中道類智，何況初地熏修一切種智？故云菩薩是佛之最勝子，名爲菩薩僧。

「何因百變易？」此問變易生死。三乘一切聖人悉皆不離變易生死，唯除究竟成佛。一切凡夫欲求成佛，修道過程極為漫長曲折，故佛為說五乘諸法，漸漸誘引入菩薩道，非可三言二語道盡。

若人欲修佛道，先須保住人身；若失人身，欲再返回人間，非是易事，是故佛令善持五戒，來世不失人間五陰，故有人乘諸法。欲伏三界煩惱，當修禪定三昧，故說天乘諸法。欲出三界輪迴，當實證五陰十八界空相，當修四諦八正，故說聲聞法。欲斷輪迴之無明，當觀十二因緣，實證緣起性空，故說十二因緣之此滅故彼滅，此起故彼起。欲求成佛，當實證無生法忍一切種智，當修一切種智，故說如來藏唯識學。

菩薩以依人天善法不斷修集福德資糧故，能聞能修二乘解脫道；菩薩修學二乘之蘊處界空相已，不急於斷盡一念無明而取涅槃，乃依大乘見道之中觀法智類智為基礎，迴向修學一切種智；以修學唯識一切種智故，發起道種智而入初地，實證無生法忍；然菩薩仍然留惑潤生，不速求斷一念無明之有愛住地，而次第上修，直至六地方才斷盡一念無明、證滅盡定；菩薩三地滿足時能取滅度而不入無餘涅槃，又復次第修入六地，依無生法忍深入現觀十二因緣，非依緣起性空而觀；於七地中念念入滅盡定而不取滅，蒙佛加持傳授「引發如來無量妙智三昧」而入八地，於相於土皆得自在；上上升進乃至等覺妙覺，次第轉依而悉未離變易生死；故菩薩於後百劫修諸相好，一切三施乃至頭目腦髓，無一時非捨命時，無一處非捨命處，乃成後身菩薩於人間成佛，彼時方離變易生死，是謂諸佛離二種死。菩薩六地滿足者以及菩薩阿羅漢、二乘無學等人，悉離分段死，而未離變易生死，謂一切有情未成佛前，其本識中仍有八識異熟種子流注變易，須成佛時始能斷盡此種自心流注，是故聲聞緣覺及最勝子，必須勇猛直前，不斷進修轉依，方得遠離一切變易，究竟斷除變易生死。此諸變易轉依，其後經文當敘。

「云何百無受？」未悟及錯悟之法師居士們，每認爲無妄想妄念之靈知心即是菩提心；不特顯敎如此，密敎之寂天、宗喀巴、岡波巴、蓮花生等人亦復如是，皆以無妄想之靈知心爲眞。然此靈知心生滅變易，非無所受；何以故？此無妄想之靈知心觀想白菩提紅菩提明點時，即成有妄想之靈知心，觀想即是妄想故。明點觀想不能成就時，則心生苦受，與受相應，即非離受之菩提心，菩提心唯有捨受相應故。

觀想初成時，心生喜受，與受相應；後時復恐壞失，是故必須時時保持，恐其退失，是則與憂受相應；精勤保持，努力進修而不退失，心生樂受，是則此一靈知心與樂受相應；觀想明體之靈知心既與喜樂憂苦相應，即非無受之心；唯有昏沉之時，與捨受相應。然眞菩提心自無始以來，不曾與苦樂憂喜受相應；乃至修行者以除煩惱故，靈知心不起苦樂憂喜受時，若人以刀割針刺加之其身，苦受復現於靈知心中；然靈知心起此苦受時，菩提眞心依然無所受。

舉凡有受之心，皆依三界有爲現象相應故起，依六塵而生，唯有靈知心相應；菩提眞心離見聞覺知，不與六塵相應，是故無所受；以無受故不起貪染及厭離心，不貪不厭故名中道；恆常如此，非因修成，故名本性清淨；非如靈知心之有時清淨有時雜染、修前雜染修後清淨，故云百無受。

對未悟及錯悟之人，說眞如百無受；然於已悟者而言，眞如非有受、非無受，此依眞如種子功能差別之變易而說。眞如若眞完全無受，則所蘊一切煩惱種子不能現前，一切善法亦皆不能熏習，則見道與修道，悉皆唐捐其功。以眞如所蘊一切有漏無漏法種皆能熏習增減，故云非無受；以眞如諸種子熏習增減之時，眞如本身不受諸受，唯其所現七識受於諸受，故云非有受；以此非無受、非有受之自性故，說言眞如恒處中道。然此正理非錯悟及淺悟之人所能知之，爲免佛子誤認靈知心摒除諸受之時爲眞心，故云百無受，謂眞如有受，非靈知心相應之苦樂憂喜捨受。

云何世俗通？云何出世間？云何爲七地？唯願爲演說。

疏：神通有六：天眼、天耳、神足、他心、宿命、漏盡。前五通外道，第六唯佛門，唯是出世間慧故，外道所不得。世俗五通境界亦有上下差別，復有修得及報得之別。

天眼通者謂能見於肉眼不能見物，譬如能見天人及鬼神，能見遠物及障蔽物，暗中能見，或能見極微之物，悉名天眼；若唯見鬼神，不見天人，名爲陰眼，不名天眼。菩薩證道之人若修天眼成就者，復能見未來世受生度衆因緣，此則不共外道。

天耳通者謂能聞於小聲微細聲，如諸天人鬼神音聲；亦能聞於遠處人天鬼神音聲。菩薩能聞十方諸佛說法，此則不共外道。

神足通者謂能遠至他處，隨意來往；或移遠就近，或移近就遠。鬼神唯能於地行於神足；天人能來往人間天上，唯皆不離此娑婆世界。唯有菩薩來往十方諸佛世界，拜謁諸佛，此神足通不共外道。

他心通者謂知他心，此有二種：一者能知別別有情心中想念言語思惟。二者以修得慧，能知下地有情心所住境。欲界天人知人間男女心所住境，初禪天人知欲界天人心所住境，乃至非想非非想天人知無所有處天人心所住境，俱脫阿羅漢知非想非非想天人心所住境，辟支佛知阿羅漢心所住境，菩薩知辟支佛心所住境，佛知菩薩心所住境；此知他心者，能知自地及下地境，不知上地境。三乘佛子及佛之知他心，不共外道。

宿命通者謂知自他有情於往世住於何地、姓字名誰、父母名稱、年歲壽數等。鬼神或知一二三世，天神或知五六十世，或知五六百世，俱解脫而得通之阿羅漢最多能知八萬大劫，菩薩過於此數，佛通無量數劫。

以上五通境界高低，隨於禪定高下而有差別，非皆等同。依初禪修得五通，知欲界五通；依欲界修得五通，不知初禪所得五通。乃至依四禪修得五通，能知三禪以下所得五通；三禪修得五通，不知四禪所得五通。故諸五通依其所得禪定境界高低而有差別，上地能知下地，下地不知上地。若人迄未修得初禪，而言神足通能至初禪天者，名爲妄語，下地神通不至上地境故。

漏盡通者唯三乘佛子能得，不共外道；此通唯是慧故，依三乘菩提方證得故。漏盡者謂三界有漏之法已盡；喻如盛水之器有諸穿漏，水恆漏失，不得圓滿；佛子學法，於三界煩惱若不斷不盡，則其功德恆常漏失，永不圓滿，名爲有漏；煩惱若盡，不復漏失，名爲有漏已盡，簡稱漏盡；此是智慧，非是神通，不共一切外道。

漏盡通者乃依解脫果言，三乘無學悉共得之，而慧有別。小乘阿羅漢、中乘辟支佛、大乘菩薩阿羅漢及六地滿足以上菩薩悉皆同有漏盡通，捨壽後能取涅槃；然二乘無學不知不解涅槃之本際，大乘見道菩薩及得阿羅漢或六地滿足者，悉能知解涅槃本際，此因打破無始無明，通達般若中道故得，非二乘所知，故《勝鬘經》云：「阿羅漢無漏不盡，不盡者謂無明住地。」謂阿羅漢不破不斷無始無明，於法界實相懵無所知，但非凡夫，故名愚人，不知不解大菩提果。

菩薩不唯修學共二乘之解脫果，亦修學大乘之大菩提果，圓成一切種智而成就無上正等菩提，不唯於一念無明漏盡，亦於無始無明而得漏盡，此謂菩薩修學大乘而成佛果，其漏盡通異於二乘無學。

綜上所述，謂三乘聖人所得五通，有共諸外道世俗五通者，有不共外道世俗五通者，以上地能知下地、下地不知上地境故。菩薩復有解脫果及大菩提果之漏盡通，不共二乘及外道者，以慧有別故。

「云何爲七地？唯願爲演說。」七地境界不可思議，非外道凡夫及二乘愚人之所能知。欲明七地境界，當從菩薩依戒慧直進之修行過程而敘，庶能稍稍揣摩。菩薩於十信位，一劫乃至萬劫修行信心、累積福德資糧，乃入初住位；復依外事修學菩薩六度，漸至六住位熏習般若，並修四加行，依於二乘修學之相空諸法，於苦集滅道各依法智忍、法智、類智忍、類智而觀十六心，依四尋思證四如實智，而後心心無間尋覓眞如；若未破參，則同二乘迴向大乘者，仍居六住滿足位。

若一朝覓得眞如，即住中道，入七住位常住不退，於中重觀見道前之十六心，確認色陰乃至識陰——一念不生之靈知心——虛妄，肯認眞如體性眞實不虛，深入體驗眞如之諸多別相，即成十智之法智。復依法智觀諸三界九地有情，即成類智；依此類智細觀三界九地有情諸心、心數法，得成知他心智。復依眞如所蘊一切種，熏習體驗一切種之功能差別，名爲熏習一切種智；復又將其熏習之一切種智，一一深入證驗，通達八識心王、五法、三自性、七種性自性、七種第一義及二種無我，證入初地無生法忍而得道種智，名爲戒慧直往之初地菩薩。

初地菩薩入初地已，伏除性障，精勤修習三施，復依眞善知識修學百法明門，善發十無盡願，證得大乘照明三昧；初地佛子以此轉入二地修十善業道，嚴持淨戒，方名持戒；以戒淨故，十善業道滿足故，二地菩薩進入三地，精勤修學四禪八定，四無量心，五神通；此三地菩薩能證滅盡定而不取證，轉入四地，依大乘無生法忍而審觀四聖諦，諦審諦觀圓滿四地；復入五地依大乘無生法忍審觀十二因緣，至此悉知二乘無學一切智方入六地取證滅盡定，而不取無餘涅槃，復依大乘無生法忍修習觀禪練禪熏禪修禪，以此之故，念念入滅盡定，非二乘無學得俱解脫果者所能知之。菩薩七地以此諸功德，能至十方諸佛世界，頂禮十方諸佛，聽受佛法而無障礙，是名七地菩薩功德略敘。此非二乘愚人及諸凡夫所能知之，何以故？一切愚凡尚不能知菩薩七住所證般若法智類智，云何能知初地乃至七地境界？

僧伽有幾種？云何爲壞僧？

疏：僧伽謂於佛法中出家修行之佛子。僧伽有三：聲聞僧、緣覺僧、菩薩僧。

聲聞僧者依佛所制聲聞戒法出家，剃髮著染衣，住於伽藍，依於佛座而修四聖諦八正道之無常苦空無我等法者，名爲聲聞僧。緣覺僧者謂於無佛之世，出家修行著壞色衣，處處乞食，居無定所，依十二因緣觀修一切諸法緣起性空——此起故彼起，此滅故彼滅；此名緣覺僧。

菩薩僧者有出家在家之分，不侷限於人類，若諸天龍金翅鳥等能得大乘見道，悉得名爲菩薩僧。《華嚴經》中善財大士五十三參所述之國王、鬼神、比丘、婬女、婆羅門等，悉是菩薩僧；是故菩薩僧不限人間之出家二衆，譬如文殊師利、普賢、觀音、大勢至等大菩薩，悉現天人莊嚴相。

依聲聞戒出家共住，修聲聞法之僧衆，名爲聲聞僧團；不因其於大乘法中出家修行而名菩薩。若以聲聞戒及菩薩戒爲依止，然依菩薩戒精神而住，修學三乘之法，不墮二乘相空之中，此諸出家二衆和合共住，名爲菩薩僧團，不論彼等證悟已否。若有人、天、畜生、修羅、鬼神等佛子衆，皆已證入大乘見道，爲弘法及共修而組成共修團體者，亦名菩薩僧團，不限比丘方名爲僧，已見道故。以上所述皆名僧伽。

復次，僧有二種：羯磨僧及法輪僧。復有三種：和合僧、假名僧、眞實僧。復有四種：有羞僧、無羞僧、啞羊僧、實義僧。此依諸經隨次列舉，佛子依名觀義，眞僞自辨，無勞贅文。

壞僧者謂破壞聲聞僧菩薩僧之道業及予誹謗。在家佛子親近寺院學法，愼勿參與僧衆私事及作評論、調停是非；更勿兩舌，轉述言語，導致僧團之分裂；凡此諸事皆名破和合僧。參加菩薩僧團之共修及弘法事務，亦當謹愼小心；菩薩僧團之成員，修證層次之高低有別，性障深淺亦異；有甫入七住十住之習種性菩薩，習性仍重、仍在熏習佛法者；有已入十行位之性種性者，有已入十迴向位之道種性者，亦有已入初地以上之聖種性者，千差萬別；是故於中共修共事之時，愼勿播弄是非，免造破僧斷頭罪；此罪犯已，戒體隨失；不通懺悔，必下地獄；七十大劫受無量苦，三賢十地一切皆失；律經具載，必須謹愼遮護。

此外，凡有聞見聲聞僧、菩薩僧之身口意過失者，不論其事眞僞，悉不應予大事宣揚，亦不得於私下耳傳，否則即名有根謗僧、或無根謗僧，皆得誹謗三寶之重罪。

復次，佛子以無明故，假藉錢財女色等，誘引二種僧毀戒者，亦名壞僧；

雖無惡意，而以逾份之錢財美食房舍土地供養比丘，導致不能勤求見道及修道者，亦名壞僧；本非眞修實證之人，佛子不察，盲目推崇宣傳，謂爲大修行者，大作廣告，陷彼比丘於名聞利養之中，不能自拔，漸漸荒廢道業，貪著名聲及大道場，到老無修無證而誑騙世人似有修證；此諸盲目推崇、大作宣傳之人亦名壞僧。

壞僧諸事及業，一般佛子唯知其大而顯者，猶不免犯之，何況深細之事及其因緣果報？譬如以諸外道見，置於佛法中，用以誤導未悟之僧衆，亦名壞僧；又如某居士（今〇禪法師）以月溪法師之外道法，於數年前誘引我會中數位同修棄本眞心，改信月溪法師之外道見，復返常見外道法中，此亦名爲壞僧；使菩薩僧因此頓失大乘見地及功德正受故，令其退回凡夫種性外道常見中故。以壞僧之事及業極爲複雜難知，是故大慧菩薩以此問佛。

云何醫方論？是復何因緣？

疏：醫方者謂菩薩五明之一，瞭解各種醫方及與道理之人名爲醫師，能治有情身中諸疾。現代復有精神科醫師，瞭解精神病患心理學，配合藥物而爲治療。若不瞭解各種醫學理論及藥理學，則不能爲病人處方治病。

傳說中國最早之醫師爲神農氏，遍嚐百草而成草藥之藥理專家，據以療治衆生病痛。菩薩修行有成之後，固然亦學醫方論理，實乃以之爲方便，漸漸誘引有情步入佛法。菩薩欲治衆生之無明病，欲斷其三界有之渴愛，必須佛法，故以治病爲手段，方便安置衆生於佛法中，是故說諸菩薩爲醫者。

然而世間身病雖癒，非究竟癒；癒已復有他病，或復被人感染，無有究竟癒時。欲究竟癒病者，唯有修證佛法，若得解脫涅槃，尚無身受諸法，豈況有病？此無明病一旦癒已，永不復發，故名佛爲大醫王；以世尊釋迦牟尼出現於世，爲諸有情種種說法，故有八萬四千法門救度有情離三惡道苦，救度佛子出離輪迴，故稱世尊爲大醫王。

世尊所說人天聲聞緣覺佛乘諸法名相，即是治療生死病之處方。所說五乘理論及方法，即是治療無明病之醫方論。以有情心病千差萬別，故世尊施設人天乘善法，令諸有情免墮三惡道；施設三乘菩提，令諸佛子據以出離生死，佛滅之後，人間佛子當依人間之聲聞僧及菩薩僧修學佛法。然諸佛子學法之前，當先明解三乘菩提異同，明辨所欲親近學習之善知識爲聲聞僧或菩薩僧？

若善知識教導我者爲四聖諦八正道之無常苦空無我及緣起性空之法，而不教導眞如佛性第一義法者，當知彼法唯治輪迴，不治愚痴；不能令我生起第一義諦智慧，名爲聲聞僧。若善知識不唯教我上述聲聞之法，亦兼授我眞如佛性第一義法者，當知彼法兼治輪迴病及愚痴病，是眞善知識，名爲菩薩僧。菩薩僧能令佛子解知三乘菩提異同所在，令諸佛子不唯能入小乘見道，亦能得入大乘見道，乃至能令佛子修證地上菩薩之無生法忍，是名菩薩善觀因緣，能順衆生根性差別，授以三乘菩提之法，是謂菩薩明解治療無明病之醫方也。此諸因緣難知難了，非諸二乘聲聞僧之所能知。

何故大牟尼，唱說如是言：迦葉拘留孫、拘那含是我？

疏：佛於別經曾云：「我是過去一切佛。我於過去種種受生，作轉輪聖王、六牙大象、釋提桓因、善眼仙人……等。」有時唱言：「過去拘留孫佛、拘那含牟尼佛、迦葉佛是我。」以如是諸語故，大慧菩薩有此一問。此一問者為諸有情問於世尊，欲佛開示諸佛平等之理：字等、語等、身等、法等。後自廣敘，此不先舉。

「大牟尼」者，讚佛法身寂靜極寂靜也。諸佛法身乃至一切愚凡之真如，無始以來遠離見聞覺知，不起受想行覺，故名寂靜；牟尼者寂靜之意也。然諸有情真如固離見聞覺知，而其所蘊七識心王之三界煩惱猶未止息，故不得名大寂靜—大牟尼。三乘無學之真如雖斷三界煩惱，七識心王不復執取三界諸法、永離輪迴，然仍有識種變易之自心流注不斷，亦不得名為大牟尼；唯有究竟佛地始得名為大牟尼—大寂靜，無始無明之一切塵沙惑永盡無餘故。

何故說斷常？及與我無我？何不一切時，演說真實義？而復為衆生，分別說心量？

疏：上來四句問法身佛之平等相，此六句偈問法身之性相；此乃大乘法寶—第一義諦。

斷見謂人死如物壞，死已斷滅，無有精神體性常存，名爲斷滅。譬如崇尚二乘緣起性空而不解緣起性空之諸大知識，每云一切法緣起性空，一切滅已即是涅槃，不許有如來藏空性離見聞覺知獨存於無餘涅槃中，斯等大善知識亦名斷見者；雖彼諸人否認涅槃爲斷滅，亦引佛語證明涅槃爲中道，不承認自己是斷滅論者，然卻認定無餘涅槃之中一無所有，不許涅槃中有如來藏空性離一切法獨存，斯則口言中道，實爲斷滅論者。

常見者謂執取靈知心爲不生不滅之永恒實體，誤認此靈知心爲常恒不壞之心，此即《楞嚴經》所示之五現涅槃外道見；亦有佛子修習定法，坐入初禪、二三四禪定境，妄認定境中之靈知心爲常恒眞實之心；合欲界靈知心，總名外道五現涅槃邪見，藏密四大派諸祖如宗喀巴之類，及與天竺月稱「菩薩」《入中論》所說，皆同阿底峽「尊者」一般，依應成中觀而墮於常見之中，反以一法不立之宗旨，於他人之弘揚正法處隨取隨破，自以爲是弘揚正法，超勝一切人，卻墮於破壞正法之大惡業中；凡此皆名常見之徒。佛爲破壞常見外道之常見，故說聲聞法五蘊十二處十八界空相—無念靈知心乃是識陰，無常非恒，於無想定等五位，中斷而不現前—令常見外道知曉靈知心相空非實，故佛方便說無我法，以破常見外道。

破常見外道已，未悟之人便認一切法空，悉皆緣起緣滅，無有實體眞性，墮於邊見，認同斷滅；佛欲導正此諸邪見，遂說有如來藏之眞實體性，乃依如來藏之總相而說其別相，此即《大般若經》之由來。然如來藏之總相所顯別相，離於一異、俱不俱、斷常、生滅、來去……而名中道，其意難會；爲度著有外道計，遂說不空如來藏，說爲眞我眞常眞樂眞淨，又說有我；計有外道以知佛法非斷滅見故，欣然皈佛受學，終於漸漸證入空性如來藏，證已方知如來藏空性眞實無我，無始以來遠離見聞覺知及不作主故；以證如來藏故，證得人無我及法無我。是故有時佛說有我，有時復說無我，悉皆眞實，無有錯謬。未悟之人若說我及無我，即如暗夜射箭，有時中的，多數虛發；中的之時亦不知中，不知所以射中之理。

若諸常斷見者悉皆入於佛法，則應令學一切種智，是故依於如來藏本體之中道，又復說如來藏之心量—八識心王之能依所依及俱有依、五法三性七自性及七第一義、二種無我、百法明門、千法明門……等。佛子了此心量已，即知如何次第而入初地，如何次第轉依而至佛地。

此諸佛法正見，須依佛所施設之五時三教次第而授，地上菩薩若依此次第於人間弘揚大乘，則橫逆必少，正法得以順利弘揚。余於早期未依此次第，而於初始即大力弘揚如來藏法，故爾多諸橫逆，屢有明心者退回常見法中，亦遭錯悟之常見佛子攀爲同類；若非後來陸續著作出書，闡明其異同，難免爲應成中觀師誣爲自性見。凡此皆因大乘正義甚深微妙，難解難入，余於諸書雖然幾已明說密意，仍然少有因書悟入者，錯會之佛子依然不計其數。是故佛於初成道時不即說甚深之法，而於阿含中以密義說如來藏空性，眞悟之人讀之便解，劣慧者便墮相空諸法中，不能證解佛於阿含密意所說如來藏空性。

此六句偈乃問五時三教：何因佛先闡釋斷常？因何有時說於無我？後復說有眞我常恒不壞？云何不於初成佛已即於一切時宣說大乘正義？而分聲聞相空之教、大乘般若空性教及如來藏唯識教？又復爲諸佛子說如來藏唯識一切種智？何不一切時說？因何需觀根器及時節因緣？

何因男女林？訶梨阿摩勒？雞羅及鐵圍，金剛等諸山，無量寶莊嚴？仙闥婆充滿？」

疏：傳說天竺某處樹林中，有異樹林名男女林；此多株樹木所生果實，形如男女裸形；此果爛時其味極臭，一切鳥畜皆遠離之。果熟墮地，堆積如丘漸漸腐爛；修行人聞有此事，遂往此男女林中見聞果實，隨彼男女果實之初成姣好，漸漸乃至腐爛惡臭，以之觀行，成不淨觀，遂離男女體態淫欲之貪著。

訶梨及阿摩勒皆是欲界天之樹木所生果實，果味清香，食之令人神清氣爽；果實在樹時清淨圓滿，塵污不沾，故名阿摩勒；阿摩勒有時翻爲菴摩羅，以其清淨不染塵污，是故佛以此果之名比喩三乘無學聖人之眞如，名爲菴摩羅識，或翻爲阿摩勒識。前二句偈乃問世間何因有此二類極端清淨染污之樹林？

雞羅、鐵圍、金剛山等，皆是《大方廣佛華嚴經》中所述世界海中之山，此諸山等皆有無量珠寶及寶珠網而作莊嚴，無比清淨。十方虛空有無量世界，彼諸世界亦有五濁不淨如此娑婆世界者，亦有純一清淨如彼極樂世界者，亦有超勝於極樂世界者。欲知詳情，逕閱華嚴可知，此不贅述。後四句偈乃問世界海中之雞羅山、鐵圍山、金剛山……等，何因何緣有諸種稀世珍寶而作莊嚴？何故彼諸寶山充滿仙闥婆？

仙闥婆有翻作乾闥婆者，此名樂神，喜樂音樂，擅長吟詠，常以天樂娛樂忉利天主釋提桓因等。

無上世間解，聞彼所說偈，大乘諸度門，諸佛心第一。」「善哉善哉問，大慧善諦聽，我今當次第，如汝所問說。」

疏：無上世間解者即是世尊；佛有十號，其一名爲無上士，其二名爲世間解。世間解者，謂一切世法無有不知，此乃依於往昔三大無量數劫所修所證而成就者；無上士者謂佛世尊所證世間出世間智慧，悉皆窮盡，三界之中無有能出其上者，故名無上士，或名無上師。

近年有某女人捨離佛門，脫卻袈裟，自稱「青海來的無上師」，廣聚徒衆，大事宣傳聲論外道之「觀音法門」；然探其法者，悉知彼爲聲論外道，彼自身中之空性尚不能知，見道且無，云何名爲無上師？自欺欺人者也。

無上士及世間解之名銜，唯佛能得，於世出世間一切萬法無有不知者故。佛聞大慧菩薩所說之偈，其所問者悉是大乘法中各種能度解脫彼岸之法門，此諸法門之根源，悉是諸佛本心—眞如佛性。

學佛之目的乃是爲求成佛，成佛有二果：解脫果及大菩提果。三乘無學悉得解脫果，而有漏不盡；不盡者謂三乘無學唯斷盡三界惑而出輪迴，然自心中尚有識種流注生滅，未離變易生死，故名不盡。

定性聲聞若於捨壽前，未聞佛說眞如佛性常恒不壞名爲涅槃本際者，一旦入滅，永住無餘涅槃，永不出現於三界，無益廣大有情。若於捨壽前曾聞佛說大般涅槃—眞如佛性常恒不壞—無住處涅槃，心生仰信，仰推如來有此究竟無上妙樂；雖至捨壽之時仍未迴心大乘，然已信受而入涅槃，於無餘涅槃位中如來藏內已有此種；以此無漏法種本自有之，復依佛爲開示之緣而啓動其內種之自心流注，漸漸增長，或於三大無量數劫後，或三百三千三萬億無量數劫後，終將漸漸成熟而離無餘涅槃界，復於三界依其大乘無漏法種自心流注之作用，受生而修大乘；故說三乘無學未成佛前，其解脫果非爲究竟，應依眞如佛性根本而修，方乃究竟。

三乘無學雖證菩提，而未究竟佛地大菩提果。大菩提果者依三乘菩提建立別名，謂三乘有學及與無學悉證菩提，或證聲聞菩提，或證緣覺菩提，或證大乘菩提而未圓滿，故皆不名大菩提果。

聲聞阿羅漢以聲聞菩提斷盡三界惑及三界貪愛而出輪迴，然猶未知菩薩七住所悟眞如本際，故其迴心大乘修菩薩行，位在別教六住圓滿，未入七住；於大菩提果而言，相當於大乘菩薩四加行位之世第一法，能觀安立諦之名義自性差別，能出三界，而不能知解第一義諦之名義自性差別，不入別教七住。

緣覺辟支佛亦復如是，以緣覺菩提斷盡三界惑及三界貪愛而出輪迴，未知七住菩薩所悟空性如來藏何在？亦唯能觀安立諦之名義自性差別，不入別教七住，不知不解第一義諦之名義自性差別，未證大乘菩提。

欲成佛道、證得究竟涅槃者，須修證大乘菩提。修證大乘菩提者，必須先入大乘見道—明心見性。欲明心見性者，當先修四加行：於安立諦—蘊處界等現象界諸法—之無常苦空無我及緣起性空之義，深入觀行，實證四聖諦十六心

（苦聖諦之法智忍、法智、類智忍、類智，共四心；集滅道諦亦各四心）而起煖相，輾轉得至世第一法。若能修此安立諦四加行而有眞善知識指導者，得證大乘菩提之後必不退失；若未修此安立諦四加行，或修時未得眞善知識指導者，不能具知安立諦之眞義，每墮常見外道法中，執取靈知心爲眞如，自認已經成賢成聖，則成大妄語業。余於早期度衆時，未令學人先修安立諦四加行之觀行，導致部份信慧不具足者不能確認空明覺知心之虛妄，故於明心後不能肯定，復不肯讀經，遂轉取月溪所示空明覺知心爲眞，復墮常見外道法中，此乃余之過失也。今予披露，諸方知識可以借鑑。

於安立諦—聲聞菩提—修四加行已，得聲聞菩提四如實智，復須熏修非安立諦，聞熏及思惟第一義諦：空性如來藏之無我中道、八不中道之理。此即大乘中一切菩薩得度法門之根本：眞如與佛性。此即十方諸佛之同一體性、無邊大用，故名「諸佛心第一」。

然諸佛子修四加行時及修之前，必須先於外門修六度行，此即初住至六住菩薩所修六度萬行也。初住以布施爲主修，二住以持戒爲主修，三住以忍辱爲主修，四住以精進爲主修，五住以禪定爲主修，六住以般若爲主修；此六住之菩薩萬行，以未證入如來藏空性故，不知不曉三輪體空，以緣起性空、無常終壞之安立諦而觀三輪體空、以之而觀諸法無所得，不入不知不解不證眞如空性，故其所修六度萬行，悉外門轉，名爲修集資糧，不入眞實。必俟六度萬行之外門行滿，入四加行，歷煖頂忍及世第一法後，堅固自心，方能心心無間而覓眞如—參禪。直至覓得如來藏已，方入內門修菩薩行。而此一切修行乃至成佛，悉皆不得稍離如來藏心，故云「大乘諸度門，諸佛心第一。」大慧菩薩之百八問，悉皆圍繞於此。

佛聞大慧菩薩之百八問已，乃以二句善哉而讚歎之。此實肇因於大慧之善問也，以大慧所問者，悉皆圍繞有情生命之實相、宇宙萬有之本體而出，故予讚歎。

佛欲隨問而作開示，乃囑大慧等人諦審而聽；並預示將對此一大事—三世諸佛之心—依大慧百八問之次第而作開示。佛隨以偈先作總答：「生及與不生，涅槃空刹那，趣至無自性。……」（詳續第二輯，約半年後出版）

佛菩提二主要道次第概要表——二道並修，以外無別佛法

佛菩提道——大菩提道

遠波羅蜜多

資糧位

十信位修集信心——一劫乃至一萬劫

初住位修集布施功德（以財施爲主）。

二住位修集持戒功德。

三住位修集忍辱功德。

四住位修集精進功德。

五住位修集禪定功德。

六住位修集般若功德（熏習般若中觀及斷我見，加行位也）。

見道位

七住位明心般若正觀現前，親證本來自性清淨涅槃。

八住位起於一切法現觀般若中道。漸除性障。

十住位眼見佛性，世界如幻觀成就。

外門廣修六度萬行

一至十行位，於廣行六度萬行中，依般若中道慧，現觀陰處界猶如陽焰，至第十行滿心位，陽焰觀成就。

一至十迴向位熏習一切種智；修除性障，唯留最後一分思惑不斷。第十迴向滿心位成就菩薩道如夢觀。

內門廣修六度萬行

初地：第十迴向位滿心時，成就道種智一分（八識心王一一親證後，領受五法、三自性、七種第一義、七種性自性、二種無我法）復由勇發十無盡願，成通達位菩薩。復又永伏性障而不具斷，能證慧解脫而不取證，由大願故留惑潤生。此地主修法施波羅蜜多及百法明門。證「猶如鏡像」現觀，故滿初地心。

二地：初地功德滿足以後，再成就道種智一分而入二地；主修戒波羅蜜多及一切種智。滿心位成就「猶如光影」現觀，戒行自然清淨。

解脫道：二乘菩提

→ 斷三縛結，成初果解脫

→ 薄貪瞋癡，成二果解脫

→ 斷五下分結，成三果解脫

入地前的四加行令煩惱障現行悉斷，成四果解脫，留惑潤生。分段生死已斷，煩惱障習氣種子開始斷除，兼斷無始無明上煩惱。

近波羅蜜多 — 大波羅蜜多 — 圓滿波羅蜜多

修道位 — 究竟位

三地：二地滿心再證道種智一分，故入三地。此地主修忍波羅蜜多及四禪八定、四無量心、五神通。能成就俱解脫果而不取證，留惑潤生。滿心位成就「猶如谷響」現觀及無漏妙定意生身。

四地：由三地再證道種智一分故入四地。主修精進波羅蜜多，於此土及他方世界廣度有緣，無有疲倦。進修一切種智，滿心位成就「如水中月」現觀。

五地：由四地再證道種智一分故入五地。主修禪定波羅蜜多及一切種智，斷除下乘涅槃貪。滿心位成就「變化所成」現觀。

六地：由五地再證道種智一分故入六地。此地主修般若波羅蜜多——依道種智現觀十二因緣一一有支及意生身化身，皆自心眞如變化所現，「非有似有」，成就細相觀，不由加行而自然證得滅盡定，成俱解脫大乘無學。

七地：由六地「非有似有」現觀，再證道種智一分故入七地。此地主修一切種智及方便波羅蜜多，由重觀十二有支一一支中之流轉門及還滅門一切細相，成就方便善巧，念念隨入滅盡定。滿心位證得「如犍闥婆城」現觀。

八地：由七地極細相觀成就故再證道種智一分而入八地。此地主修一切種智及願波羅蜜多。至滿心位純無相觀任運恆起，故於相土自在，滿心位復證「如實覺知諸法相意生身」故。

九地：由八地再證道種智一分故入九地。主修力波羅蜜多及一切種智，成就四無礙，滿心位證得「種類俱生無行作意生身」。

十地：由九地再證道種智一分故入此地。此地主修一切種智——智波羅蜜多。滿心位起大法智雲，及現起大法智雲所含藏種種功德，成受職菩薩。

等覺：由十地道種智成就故入此地。此地應修一切種智，圓滿等覺地無生法忍；於百劫中修集極廣大福德，以之圓滿三十二大人相及無量隨形好。

妙覺：示現受生人間已斷盡煩惱障一切習氣種子，並斷盡所知障一切隨眠，永斷變易生死無明，成就大般涅槃，四智圓明。人間捨壽後，報身常住色究竟天利樂十方地上菩薩；以諸化身利樂有情，永無盡期，成就究竟佛道。

← 七地滿心斷除故意保留之最後一分思惑時，煩惱障所攝色、受、想三陰有漏習氣種子全部斷盡。

煩惱障所攝行、識二陰無漏習氣種子任運漸斷，所知障所攝上煩惱任運漸斷。

← 斷盡變易生死成就大般涅槃

圓滿成就究竟佛果

佛子蕭平實 謹製
（二〇〇九、〇二 修訂）
（二〇一二、〇二 增補）

佛教正覺同修會〈修學佛道次第表〉

第一階段

* 以憶佛及拜佛方式修習動中定力。
* 學第一義佛法及禪法知見。
* 無相拜佛功夫成就。
* 具備一念相續功夫—動靜中皆能看話頭。
* 努力培植福德資糧，勤修三福淨業。

第二階段

* 參話頭，參公案。
* 開悟明心，一片悟境。
* 鍛鍊功夫求見佛性。
* 眼見佛性〈餘五根亦如是〉親見世界如幻，成就如幻觀。
* 學習禪門差別智。
* 深入第一義經典。
* 修除性障及隨分修學禪定。
* 修證十行位陽焰觀。

第三階段

* 學一切種智真實正理—楞伽經、解深密經、成唯識論…。
* 參究末後句。
* 解悟末後句。
* 透牢關—親自體驗所悟末後句境界，親見實相，無得無失。
* 救護一切衆生迴向正道。護持了義正法，修證十迴向位如夢觀。
* 發十無盡願，修習百法明門，親證猶如鏡像現觀。
* 修除五蓋，發起禪定。持一切善法戒。親證猶如光影現觀。
* 進修四禪八定、四無量心、五神通。進修大乘種智，求證猶如谷響現觀。

佛教正覺同修會 共修現況 及 招生公告　2019/02/18

一、共修現況：（請在共修時間來電，以免無人接聽。）

台北正覺講堂 103 台北市承德路三段 277 號九樓 捷運淡水線圓山站旁 Tel..**總機** 02-25957295（晚上）（**分機：九樓**辦公室 10、11；知客櫃檯 12、13。 **十樓**知客櫃檯 15、16；書局櫃檯 14。 **五樓**辦公室 18；知客櫃檯 19。**二樓**辦公室 20；知客櫃檯 21。）Fax..25954493

第一講堂　台北市承德路三段 277 號九樓

禪淨班：週一晚班、週三晚班、週四晚班、週五晚班、週六下午班、週六上午班（共修期間二年半，全程免費。皆須報名建立學籍後始可參加共修，欲報名者詳見本公告末頁。）

進階班：週一晚班、週三晚班、週四晚班、週五晚班（禪淨班結業後轉入共修）。

增上班：瑜伽師地論詳解：每月單數週之週末 17.50～20.50。平實導師講解，2003 年 2 月開講至今，預計 2019 年圓滿，僅限已明心之會員參加。

禪門差別智：每月第一週日全天　平實導師主講（事冗暫停）。

不退轉法輪經詳解　本經所說妙法極為甚深難解，時至末法，已然無有知者；而其甚深絕妙之法，流傳至今依舊多人可證，顯示佛法眞是義學而非玄談，其中甚深極妙令人拍案稱絕之第一義諦妙義。已於 2019 年元月底開講，由平實導師詳解。每逢周二晚上開講，第一至第六講堂都可同時聽聞，歡迎菩薩種性學人，攜眷共同參與此殊勝法會現場聞法，不限制聽講資格。本會學員憑上課證進入第一至第四講堂聽講，會外學人請以身分證件換證進入聽講（此為大樓管理處安全管理規定之要求，敬請諒解）；第五及第六講堂（B1、B2）對外開放，不需出示任何證件，請由大樓側門直接進入。

第二講堂　台北市承德路三段 267 號十樓。

禪淨班：週一晚上班。

進階班：週三晚班、週四晚班、週五晚班、週六下午班。禪淨班結業後轉入共修。

不退轉法輪經詳解：平實導師講解。每週二 18.50~20.50 影像音聲即時傳輸

第三講堂　台北市承德路三段 277 號五樓。

禪淨班：週六下午班。

進階班：週一晚班、週三晚班、週四晚班、週五晚班。

不退轉法輪經詳解：平實導師講解。每週二 18.50~20.50 影像音聲即時傳輸

第四講堂　台北市承德路三段 267 號二樓。

進階班：週一晚上班、週三晚上班、週四晚上班（禪淨班結業後轉入共修）。

不退轉法輪經詳解：平實導師講解。每週二 18.50~20.50 影像音聲即時傳輸

第五、第六講堂

念佛班 每週日晚上，第六講堂共修（B2），一切求生極樂世界的三寶弟子皆可參加，不限制共修資格。

進階班：週一晚班、週三晚班、週四晚班。

不退轉法輪經詳解：平實導師講解。每週二 18.50~20.50 影像音聲即時傳輸。第五、第六講堂為**開放式講堂**，不需以身分證件換證即可進入聽講，台北市承德路三段 267 號地下一樓、地下二樓。每逢週二晚上講經時段開放給會外人士自由聽經，請由大樓側面梯階逕行進入聽講。**聽講者請尊重講者的著作權及肖像權，請勿錄音錄影，以免違法；若有錄音錄影被查獲者，將依法處理。**

正覺祖師堂 大溪區美華里信義路 650 巷坑底 5 之 6 號（台 3 號省道 34 公里處 妙法寺對面斜坡道進入）電話 03-3886110 傳眞 03-3881692 本堂供奉 克勤圓悟大師，專供會員每年四月、十月各三次精進禪三共修，兼作本會出家菩薩掛單常住之用。除禪三時間以外，公元 2018 年前每逢單月第一週之週日 9:00~17:00 開放會內、外人士參訪，當天並提供午齋結緣，自公元 2019 年後開放參訪日期請參見本會公告。教內共修團體或道場，得另申請其餘時間作團體參訪，務請事先與常住確定日期，以便安排常住菩薩接引導覽，亦免妨礙常住菩薩之日常作息及修行。

桃園正覺講堂（第一、第二講堂）：桃園市介壽路 286、288 號 10 樓（陽明運動公園對面）電話：03-3749363（請於共修時聯繫，或與台北聯繫）

禪淨班：週一晚上班（1）、週一晚上班（2）、週三晚上班、週四晚上班、週五晚上班。

進階班：週四晚班、週五晚班、週六上午班。

增上班：雙週六晚上班（增上重播班）。

不退轉法輪經詳解：平實導師講解。每週二晚上，以台北正覺講堂所錄 DVD 放映；歡迎會外學人共同聽講，不需出示身分證件。

新竹正覺講堂 新竹市東光路 55 號二樓之一 電話 03-5724297（晚上）

第一講堂：

禪淨班：週一晚上班、週五晚上班、週六上午班。

進階班：週三晚上班、週四晚上班（由禪淨班結業後轉入共修）。

增上班：單週六晚上班。雙週六晚上班（重播班）。

不退轉法輪經詳解：平實導師講解。每週二晚上，以台北正覺講堂所錄 DVD 放映。歡迎會外學人共同聽講，不需出示身分證件。

第二講堂：

禪淨班：週三晚上班、週四晚上班。

不退轉法輪經詳解：每週二晚上與第一講堂同步播放講經 DVD。

第三、第四講堂：裝修完畢，即將開放。

台中正覺講堂 04-23816090（晚上）

第一講堂 台中市南屯區五權西路二段 666 號 13 樓之四（國泰世華銀行樓上。鄰近縣市經第一高速公路前來者，由五權西路交流道可以快速到達，大樓旁有停車場，對面有素食館）。

禪淨班：週三晚上班、週四晚上班。

進階班：週一晚上班、週六上午班（由禪淨班結業後轉入共修）。

增上班：**增上班**：單週六晚上班。雙週六晚上班（重播班）。

不退轉法輪經詳解：平實導師講解。每週二晚上，以台北正覺講堂所錄 DVD 放映。歡迎會外學人共同聽講，不需出示身分證件。

第二講堂 台中市南屯區五權西路二段 666 號 4 樓

禪淨班：週一晚上班、週三晚上班、週六上午班。

進階班：週五晚上班（由禪淨班結業後轉入共修）。

不退轉法輪經詳解：每週二晚上與第一講堂同步播放講經 DVD。

第三講堂、第四講堂：台中市南屯區五權西路二段 666 號 4 樓。

嘉義正覺講堂 嘉義市友愛路 288 號八樓之一 電話：05-2318228

第一講堂：

禪淨班：週一晚上班、週四晚上班、週五晚上班、週六上午班。

進階班：週三晚上班（由禪淨班結業後轉入共修）。

增上班：單週六晚上班。雙週六晚上班（重播班）。

不退轉法輪經詳解：平實導師講解。每週二晚上，以台北正覺講堂所錄 DVD 放映。歡迎會外學人共同聽講，不需出示身分證件。

第二講堂 嘉義市友愛路 288 號八樓之二。

台南正覺講堂

第一講堂 台南市西門路四段 15 號 4 樓。06-2820541（晚上）

禪淨班：週一晚上班、週三晚上班、週四晚上班、週五晚上班、週六下午班。

增上班：**增上班**：單週六晚上班。雙週六晚上班（重播班）。

不退轉法輪經詳解：平實導師講解。每週二晚上，以台北正覺講堂所錄 DVD 放映。歡迎會外學人共同聽講，不需出示身分證件。

第二講堂 台南市西門路四段 15 號 3 樓。

不退轉法輪經詳解：每週二晚上與第一講堂同步播放講經 DVD。

第三講堂 台南市西門路四段 15 號 3 樓。

進階班：週三晚上班、週四晚上班、週六上午班（由禪淨班結業後轉入共修）。

不退轉法輪經詳解：每週二晚上與第一講堂同步播放講經 DVD。

高雄正覺講堂　高雄市新興區中正三路 45 號五樓 07-2234248（晚上）

第一講堂（五樓）：

禪淨班：週一晚班、週三晚班、週四晚班、週五晚班、週六上午班。

增上班：單週週末下午，以台北增上班課程錄成 DVD 放映之，限已明心之會員參加。

不退轉法輪經詳解：平實導師講解。每週二晚上，以台北正覺講堂所錄 DVD 放映。歡迎會外學人共同聽講，不需出示身分證件。

第二講堂（四樓）：

進階班：週三晚上班、週四晚上班、週六上午班（由禪淨班結業後轉入共修）。

不退轉法輪經詳解：每週二晚上與第一講堂同步播放講經 DVD。

第三講堂（三樓）：

進階班：週四晚班（由禪淨班結業後轉入共修）。

香港正覺講堂　**☆已遷移新址☆**

九龍觀塘，成業街 10 號，電訊一代廣場 27 樓 E 室。

（觀塘地鐵站 B1 出口，步行約 4 分鐘）。電話：(852) 23262231

英文地址：Unit E，27th Floor, TG Place, 10 Shing Yip Street, Kwun Tong, Kowloon

禪淨班：雙週六下午班 14:30-17:30，已經額滿。
雙週日下午班 14:30-17:30。
單週六下午班 14:30-17:30，已經額滿。

進階班：雙週五晚上班（由禪淨班結業後轉入共修）。

增上班：單週週末上午，以台北增上班課程錄成 DVD 放映之。

增上重播班：雙週週末上午，以台北增上班課程錄成 DVD 放映之。

不退轉法輪經詳解：平實導師講解。雙週六 19:00-21:00，以台北正覺講堂所錄 DVD 放映；歡迎會外學人共同聽講，不需出示身分證件。

美國洛杉磯正覺講堂　**☆已遷移新址☆**

825 S. Lemon Ave Diamond Bar, CA 91789 U.S.A.
Tel. (909) 595-5222（請於週六 9:00~18:00 之間聯繫）
Cell. (626) 454-0607

禪淨班：每逢週末 15：30~17：30 上課。

進階班：每逢週末上午 10：00~12：00 上課。

不退轉法輪經詳解：平實導師講解。每週六下午 13：00~15：00 以台北所錄 DVD 放映。歡迎各界人士共享第一義諦無上法益，不需報名。

二、**招生公告**　本會台北講堂及全省各講堂、香港講堂，每逢四月、十月下旬開新班，每週共修一次（每次二小時。開課日起三個月內仍可插班）；但美國洛杉磯共修處之禪淨班得隨時插班共修。各班共修期間皆爲二年半，全程免費，欲參加者請向本會函索報名表（各共修處皆於共修時間方有人執事，非共修時間請勿電詢或前來洽詢、請書），或直接從本會官方網站(http://www.enlighten.org.tw/newsflash/class)或成佛之道網站下載報名表。共修期滿時，若經報名禪三審核通過者，可參加四天三夜之禪三精進共修，有機會明心、取證如來藏，發起般若實相智慧，成爲實義菩薩，脫離凡夫菩薩位。

三、**新春禮佛祈福**　農曆年假期間停止共修：自農曆新年前七天起停止共修與弘法，正月 8 日起回復共修、弘法事務。新春期間正月初一～初七 9.00～17.00 開放台北講堂、正月初一~初三開放桃園、新竹、台中、嘉義、台南、高雄講堂，以及大溪禪三道場（正覺祖師堂），方便會員供佛、祈福及會外人士請書。美國洛杉磯共修處之休假時間，請逕詢該共修處。

密宗四大派修雙身法，是外道性力派的邪法；又以生滅的識陰作為常住法，是常見外道，是假的藏傳佛教。

西藏覺囊巴以他空見弘揚第八識如來藏勝法，才是真藏傳佛教

佛教正覺同修會　弘法行事表

2019/02/18

1、**禪淨班**　以無相念佛及拜佛方式修習動中定力，實證一心不亂功夫。傳授解脫道正理及第一義諦佛法，以及參禪知見。共修期間：二年六個月。每逢四月、十月開新班，詳見招生公告表。

2、**進階班**　禪淨班畢業後得轉入此班，進修更深入的佛法，期能證悟明心。各地講堂各有多班，繼續深入佛法、增長定力，悟後得轉入增上班修學道種智，期能證得無生法忍。

3、**增上班 瑜伽師地論**詳解　詳解論中所言凡夫地至佛地等 17 師之修證境界與理論，從凡夫地、聲聞地……宣演到諸地所證無生法忍、一切種智之眞實正理。由平實導師開講，每逢一、三、五週之週末晚上開示，僅限已明心之會員參加。2003 年二月開講至今，預定 2019 年講畢。

4、**不退轉法輪經**詳解　本經所說妙法極爲甚深難解，時至末法，已然無有知者；而其甚深絕妙之法，流傳至今依舊多人可證，顯示佛法眞是義學而非玄談，其中甚深極妙令人拍案稱絕之第一義諦妙義。已於 2019 年元月底開講，由平實導師詳解。不限制聽講資格。

5、**精進禪三**　主三和尚：平實導師。於四天三夜中，以克勤圓悟大師及大慧宗杲之禪風，施設機鋒與小參、公案密意之開示，幫助會員剋期取證，親證不生不滅之眞實心——人人本有之如來藏。每年四月、十月各舉辦三個梯次；平實導師主持。僅限本會會員參加禪淨班共修期滿，報名審核通過者，方可參加。並選擇會中定力、慧力、福德三條件皆已具足之已明心會員，給以指引，令得眼見自己無形無相之佛性遍佈山河大地，眞實而無障礙，得以肉眼現觀世界身心悉皆如幻，具足成就如幻觀，圓滿十住菩薩之證境。

6、**阿含經**詳解　選擇重要之阿含部經典，依無餘涅槃之實際而加以詳解，令大眾得以現觀諸法緣起性空，亦復不墮斷滅見中，顯示經中所隱說之涅槃實際—如來藏—確實已於四阿含中隱說；令大眾得以聞後觀行，確實斷除我見乃至我執，證得**見到**眞現觀，乃至**身證**……等眞現觀；已得大乘或二乘見道者，亦可由此聞熏及聞後之觀行，除斷我所之貪著，成就慧解脫果。由平實導師詳解。不限制聽講資格。

7、**解深密經**詳解　重講本經之目的，在於令諸已悟之人明解大乘法道之成佛次第，以及悟後進修一切種智之內涵，確實證知三種自性性，並得據此證解七眞如、十眞如等正理。每逢週二 18.50~20.50 開示，由平實導師詳解。將於《**不退轉法輪經**》講畢後開講。不限制聽講資格。

8、**成唯識論**詳解　詳解一切種智眞實正理，詳細剖析一切種智之微細深妙廣大正理；並加以舉例說明，使已悟之會員深入體驗所證如來藏之微密行相；及證驗見分相分與所生一切法，皆由如來藏—阿賴耶識—直接或展轉而生，因此證知一切法無我，證知無餘涅槃之本際。將於增上班《瑜伽師地論》講畢後，由平實導師重講。僅限已明心之會員參加。

9、**精選如來藏系經典**詳解　精選如來藏系經典一部，詳細解說，以此完全印證會員所悟如來藏之眞實，得入不退轉住。另行擇期詳細解說之，由平實導師講解。僅限已明心之會員參加。

10、**禪門差別智**　藉禪宗公案之微細淆訛難知難解之處，加以宣說及剖析，以增進明心、見性之功德，啓發差別智，建立擇法眼。每月第一週日全天，由平實導師開示，僅限破參明心後，復又眼見佛性者參加（事冗暫停）。

11、**枯木禪**　先講智者大師的《小止觀》，後說《釋禪波羅蜜》，詳解四禪八定之修證理論與實修方法，細述一般學人修定之邪見與岔路，及對禪定證境之誤會，消除枉用功夫、浪費生命之現象。已悟般若者，可以藉此而實修初禪，進入大乘通教及聲聞教的三果心解脫境界，配合應有的大福德及後得無分別智、十無盡願，即可進入初地心中。親教師：平實導師。未來緣熟時將於正覺寺開講。不限制聽講資格。

註：本會例行年假，自 2004 年起，改爲每年農曆新年前七天開始停息弘法事務及共修課程，農曆正月 8 日回復所有共修及弘法事務。新春期間（每日 9.00~17.00）開放台北講堂，方便會員禮佛祈福及會外人士請書。大溪區的正覺祖師堂，開放參訪時間，詳見〈正覺電子報〉或成佛之道網站。本表得因時節因緣需要而隨時修改之，不另作通知。

佛教正覺同修會　贈閱書籍 目錄

2018/10/20

1.**無相念佛**　平實導師著　回郵 36 元
2.**念佛三昧修學次第**　平實導師述著　回郵 52 元
3.**正法眼藏—護法集**　平實導師述著　回郵 76 元
4.**真假開悟簡易辨正法&佛子之省思**　平實導師著　回郵 26 元
5.**生命實相之辨正**　平實導師著　回郵 31 元
6.**如何契入念佛法門**（附：印順法師否定極樂世界）平實導師著　回郵 26 元
7.**平實書箋**—答元覽居士書　平實導師著　回郵 52 元
8.**三乘唯識**—如來藏系經律彙編　平實導師編　回郵 80 元
（精裝本　長 27 cm　寬 21 cm　高 7.5 cm　重 2.8 公斤）
9.**三時繫念全集**—修正本　回郵掛號 52 元（長 26.5 cm×寬 19 cm）
10.**明心與初地**　平實導師述　回郵 31 元
11.**邪見與佛法**　平實導師述著　回郵 36 元
12.**甘露法雨**　平實導師述　回郵 36 元
13.**我與無我**　平實導師述　回郵 36 元
14.**學佛之心態**—修正錯誤之學佛心態始能與正法相應 孫正德老師著 回郵52元
附錄：平實導師著《**略說八、九識並存…等之過失**》
15.**大乘無我觀**—《悟前與悟後》別說　平實導師述著　回郵 36 元
16.**佛教之危機**—中國台灣地區現代佛教之真相（附錄：公案拈提六則）
平實導師著　回郵 52 元
17.**燈　影**—燈下黑（覆「求教後學」來函等）　平實導師著　回郵 76 元
18.**護法與毀法**—覆上平居士與徐恒志居士網站毀法二文
張正圜老師著　回郵 76 元
19.**淨土聖道**—兼評**選擇本願念佛**　正德老師著　**由正覺同修會購贈** 回郵 52 元
20.**辨唯識性相**—對「紫蓮心海《辯唯識性相》書中否定阿賴耶識」之回應
正覺同修會 台南共修處法義組 著　回郵 52 元
21.**假如來藏**—對法蓮法師《如來藏與阿賴耶識》書中否定阿賴耶識之回應
正覺同修會 台南共修處法義組 著　回郵 76 元
22.**入不二門**—公案拈提集錦 第一輯（於平實導師公案拈提諸書中選錄約二十則，
合輯為一冊流通之）平實導師著　回郵 52 元
23.**真假邪說**—西藏密宗索達吉喇嘛《破除邪說論》真是邪說
釋正安法師著　上、下冊回郵各 52 元
24.**真假開悟**—真如、如來藏、阿賴耶識間之關係　平實導師述著　回郵 76 元
25.**真假禪和**—辨正釋傳聖之謗法謬說　孫正德老師著　回郵 76 元
26.**眼見佛性**—駁慧廣法師**眼見佛性的含義**文中謬說
游正光老師著　回郵 52 元

27.**普門自在**—公案拈提集錦 第二輯（於平實導師公案拈提諸書中選錄約二十則，合輯爲一冊流通之）平實導師著 回郵52元

28.**印順法師的悲哀**—以現代禪的質疑為線索 恒毓博士著 回郵52元

29.**識蘊真義**—現觀識蘊內涵、取證初果、親斷三縛結之具體行門。
—依《成唯識論》及《唯識述記》正義，略顯安慧《大乘廣五蘊論》之邪謬
平實導師著 回郵76元

30.**正覺電子報** 各期紙版本 免附回郵 每次最多函索三期或三本。
(已無存書之較早各期，不另增印贈閱)

31.**現代人應有的宗教觀** 蔡正禮老師 著 回郵31元

32.**遠惑趣道**—正覺電子報般若信箱問答錄 第一輯 回郵52元

33.**遠惑趣道**—正覺電子報般若信箱問答錄 第二輯 回郵52元

34.**確保您的權益**—器官捐贈應注意自我保護 游正光老師 著 回郵31元

35.**正覺教團電視弘法三乘菩提 DVD 光碟（一）**
由正覺教團多位親教師共同講述錄製 DVD 8 片，MP3 一片，共 9 片。有二大講題：一爲「三乘菩提之意涵」，二爲「學佛的正知見」。內容精闢，深入淺出，精彩絕倫，幫助大眾快速建立三乘法道的正知見，免被外道邪見所誤導。有志修學三乘佛法之學人不可不看。(製作工本費 100 元，回郵 52 元)

36.**正覺教團電視弘法 DVD 專輯（二）**
總有二大講題：一爲「三乘菩提之念佛法門」，一爲「學佛正知見(第二篇)」，由正覺教團多位親教師輪番講述，內容詳細闡述如何修學念佛法門、實證念佛三昧，以及學佛應具有的正確知見，可以幫助發願往生西方極樂淨土之學人，得以把握往生，更可令學人快速建立三乘法道的正知見，免於被外道邪見所誤導。有志修學三乘佛法之學人不可不看。(一套 17 片，工本費 160 元。回郵 76 元)

37.**喇嘛性世界**—揭開假藏傳佛教譚崔瑜伽的面紗 張善思 等人合著
由正覺同修會購贈 回郵52元

38.**假藏傳佛教的神話**—性、謊言、喇嘛教 張正玄教授編著
由正覺同修會購贈 回郵52元

39.**隨 緣**—理隨緣與事隨緣 平實導師述 回郵52元。

40.**學佛的覺醒** 正枝居士 著 回郵52元

41.**導師之真實義** 蔡正禮老師 著 回郵31元

42.**淺談達賴喇嘛之雙身法**—兼論解讀「密續」之達文西密碼
吳明芷居士 著 回郵31元

43.**魔界轉世** 張正玄居士 著 回郵31元

44.**一貫道與開悟** 蔡正禮老師 著 回郵31元

45.**博愛**—愛盡天下女人 正覺教育基金會 編印 回郵36元

46.**意識虛妄經教彙編**—實證解脫道的關鍵經文 正覺同修會編印 回郵36元

47.**邪箭囈語**—破斥藏密外道多識仁波切《破魔金剛箭雨論》之邪說
陸正元老師著　上、下冊回郵各52元

48.**真假沙門**—依 佛聖教闡釋佛教僧寶之定義
蔡正禮老師著　俟正覺電子報連載後結集出版

49.**真假禪宗**—藉評論釋性廣《印順導師對變質禪法之批判
及對禪宗之肯定》以顯示真假禪宗
附論一：凡夫知見 無助於佛法之信解行證
附論二：世間與出世間一切法皆從如來藏實際而生而顯
余正偉老師著　俟正覺電子報連載後結集出版　回郵未定

★ 上列贈書之郵資，係台灣本島地區郵資，大陸、港、澳地區及外國地區，請另計酌增（大陸、港、澳、國外地區之郵票不許通用）。尚未出版之書，請勿先寄來郵資，以免增加作業煩擾。

★ 本目錄若有變動，唯於後印之書籍及「成佛之道」網站上修正公佈之，不另行個別通知。

函索書籍請寄：佛教正覺同修會　103 台北市承德路 3 段 277 號 9 樓
台灣地區函索書籍者請附寄郵票，無時間購買郵票者可以等值現金抵用，但不接受郵政劃撥、支票、匯票。大陸地區得以人民幣計算，國外地區請以美元計算（請勿寄來當地郵票，在台灣地區不能使用）。欲以掛號寄遞者，請另附掛號郵資。

親自索閱：正覺同修會各共修處。　★請於共修時間前往取書，餘時無人在道場，請勿前往索取；共修時間與地點，詳見書末正覺同修會共修現況表（以近期之共修現況表爲準）。

註：正智出版社發售之局版書，請向各大書局購閱。若書局之書架上已經售出而無陳列者，請向書局櫃台指定洽購；若書局不便代購者，請於正覺同修會共修時間前往各共修處請購，正智出版社已派人於共修時間送書前往各共修處流通。 郵政劃撥購書及 大陸地區 購書，請詳別頁正智出版社發售書籍目錄最後頁之說明。

成佛之道 網站：http://www.a202.idv.tw　正覺同修會已出版之結緣書籍，多已登載於 成佛之道 網站，若住外國、或住處遙遠，不便取得正覺同修會贈閱書籍者，可以從本網站閱讀及下載。　書局版之《宗通與說通》亦已上網，台灣讀者可向書局洽購，售價 300 元。《狂密與眞密》第一輯~第四輯，亦於 2003.5.1.全部於本網站登載完畢；台灣地區讀者請向書局洽購，每輯約 400 頁，售價 300 元（網站下載紙張費用較貴，容易散失，難以保存，亦較不精美）。

＊＊假藏傳佛教修雙身法，非佛教＊＊

正智出版社 籌募弘法基金發售書籍目錄　2019/02/18

1.**宗門正眼**—公案拈提 第一輯 重拈　平實導師著　500元
因重寫內容大幅度增加故，字體必須改小，並增爲576頁 主文546頁。比初版更精彩、更有內容。初版《禪門摩尼寶聚》之讀者，可寄回本公司免費調換新版書。免附回郵，亦無截止期限。(2007年起，每冊附贈本公司精製公案拈提〈超意境〉CD一片。市售價格280元，多購多贈。)

2.**禪淨圓融**　平實導師著　200元 (第一版舊書可換新版書。)

3.**真實如來藏**　平實導師著　400元

4.**禪—悟前與悟後**　平實導師著　上、下冊，每冊250元

5.**宗門法眼**—公案拈提 第二輯　平實導師著　500元
(2007年起，每冊附贈本公司精製公案拈提〈超意境〉CD一片)

6.**楞伽經詳解**　平實導師著　全套共10輯　每輯250元

7.**宗門道眼**—公案拈提 第三輯　平實導師著　500元
(2007年起，每冊附贈本公司精製公案拈提〈超意境〉CD一片)

8.**宗門血脈**—公案拈提 第四輯　平實導師著　500元
(2007年起，每冊附贈本公司精製公案拈提〈超意境〉CD一片)

9.**宗通與說通**—成佛之道 平實導師著 主文381頁 全書400頁售價300元

10.**宗門正道**—公案拈提 第五輯　平實導師著　500元
(2007年起，每冊附贈本公司精製公案拈提〈超意境〉CD一片)

11.**狂密與真密 一～四輯**　平實導師著　西藏密宗是人間最邪淫的宗教，本質不是佛教，只是披著佛教外衣的印度教性力派流毒的喇嘛教。此書中將西藏密宗密傳之男女雙身合修樂空雙運所有祕密與修法，毫無保留完全公開，並將全部喇嘛們所不知道的部分也一併公開。內容比大辣出版社喧騰一時的《西藏慾經》更詳細。並且函蓋藏密的所有祕密及其錯誤的中觀見、如來藏見……等，藏密的所有法義都在書中詳述、分析、辨正。每輯主文三百餘頁　每輯全書約400頁　售價每輯300元

12.**宗門正義**—公案拈提 第六輯　平實導師著　500元
(2007年起，每冊附贈本公司精製公案拈提〈超意境〉CD一片)

13.**心經密意**—心經與解脫道、佛菩提道、祖師公案之關係與密意　平實導師述　300元

14.**宗門密意**—公案拈提 第七輯　平實導師著　500元
(2007年起，每冊附贈本公司精製公案拈提〈超意境〉CD一片)

15.**淨土聖道**—兼評「選擇本願念佛」　正德老師著　200元

16.**起信論講記**　平實導師述著　共六輯　每輯三百餘頁　售價各250元

17.**優婆塞戒經講記**　平實導師述著 共八輯 每輯三百餘頁 售價各250元

18.**真假活佛**—略論附佛外道盧勝彥之邪說(對前岳靈犀網站主張「盧勝彥是證悟者」之修正)　正犀居士(岳靈犀)著　流通價140元

19.**阿含正義**—唯識學探源　平實導師著　共七輯　每輯300元

20.**超意境** CD 以平實導師公案拈提書中超越意境之頌詞，加上曲風優美的旋律，錄成令人嚮往的超意境歌曲，其中包括正覺發願文及平實導師親自譜成的黃梅調歌曲一首。詞曲雋永，殊堪翫味，可供學禪者吟詠，有助於見道。內附設計精美的彩色小冊，解說每一首詞的背景本事。每片 280 元。【每購買公案拈提書籍一冊，即贈送一片。】

21.**菩薩底憂鬱** CD 將菩薩情懷及禪宗公案寫成新詞，並製作成超越意境的優美歌曲。 1.主題曲〈菩薩底憂鬱〉，描述地後菩薩能離三界生死而迴向繼續生在人間，但因尚未斷盡習氣種子而有極深沈之憂鬱，非三賢位菩薩及二乘聖者所知，此憂鬱在七地滿心位方才斷盡；本曲之詞中所說義理極深，昔來所未曾見；此曲係以優美的情歌風格寫詞及作曲，聞者得以激發嚮往諸地菩薩境界之大心，詞、曲都非常優美，難得一見；其中勝妙義理之解說，已印在附贈之彩色小冊中。 2.以各輯公案拈提中直示禪門入處之頌文，作成各種不同曲風之超意境歌曲，值得玩味、參究；聆聽公案拈提之優美歌曲時，請同時閱讀內附之印刷精美說明小冊，可以領會超越三界的證悟境界；未悟者可以因此引發求悟之意向及疑情，眞發菩提心而邁向求悟之途，乃至因此眞實悟入般若，成眞菩薩。 3.正覺總持咒新曲，總持佛法大意；總持咒之義理，已加以解說並印在隨附之小冊中。本 CD 共有十首歌曲，長達 63 分鐘。每盒各附贈二張購書優惠券。每片 280 元。

22.**禪意無限** CD 平實導師以公案拈提書中偈頌寫成不同風格曲子，與他人所寫不同風格曲子共同錄製出版，幫助參禪人進入禪門超越意識之境界。盒中附贈彩色印製的精美解說小冊，以供聆聽時閱讀，令參禪人得以發起參禪之疑情，即有機會證悟本來面目而發起實相智慧，實證大乘菩提般若，能如實證知般若經中的眞實意。本 CD 共有十首歌曲，長達 69 分鐘，每盒各附贈二張購書優惠券。每片 280 元。

23.**我的菩提路**第一輯　釋悟圓、釋善藏等人合著　售價 300 元

24.**我的菩提路**第二輯　郭正益、張志成等人合著　售價 300 元

25.**我的菩提路**第三輯　王美伶等人合著　售價 300 元

26.**我的菩提路**第四輯　陳晏平等人合著　售價 300 元

27.**鈍鳥與靈龜**—考證後代凡夫對大慧宗杲禪師的無根誹謗。
平實導師著　共 458 頁　售價 350 元

28.**維摩詰經講記**　平實導師述　共六輯　每輯三百餘頁　售價各 250 元

29.**眞假外道**—破劉東亮、杜大威、釋證嚴常見外道見　正光老師著　200 元

30.**勝鬘經講記**—兼論印順《勝鬘經講記》對於《勝鬘經》之誤解。
平實導師述　共六輯　每輯三百餘頁　售價 250 元

31.**楞嚴經講記**　平實導師述　共 **15** 輯，每輯三百餘頁　售價 300 元

32.**明心與眼見佛性**—駁慧廣〈蕭氏「眼見佛性」與「明心」之非〉文中謬說
正光老師著　共 448 頁　售價 300 元

33.**見性與看話頭** 黃正倖老師 著，本書是禪宗參禪的方法論。
內文 375 頁，全書 416 頁，售價 300 元。

34.**達賴真面目**—玩盡天下女人 白正偉老師 等著 中英對照彩色精裝大本 800 元

35.**喇嘛性世界**—揭開假藏傳佛教譚崔瑜伽的面紗 張善思 等人著 200 元

36.**假藏傳佛教的神話**—性、謊言、喇嘛教 正玄教授編著 200 元

37.**金剛經宗通** 平實導師述 共九輯 每輯售價 250 元。

38.**空行母**—性別、身分定位，以及藏傳佛教。
珍妮・坎貝爾著 呂艾倫 中譯 售價 250 元

39.**末代達賴**—性交教主的悲歌 張善思、呂艾倫、辛燕編著 售價 250 元

40.**霧峰無霧**—給哥哥的信 辨正釋印順對佛法的無量誤解
游宗明 老師著 售價 250 元

41.**第七意識與第八意識？**—穿越時空「超意識」
平實導師述 每冊 300 元

42.**黯淡的達賴**—失去光彩的諾貝爾和平獎
正覺教育基金會編著 每冊 250 元

43.**童女迦葉考**—論呂凱文〈佛教輪迴思想的論述分析〉之謬。
平實導師 著 定價 180 元

44.**人間佛教**—實證者必定不悖三乘菩提
平實導師 述，定價 400 元

45.**實相經宗通** 平實導師述 共八輯 每輯 250 元

46.**真心告訴您(一)**—達賴喇嘛在幹什麼？
正覺教育基金會編著 售價 250 元

47.**中觀金鑑**—詳述應成派中觀的起源與其破法本質
孫正德老師著 分爲上、中、下三冊，每冊 250 元

48.**藏傳佛教要義**—《狂密與真密》之簡體字版 平實導師 著 上、下冊
僅在大陸流通 每冊 300 元

49.**法華經講義** 平實導師述 共二十五輯 每輯 300 元
已於 2015/05/31 起開始出版，每二個月出版一輯

50.**西藏「活佛轉世」制度**—附佛、造神、世俗法
許正豐、張正玄老師合著 定價 150 元

51.**廣論三部曲** 郭正益老師著 定價 150 元

52.**真心告訴您(二)**—達賴喇嘛是佛教僧侶嗎？
—補祝達賴喇嘛八十大壽
正覺教育基金會編著 售價 300 元

53.**次法**—實證佛法前應有的條件
張善思居士著 分爲上、下二冊，每冊 250 元

54.**涅槃**—解說四種涅槃之實證及內涵 平實導師著 上、下冊 各 350 元

55.**山法**—西藏關於他空與佛藏之根本論
篤補巴・喜饒堅贊著 傑弗里・霍普金斯英譯
張火慶教授、張志成、呂艾倫等中譯 精裝大本 1200 元

56.**假鋒虛焰金剛乘**—揭示顯密正理，兼破索達吉師徒《般若鋒兮金剛焰》
釋正安法師著 簡體字版 即將出版 售價未定
57.**廣論之平議**—宗喀巴《菩提道次第廣論》之平議 正雄居士著
約二或三輯 俟正覺電子報連載後結集出版 書價未定
58.**救護佛子向正道**—對印順法師中心思想之綜合判攝
游宗明老師著 書價未定
59.**菩薩學處**—菩薩四攝六度之要義 陸正元老師著 出版日期未定。
60.**八識規矩頌**詳解 ○○居士 註解 出版日期另訂 書價未定。
61.**印度佛教史**—法義與考證。依法義史實評論印順《印度佛教思想史、佛教史地考論》之謬說 正偉老師著 出版日期未定 書價未定
62.**中國佛教史**—依中國佛教正法史實而論。 ○○老師 著 書價未定。
63.**中論正義**—釋龍樹菩薩《中論》頌正理。
孫正德老師著 出版日期未定 書價未定
64.**中觀正義**—註解平實導師《中論正義頌》。
○○法師（居士）著 出版日期未定 書價未定
65.**佛藏經講記** 平實導師述 出版日期未定 書價未定
66.**阿含經講記**—將選錄四阿含中數部重要經典全經講解之，講後整理出版。
平實導師述 約二輯 每輯300元 出版日期未定
67.**寶積經講記** 平實導師述 每輯三百餘頁 優惠價300元 出版日期未定
68.**解深密經講記** 平實導師述 約四輯 將於重講後整理出版
69.**成唯識論略解** 平實導師著 五～六輯 每輯300元 出版日期未定
70.**修習止觀坐禪法要講記** 平實導師述 每輯三百餘頁
將於正覺寺建成後重講、以講記逐輯出版 出版日期未定
71.**無門關**—《無門關》公案拈提 平實導師著 出版日期未定
72.**中觀再論**—兼述印順《中觀今論》謬誤之平議。正光老師著 出版日期未定
73.**輪迴與超度**—佛教超度法會之真義。
○○法師（居士）著 出版日期未定 書價未定
74.**《釋摩訶衍論》平議**—對偽稱龍樹所造《釋摩訶衍論》之平議
○○法師（居士）著 出版日期未定 書價未定
75.**正覺發願文**註解—以真實大願為因 得證菩提
正德老師著 出版日期未定 書價未定
76.**正覺總持咒**—佛法之總持 正圜老師著 出版日期未定 書價未定
77.**三自性**—依四食、五蘊、十二因緣、十八界法，說三性三無性。
作者未定 出版日期未定
78.**道品**—從三自性說大小乘三十七道品 作者未定 出版日期未定
79.**大乘緣起觀**—依四聖諦七真如現觀十二緣起 作者未定 出版日期未定
80.**三德**—論解脫德、法身德、般若德。 作者未定 出版日期未定
81.**真假如來藏**—對印順《如來藏之研究》謬說之平議 作者未定 出版日期未定
82.**大乘道次第** 作者未定 出版日期未定 書價未定
83.**四緣**—依如來藏故有四緣。 作者未定 出版日期未定

84.**空之探究**—印順《空之探究》謬誤之平議　作者未定 出版日期未定
85.**十法義**—論阿含經中十法之正義　作者未定　出版日期未定
86.**外道見**—論述外道六十二見　作者未定　出版日期未定

正智出版社有限公司　書籍介紹

禪淨圓融：言淨土諸祖所未曾言，示諸宗祖師所未曾示；禪淨圓融，另闢成佛捷徑，兼顧自力他力，闡釋淨土門之速行易行道，亦同時揭櫫聖教門之速行易行道；令廣大淨土行者得免緩行難證之苦，亦令聖道門行者得以藉著淨土速行道而加快成佛之時劫。乃前無古人之超勝見地，非一般弘揚禪淨法門典籍也，先讀爲快。平實導師著 200元。

宗門正眼—公案拈提第一輯：繼承克勤圜悟大師碧巖錄宗旨之禪門鉅作。先則舉示當代大法師之邪說，消弭當代禪門大師鄉愿之心態，摧破當今禪門「世俗禪」之妄談；次則旁通教法，表顯宗門正理；繼以道之次第，消弭古今狂禪；後藉言語及文字機鋒，直示宗門入處。悲智雙運，禪味十足，數百年來難得一睹之禪門鉅著也。平實導師著　500元（原初版書《禪門摩尼寶聚》，改版後補充爲五百餘頁新書，總計多達二十四萬字，內容更精彩，並改名爲《宗門正眼》，讀者原購初版《禪門摩尼寶聚》皆可寄回本公司免費換新，免附回郵，亦無截止期限）（2007年起，凡購買公案拈提第一輯至第七輯，每購一輯皆贈送本公司精製公案拈提〈超意境〉CD一片，市售價格280元，多購多贈）。

禪—悟前與悟後：本書能建立學人悟道之信心與正確知見，圓滿具足而有次第地詳述禪悟之功夫與禪悟之內容，指陳參禪中細微淆訛之處，能使學人明自眞心、見自本性。若未能悟入，亦能以正確知見辨別古今中外一切大師究係眞悟？或屬錯悟？便有能力揀擇，捨名師而選明師，後時必有悟道之緣。一旦悟道，遲者七次人天往返，便出三界，速者一生取辦。學人欲求開悟者，不可不讀。　平實導師著。上、下冊共500元，單冊250元。

真實如來藏：如來藏眞實存在，乃宇宙萬有之本體，並非印順法師、達賴喇嘛等人所說之「唯有名相、無此心體」。如來藏是涅槃之本際，是一切有智之人竭盡心智、不斷探索而不能得之生命實相；是古今中外許多大師自以爲悟而當面錯過之生命實相。如來藏即是阿賴耶識，乃是一切有情本自具足、不生不滅之眞實心。當代中外大師於此書出版之前所未能言者，作者於本書中盡情流露、詳細闡釋。眞悟者讀之，必能增益悟境、智慧增上；錯悟者讀之，必能檢討自己之錯誤，免犯大妄語業；未悟者讀之，能知參禪之理路，亦能以之檢查一切名師是否眞悟。此書是一切哲學家、宗教家、學佛者及欲昇華心智之人必讀之鉅著。　平實導師著　售價400元。

宗門法眼—公案拈提第二輯：列舉實例，闡釋土城廣欽老和尚之悟處；並直示這位不識字的老和尚妙智橫生之根由，繼而剖析禪宗歷代大德之開悟公案，解析當代密宗高僧卡盧仁波切之錯悟證據，並例舉當代顯宗高僧、大居士之錯悟證據（凡健在者，爲免影響其名聞利養，皆隱其名）。藉辨正當代名師之邪見，向廣大佛子指陳禪悟之正道，彰顯宗門法眼。悲勇兼出，強捋虎鬚；慈智雙運，巧探驪龍；摩尼寶珠在手，直示宗門入處，禪味十足；若非大悟徹底，不能爲之。禪門精奇人物，允宜人手一冊，供作參究及悟後印證之圭臬。本書於2008年4月改版，增寫爲大約500頁篇幅，以利學人研讀參究時更易悟入宗門正法，以前所購初版首刷及初版二刷舊書，皆可免費換取新書。平實導師著　500元（2007年起，凡購買公案拈提第一輯至第七輯，每購一輯皆贈送本公司精製公案拈提〈超意境〉CD一片，市售價格280元，多購多贈）。

宗門道眼—公案拈提第三輯：繼宗門法眼之後，再以金剛之作略、慈悲之胸懷、犀利之筆觸，舉示寒山、拾得、布袋三大士之悟處，消弭當代錯悟者對於寒山大士……等之誤會及誹謗。　亦舉出民初以來與虛雲和尚齊名之蜀郡鹽亭袁煥仙夫子——南懷瑾老師之師，其「悟處」何在？並蒐羅許多眞悟祖師之證悟公案，顯示禪宗歷代祖師之睿智，指陳部分祖師、奧修及當代顯密大師之謬悟，作爲殷鑑，幫助禪子建立及修正參禪之方向及知見。假使讀者閱此書已，一時尚未能悟，亦可一面加功用行，一面以此宗門道眼辨別眞假善知識，避開錯誤之印證及歧路，可免大妄語業之長劫慘痛果報。欲修禪宗之禪者，務請細讀。平實導師著　售價500元（2007年起，凡購買公案拈提第一輯至第七輯，每購一輯皆贈送本公司精製公案拈提〈超意境〉CD一片，市售價格280元，多購多贈）。

楞伽經詳解

楞伽經詳解：本經是禪宗見道者印證所悟眞僞之根本經典，亦是禪宗見道者悟後起修之依據經典；故達摩祖師於印證二祖慧可大師之後，將此經典連同佛缽祖衣一併交付二祖，令其依此經典佛示金言、進入修道位，修學一切種智。由此可知此經對於眞悟之人修學佛道，是非常重要之一部經典。此經能破外道邪說，亦破佛門中錯悟名師之謬說，亦破禪宗部分祖師之狂禪：不讀經典、一向主張「一悟即成究竟佛」之謬執。並開示愚夫所行禪、觀察義禪、攀緣如禪、如來禪等差別，令行者對於三乘禪法差異有所分辨；亦糾正禪宗祖師古來對於如來禪之誤解，嗣後可免以訛傳訛之弊。此經亦是法相唯識宗之根本經典，禪者悟後欲修一切種智而入初地者，必須詳讀。平實導師著，全套共十輯，已全部出版完畢，每輯主文約320頁，每冊約352頁，定價250元。

宗門血脈—公案拈提第四輯：末法怪象—許多修行人自以爲悟，每將無念靈知認作眞實；崇尚二乘法諸師及其徒衆，則將外於如來藏之緣起性空—無因論之無常空、斷滅空、一切法空—錯認爲 佛所說之般若空性。這兩種現象已於當今海峽兩岸及美加地區顯密大師之中普遍存在；人人自以爲悟，心高氣壯，便敢寫書解釋祖師證悟之公案，大多出於意識思惟所得，言不及義，錯誤百出，因此誤導廣大佛子同陷大妄語之地獄業中而不能自知。彼等書中所說之悟處，其實處處違背第一義經典之聖言量。彼等諸人不論是否身披袈裟，都非佛法宗門血脈，或雖有禪宗法脈之傳承，亦只徒具形式；猶如螟蛉，非眞血脈，未悟得根本眞實故。禪子欲知 佛、祖之眞血脈者，請讀此書，便知分曉。平實導師著，主文452頁，全書464頁，定價500元（2007年起，凡購買公案拈提第一輯至第七輯，每購一輯皆贈送本公司精製公案拈提〈超意境〉CD一片，市售價格280元，多購多贈）。

宗通與說通：古今中外，錯誤之人如麻似粟，每以常見外道所說之靈知心，認作眞心；或妄想虛空之勝性能量爲眞如，或錯認物質四大元素藉冥性（靈知心本體）能成就吾人色身及知覺，或認初禪至四禪中之了知心爲不生不滅之涅槃心。此等皆非通宗者之見地。復有錯悟之人一向主張「宗門與教門不相干」，此即尚未通達宗門之人也。其實宗門與教門互通不二，宗門所證者乃是眞如與佛性，教門所說者乃說宗門證悟之眞如佛性，故教門與宗門不二。本書作者以宗教二門互通之見地，細說「宗通與說通」，從初見道至悟後起修之道、細說分明；並將諸宗諸派在整體佛教中之地位與次第，加以明確之教判，學人讀之即可了知佛法之梗概也。欲擇明師學法之前，允宜先讀。平實導師著，主文共381頁，全書392頁，只售成本價300元。

宗門正道—公案拈提第五輯：修學大乘佛法有二果須證—解脫果及大菩提果。二乘人不證大菩提果，唯證解脫果；此果之智慧，名爲聲聞菩提、緣覺菩提。大乘佛子所證二果之菩提果爲佛菩提，故名大菩提果，其慧名爲一切種智—函蓋二乘解脫果。然此大乘二果修證，須經由禪宗之宗門證悟方能相應。而宗門證悟極難，自古已然；其所以難者，咎在古今佛教界普遍存在三種邪見：1.以修定認作佛法，　2.以無因論之緣起性空—否定涅槃本際如來藏以後之一切法空作爲佛法，3.以常見外道邪見（離語言妄念之靈知性）作爲佛法。　如是邪見，或因自身正見未立所致，或因邪師之邪教導所致，或因無始劫來虛妄熏習所致。若不破除此三種邪見，永劫不悟宗門眞義、不入大乘正道，唯能外門廣修菩薩行。　平實導師於此書中，有極爲詳細之說明，有志佛子欲摧邪見、入於內門修菩薩行者，當閱此書。主文共496頁，全書512頁。售價500元（2007年起，凡購買公案拈提第一輯至第七輯，每購一輯皆贈送本公司精製公案拈提〈超意境〉CD一片，市售價格280元，多購多贈）。

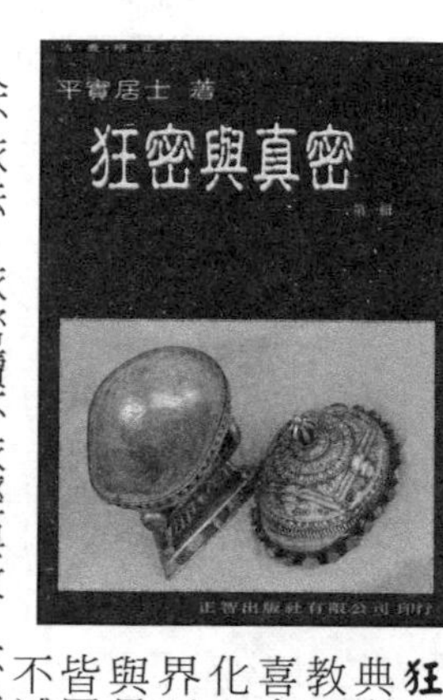

狂密與眞密：密教之修學，皆由有相之觀行法門而入，其最終目標仍不離顯教經典所說第一義諦之修證；若離顯教第一義經典、或違背顯教第一義經典，即非佛教。西藏密教之觀行法，如灌頂、觀想、遷識法、寶瓶氣、大聖歡喜雙身修法、喜金剛、無上瑜伽、大樂光明、樂空雙運等，皆是印度教兩性生生不息思想之轉化，自始至終皆以如何能運用交合淫樂之法達到全身受樂爲其中心思想，純屬欲界五欲的貪愛，不能令人超出欲界輪迴，更不能令人斷除我見；何況大乘之明心與見性，更無論矣！故密宗之法絕非佛法也。而其明光大手印、大圓滿法教，又皆同以常見外道所說離語言妄念之無念靈知心錯認爲佛地之眞如，不能直指不生不滅之眞如。西藏密宗所有法王與徒衆，都尚未開頂門眼，不能辨別眞僞，以依人不依法、依密續不依經典故，不肯將其上師喇嘛所說對照第一義經典，純依密續之藏密祖師所說爲準，因此而誇大其證德與證量，動輒謂彼祖師上師爲究竟佛、爲地上菩薩；如今台海兩岸亦有自謂其師證量高於　釋迦文佛者，然觀其師所述，猶未見道，仍在觀行即佛階段，尚未到禪宗相似即佛、分證即佛階位，竟敢標榜爲究竟佛及地上法王，誑惑初機學人。凡此怪象皆是狂密，不同於眞密之修行者。近年狂密盛行，密宗行者被誤導者極衆，動輒自謂已證佛地眞如，自視爲究竟佛，陷於大妄語業中而不知自省，反謗顯宗眞修實證者之證量粗淺；或如義雲高與釋性圓…等人，於報紙上公然誹謗眞實證道者爲「騙子、無道人、人妖、癩蛤蟆…」等，造下誹謗大乘勝義僧之大惡業；或以外道法中有爲有作之甘露、魔術……等法，誑騙初機學人，狂言彼外道法爲眞佛法。如是怪象，在西藏密宗及附藏密之外道中，不一而足，舉之不盡，學人宜應愼思明辨，以免上當後又犯毀破菩薩戒之重罪。密宗學人若欲遠離邪知邪見者，請閱此書，即能了知密宗之邪謬，從此遠離邪見與邪修，轉入眞正之佛道。　平實導師著　共四輯　每輯約400頁（主文約340頁）每輯售價300元。

宗門正義—公案拈提第六輯：佛教有六大危機，乃是藏密化、世俗化、膚淺化、學術化、宗門密意失傳、悟後進修諸地之次第混淆；其中尤以宗門密意之失傳，爲當代佛教最大之危機。由宗門密意失傳故，易令 世尊本懷普被錯解，易令 世尊正法被轉易爲外道法，以及加以淺化、世俗化，是故宗門密意之廣泛弘傳與具緣佛弟子，極爲重要。然而欲令宗門密意之廣泛弘傳予具緣之佛弟子者，必須同時配合錯誤知見之解析、普令佛弟子知之，然後輔以公案解析之直示入處，方能令具緣之佛弟子悟入。而此二者，皆須以公案拈提之方式爲之，方易成其功、竟其業，是故平實導師續作宗門正義一書，以利學人。全書500餘頁，售價500元（2007年起，凡購買公案拈提第一輯至第七輯，每購一輯皆贈送本公司精製公案拈提〈超意境〉CD一片，市售價格280元，多購多贈）。

心經密意—心經與解脫道、佛菩提道、祖師公案之關係與密意。二乘菩提所證之解脫道，實依第八識心之斷除煩惱障現行而立解脫之名；大乘菩提所證之佛菩提道，實依親證第八識如來藏之涅槃性、清淨自性、及其中道性而立般若之名；禪宗祖師公案所證之眞心，即是此第八識如來藏；是故三乘佛法所修所證之三乘菩提，皆依此如來藏心而立名也。此第八識心，即是《心經》所說之心也。證得此如來藏已，即能漸入大乘佛菩提道，亦可因證知此心而了知二乘無學所不能知之無餘涅槃本際，是故《心經》之密意，與三乘佛菩提之關係極爲密切、不可分割，三乘佛法皆依此心而立名故。今者平實導師以其所證解脫道之無生智及佛菩提之般若種智，將《心經》與解脫道、佛菩提道、祖師公案之關係與密意，以演講之方式，用淺顯之語句和盤托出，發前人所未言，呈三乘菩提之眞義，令人藉此《心經密意》一舉而窺三乘菩提之堂奧，迴異諸方言不及義之說；欲求眞實佛智者、不可不讀！ 主文317頁，連同跋文及序文…等共384頁，售價300元。

宗門密意—公案拈提第七輯：佛教之世俗化，將導致學人以信仰作爲學佛，則將以感應及世間法之庇祐，作爲學佛之主要目標，不能了知學佛之主要目標爲親證三乘菩提。大乘菩提則以般若實相智慧爲主要修習目標，以二乘菩提解脫道爲附帶修習之標的；是故學習大乘法者，應以禪宗之證悟爲要務，能親入大乘菩提之實相般若智慧中故，般若實相智慧非二乘聖人所能知故。此書則以台灣世俗化佛教之三大法師，說法似是而非之實例，配合眞悟祖師之公案解析，提示證悟般若之關節，令學人易得悟入。平實導師著，全書五百餘頁，售價500元（2007年起，凡購買公案拈提第一輯至第七輯，每購一輯皆贈送本公司精製公案拈提〈超意境〉CD一片，市售價格280元，多購多贈）。

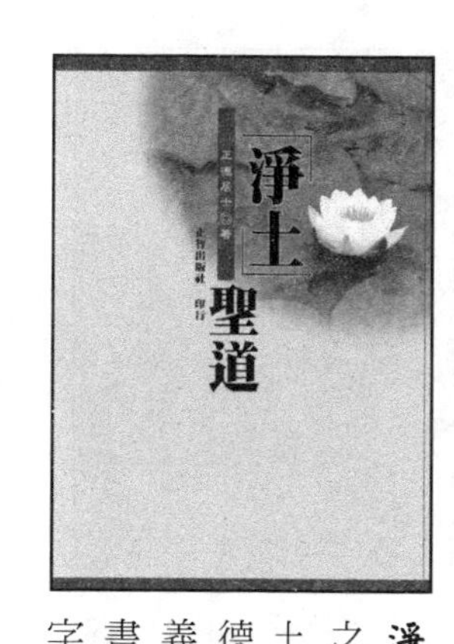

淨土聖道—兼評選擇本願念佛：佛法甚深極廣，般若玄微，非諸二乘聖僧所能知之，一切凡夫更無論矣！所謂一切證量皆歸淨土是也！是故大乘法中「聖道之淨土、淨土之聖道」，其義甚深，難可了知；乃至眞悟之人，初心亦難知也。今有正德老師眞實證悟後，復能深探淨土與聖道之緊密關係，憐憫衆生之誤會淨土實義，亦欲利益廣大淨土行人同入聖道，同獲淨土中之聖道門要義，乃振奮心神、書以成文，今得刊行天下。主文279頁，連同序文等共301頁，總有十一萬六千餘字，正德老師著，成本價200元。

起信論講記：詳解大乘起信論心生滅門與心眞如門之眞實意旨，消除以往大師與學人對起信論所說心生滅門之誤解，由是而得了知眞心如來藏之非常非斷中道正理；亦因此一講解，令此論以往隱晦而被誤解之眞實義，得以如實顯示，令大乘佛菩提道之正理得以顯揚光大；初機學者亦可藉此正論所顯示之法義，對大乘法理生起正信，從此得以眞發菩提心，眞入大乘法中修學，世世常修菩薩正行。平實導師演述，共六輯，都已出版，每輯三百餘頁，售價各250元。

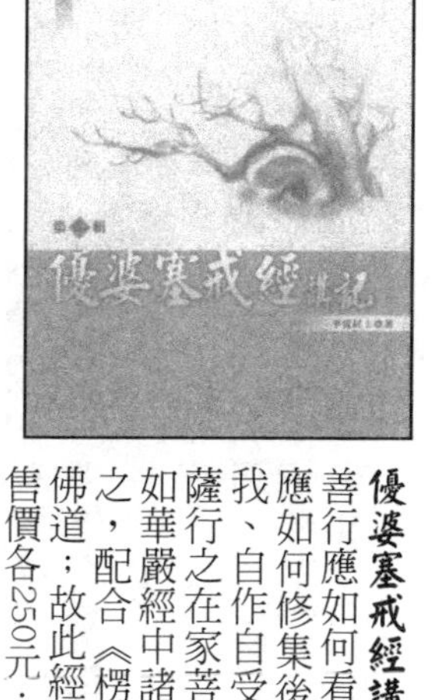

優婆塞戒經講記：本經詳述在家菩薩修學大乘佛法，應如何受持菩薩戒？對人間善行應如何看待？對三寶應如何護持？應如何正確地修集此世後世證法之福德？應如何修集後世「行菩薩道之資糧」？並詳述第一義諦之正義：五蘊非我非異我、自作自受、異作異受、不作不受……等深妙法義，乃是修學大乘佛法、行菩薩行之在家菩薩所應當了知者。出家菩薩今世或未來世登地已，捨報之後多數將如華嚴經中諸大菩薩，以在家菩薩身而修行菩薩行，故亦應以此經所述正理而修之，配合《楞伽經、解深密經、楞嚴經、華嚴經》等道次第正理，方得漸次成就佛道；故此經是一切大乘行者皆應證知之正法。平實導師講述，每輯三百餘頁，售價各250元；共八輯，已全部出版。

真假活佛—略論附佛外道盧勝彥之邪說：人人身中都有眞活佛，永生不滅而有大神用，但衆生都不了知，所以常被身外的西藏密宗假活佛籠罩欺瞞。本來就眞實存在的眞活佛，才是眞正的密宗無上密！諾那活佛因此而說禪宗是大密宗，但藏密的所有活佛都不知道、也不曾實證自身中的眞活佛。本書詳實宣示眞活佛的道理，舉證盧勝彥的「佛法」不是眞佛法，也顯示盧勝彥是假活佛，直接的闡釋第一義佛法見道的眞實正理。眞佛宗的所有上師與學人們，都應該詳細閱讀，包括盧勝彥個人在內。正犀居士著，優惠價140元。

阿含正義—唯識學探源：廣說四大部《阿含經》諸經中隱說之眞正義理，一一舉示佛陀本懷，令阿含時期初轉法輪根本經典之眞義，如實顯現於佛子眼前。並提示末法大師對於阿含眞義誤解之實例，一一比對之，證實唯識增上慧學確於原始佛法之阿含諸經中已隱覆密意而略說之，證實 世尊確於原始佛法中已曾密意而說第八識如來藏之總相；亦證實 世尊在四阿含中已說此藏識是名色十八界之因、之本—證明如來藏是能生萬法之根本心。佛子可據此修正以往受諸大師（譬如西藏密宗應成派中觀師：印順、昭慧、性廣、大願、達賴、宗喀巴、寂天、月稱、……等人）誤導之邪見，建立正見，轉入正道乃至親證初果而無困難；書中並詳說三果所證的心解脫，以及四果慧解脫的親證，都是如實可行的具體知見與行門。

全書共七輯，已出版完畢。平實導師著，每輯三百餘頁，售價300元。

超意境CD：以平實導師公案拈提書中超越意境之頌詞，加上曲風優美的旋律，錄成令人嚮往的超意境歌曲，其中包括正覺發願文及平實導師親自譜成的黃梅調歌曲一首。詞曲雋永，殊堪翫味，可供學禪者吟詠，有助於見道。內附設計精美的彩色小冊，解說每一首詞的背景本事。每片280元。【每購買公案拈提書籍一冊，即贈送一片。】

我的菩提路第一輯：凡夫及二乘聖人不能實證的佛菩提證悟，末法時代的今天仍然有人能得實證，由正覺同修會釋悟圓、釋善藏法師等二十餘位實證如來藏者所寫的見道報告，已爲當代學人見證宗門正法之絲縷不絕，證明大乘義學的法脈仍然存在，爲末法時代求悟般若之學人照耀出光明的坦途。由二十餘位大乘見道者所繕，敘述各種不同的學法、見道因緣與過程，參禪求悟者必讀。全書三百餘頁，售價300元。

我的菩提路第二輯：由郭正益老師等人合著，書中詳述彼等諸人歷經各處道場學法，一一修學而加以檢擇之不同過程以後，因閱讀正覺同修會、正智出版社書籍而發起抉擇分，轉入正覺同修會中修學；乃至學法及見道之過程，都一一詳述之。其中張志成等人係由前現代禪轉進正覺同修會，張志成原爲現代禪副宗長，以前未閱本會書籍時，曾被人藉其名義著文評論 平實導師（詳見《宗通與說通》辨正及《眼見佛性》書末附錄…等）；後因偶然接觸正覺同修會書籍，深覺以前聽人評論平實導師之語不實，於是投入極多時間閱讀本會書籍、深入思辨，詳細探索中觀與唯識之關聯與異同，認爲正覺之法義方是正法，深覺相應；亦解開多年來對佛法的迷雲，確定應依八識論正理修學方是正法。乃不顧面子，毅然前往正覺同修會面見平實導師懺悔，並正式學法求悟。今已與其同修王美伶（亦爲前現代禪傳法老師），同樣證悟如來藏而證得法界實相，生起實相般若眞智。此書中尚有七年來本會第一位眼見佛性者之見性報告一篇，一同供養大乘佛弟子。全書四百頁，售價300元。

我的菩提路第三輯：由王美伶老師等人合著。自從正覺同修會成立以來，每年夏初、冬初都舉辦精進禪三共修，藉以助益會中同修們得以證悟明心發起般若實相智慧；凡已實證而被平實導師印證者，皆書具見道報告用以證明佛法之眞實可證而非玄學，證明佛法並非純屬思想、理論而無實質，是故每年都能有人證明正覺同修會的「實證佛教」主張並非虛語。特別是眼見佛性一法，自古以來中國禪宗祖師實證者極寡，較之明心開悟的證境更難令人信受；至2017年初，正覺同修會中的證悟明心者已近五百人，然而其中眼見佛性者至今唯十餘人爾，可謂難能可貴，是故明心後欲冀眼見佛性者實屬不易。黃正倖老師是懸絕七年無人見性後的第一人，她於2009年的見性報告刊於本書的第二輯中，爲大眾證明佛性確實可以眼見；其後七年之中求見性者都屬解悟佛性而無人眼見，幸而又經七年後的2016冬初，以及2017夏初的禪三，復有三人眼見佛性，希冀鼓舞四眾佛子求見佛性之大心，今則具載一則於書末，顯示求見佛性之事實經歷，供養現代佛教界欲得見性之四眾弟子。全書四百頁，售價300元。

我的菩提路第四輯：由陳晏平等人著。中國禪宗祖師往往有所謂「見性」之言，所言多屬看見如來藏具有能令人發起成佛之自性，並非《大般涅槃經》中　如來所說之眼見佛性。眼見佛性者，於親見佛性之時，即能於山河大地眼見自己佛性，亦能於他人身上眼見自己佛性及對方之佛性，如是境界無法爲尚未實證者解釋；勉強說之，縱使眞實明心證悟之人聞之，亦只能以自身明心之境界想像之，但不論如何想像多屬非量，能有正確之比量者亦是稀有，故說眼見佛性極爲困難。眼見佛性之人若所見極分明時，在所見佛性之境界下所眼見之山河大地、自己五蘊身心皆是虛幻，自有異於明心者之解脫功德受用，此後永不思證二乘涅槃，必定邁向成佛之道而進入第十住位中，已超第一阿僧祇劫三分有一，可謂之爲超劫精進也。今又有明心之後眼見佛性之人出於人間，將其明心及後來見性之報告，連同其餘證悟明心者之精彩報告一同收錄於此書中，供養眞求佛法實證之四衆佛子。全書380頁，售價300元。

鈍鳥與靈龜：鈍鳥及靈龜二物，被宗門證悟者說爲二種人：前者是精修禪定而無智慧者，也是以定爲禪的愚癡禪人；後者是或有禪定、或無禪定的宗門證悟者，凡已證悟者皆是靈龜。但後來被人虛造事實，用以嘲笑大慧宗杲禪師，說他雖是靈龜，卻不免被天童禪師預記「患背」痛苦而亡：「鈍鳥離巢易，靈龜脫殼難。」藉以貶低大慧宗杲的證量。同時將天童禪師實證如來藏的證量，曲解爲意識境界的離念靈知。自從大慧禪師入滅以後，錯悟凡夫對他的不實毀謗就一直存在著，不曾止息，並且捏造的假事實也隨著年月的增加而越來越多，終至編成「鈍鳥與靈龜」的假公案、假故事。本書是考證大慧與天童之間的不朽情誼，顯現這件假公案的虛妄不實；更見大慧宗杲面對惡勢力時的正直不阿，亦顯示大慧對天童禪師的至情深義，將使後人對大慧宗杲的誣謗至此而止，不再有人誤犯毀謗賢聖的惡業。書中亦舉證宗門的所悟確以第八識如來藏爲標的，詳讀之後必可改正以前被錯悟大師誤導的參禪知見，日後必定有助於實證禪宗的開悟境界，得階大乘眞見道位中，即是實證般若之賢聖。全書459頁，售價350元。

維摩詰經講記：本經係　世尊在世時，由等覺菩薩維摩詰居士藉疾病而演說之大乘菩提無上妙義，所說函蓋甚廣，然極簡略，是故今時諸方大師與學人讀之悉皆錯解，何況能知其中隱含之深妙正義，是故普遍無法爲人解說；若強爲人說，則成依文解義而有諸多過失。今由平實導師公開宣講之後，詳實解釋其中密意，令維摩詰菩薩所說大乘不可思議解脫之深妙正法得以正確宣流於人間，利益當代學人及與諸方大師。書中詳實演述大乘佛法深妙不共二乘之智慧境界，顯示諸法之中絕待之實相境界，建立大乘菩薩妙道於永遠不敗不壞之地，以此成就護法偉功，欲冀永利娑婆人天。已經宣講圓滿整理成書流通，以利諸方大師及諸學人。全書共六輯，每輯三百餘頁，售價各250元。

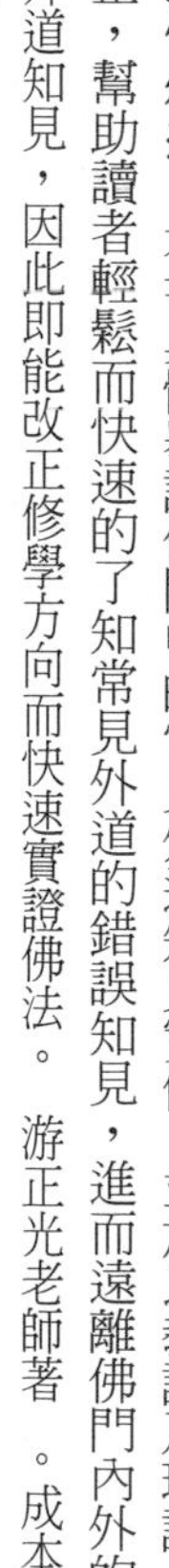

真假外道：本書具體舉證佛門中的常見外道知見實例，並加以教證及理證上的辨正，幫助讀者輕鬆而快速的了知常見外道的錯誤知見，進而遠離佛門內外的常見外道知見，因此即能改正修學方向而快速實證佛法。游正光老師著　。成本價200元。

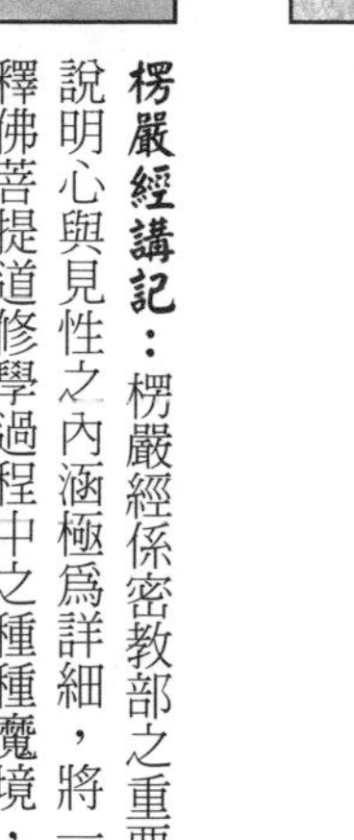

勝鬘經講記：如來藏爲三乘菩提之所依，若離如來藏心體及其含藏之一切種子，即無三界有情及一切世間法，亦無二乘菩提緣起性空之出世間法；本經詳說無始無明、一念無明皆依如來藏而有之正理，藉著詳解煩惱障與所知障間之關係，令學人深入了知二乘菩提與佛菩提相異之妙理；聞後即可了知佛菩提之特勝處及三乘修道之方向與原理，邁向攝受正法而速成佛道的境界中。平實導師講述，共六輯，每輯三百餘頁，售價各250元。

楞嚴經講記：楞嚴經係密教部之重要經典，亦是顯教中普受重視之經典；經中宣說明心與見性之內涵極爲詳細，將一切法都會歸如來藏及佛性—妙眞如性；亦闡釋佛菩提道修學過程中之種種魔境，以及外道誤會涅槃之狀況，旁及三界世間之起源。然因言句深澀難解，法義亦復深妙寬廣，學人讀之普難通達，是故讀者大多誤會，不能如實理解佛所說之明心與見性內涵，亦因是故多有悟錯之人引爲開悟之證言，成就大妄語罪。今由平實導師詳細講解之後，整理成文，以易讀易懂之語體文刊行天下，以利學人。全書十五輯，全部出版完畢。每輯三百餘頁，售價每輯300元。

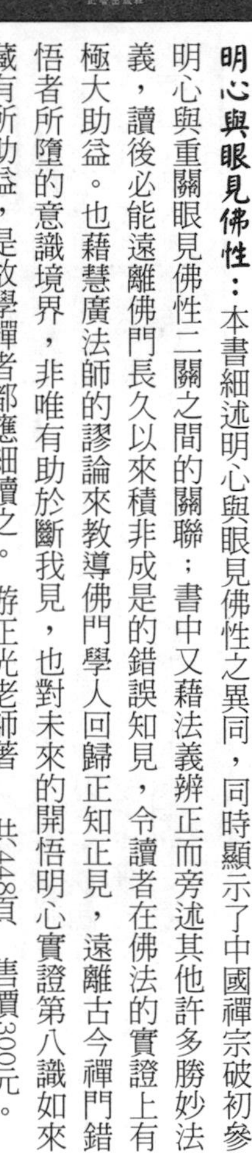

明心與眼見佛性：本書細述明心與眼見佛性之異同，同時顯示了中國禪宗破初參明心與重關眼見佛性二關之間的關聯；書中又藉法義辨正而旁述其他許多勝妙法義，讀後必能遠離佛門長久以來積非成是的錯誤知見，令讀者在佛法的實證上有極大助益。也藉慧廣法師的謬論來教導佛門學人回歸正知正見，遠離古今禪門錯悟者所墮的意識境界，非唯有助於斷我見，也對未來的開悟明心實證第八識如來藏有所助益，是故學禪者都應細讀之。游正光老師著　共448頁　售價300元。

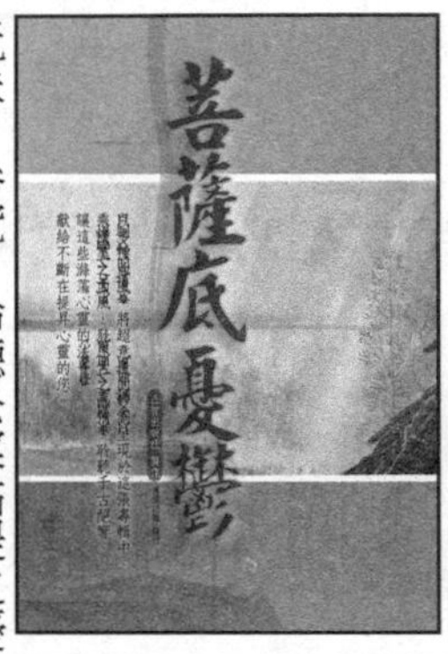

菩薩底憂鬱CD：將菩薩情懷及禪宗公案寫成新詞，並製作成超越意境的優美歌曲。　1.主題曲〈菩薩底憂鬱〉，描述地後菩薩能離三界生死而迴向繼續生在人間，但因尚未斷盡習氣種子而有極深沈之憂鬱，非三賢位菩薩及二乘聖者所知，此憂鬱在七地滿心位方才斷盡；本曲之詞中所說義理極深，昔來所未曾見；此曲係以優美的情歌風格寫詞及作曲，聞者得以激發嚮往諸地菩薩境界之大心，詞、曲都非常優美，難得一見；其中勝妙義理之解說，已印在附贈之彩色小冊中。　2.以各輯公案拈提中直示禪門入處之頌文，作成各種不同曲風之超意境歌曲，值得玩味、參究；聆聽公案拈提之優美歌曲時，請同時閱讀內附之印刷精美說明小冊，可以領會超越三界的證悟境界；未悟者可以因此引發求悟之意向及疑情，眞發菩提心而邁向求悟之途，乃至因此眞實悟入般若，成眞菩薩。　3.正覺總持咒新曲，總持佛法大意；總持咒之義理，已加以解說並印在隨附之小冊中。本CD共有十首歌曲，長達63分鐘，附贈二張購書優惠券。每片280元。

禪意無限CD：平實導師以公案拈提書中偈頌寫成不同風格曲子，與他人所寫不同風格曲子共同錄製出版，幫助參禪人進入禪門超越意識之境界。盒中附贈彩色印製的精美解說小冊，以供聆聽時閱讀，令參禪人得以發起參禪之疑情，即有機會證悟本來面目，實證大乘菩提般若。本CD共有十首歌曲，長達69分鐘，每盒各附贈二張購書優惠券。每片280元。

金剛經宗通：三界唯心，萬法唯識，是成佛之修證內容，是諸地菩薩之所修；般若則是成佛之道（實證三界唯心、萬法唯識）的入門，若未證悟實相般若，即無成佛之可能，必將永在外門廣行菩薩六度，永在凡夫位中。然而實相般若的發起，全賴實證萬法的實相；若欲證知萬法的眞相，則必須探究萬法之所從來，則須實證自心如來—金剛心如來藏，然後現觀這個金剛心的金剛性、眞實性、如如性、清淨性、涅槃性、能生萬法的自性性、本住性，名爲證眞如；進而現觀三界六道唯是此金剛心所成，人間萬法須藉八識心王和合運作方能現起。如是實證《華嚴經》的「三界唯心、萬法唯識」以後，由此等現觀而發起實相般若智慧，繼續進修第十住位的如幻觀、第十行位的陽焰觀、第十迴向位的如夢觀，再生起增上意樂而勇發十無盡願，方能滿足三賢位的實證，轉入初地；自知成佛之道而無偏倚，從此按部就班、次第進修乃至成佛。第八識自心如來是般若智慧之所依，般若智慧的修證則要從實證金剛心自心如來開始；《金剛經》則是解說自心如來之經典，是一切三賢位菩薩所應進修之實相般若經典。這一套書，是將平實導師宣講的《金剛經宗通》內容，整理成文字而流通之；書中所說義理，迥異古今諸家依文解義之說，指出大乘見道方向與理路，有益於禪宗學人求開悟見道，及轉入內門廣修六度萬行。講述完畢後結集出版，總共9輯，每輯約三百餘頁，售價各250元。

空行母—性別、身分定位，以及藏傳佛教：本書作者爲蘇格蘭哲學家，因爲嚮往佛教深妙的哲學內涵，於是進入當年盛行於歐美的假藏傳佛教密宗，擔任卡盧仁波切的翻譯工作多年以後，被邀請成爲卡盧的空行母（又名佛母、明妃），開始了她在密宗裡的實修過程；後來發覺在密宗雙身法中的修行，其實無法使自己成佛，也發覺密宗對女性岐視而處處貶抑，並剝奪女性在雙身法中擔任一半角色時應有的身分定位。當她發覺自己只是雙身法中被喇嘛利用的工具，沒有獲得絲毫應有的尊重與基本定位時，發現了密宗的父權社會控制女性的本質；於是作者傷心地離開了卡盧仁波切與密宗，但是卻被恐嚇不許講出她在密宗裡的經歷，也不許她說出自己對密宗的教義與教制下對女性剝削的本質，否則將被咒殺死亡。後來她去加拿大定居，十餘年後方才擺脫這個恐嚇陰影，下定決心將親身經歷的實情及觀察到的事實寫下來並且出版，公諸於世。出版之後，她被流亡的達賴集團人士大力攻訐，誣指她爲精神狀態失常、說謊……等。但有智之士並未被達賴集團的政治操作及各國政府政治運作吹捧達賴的表相所欺，使她的書銷售無阻而又再版。正智出版社鑑於作者此書是親身經歷的事實，所說具有針對「藏傳佛教」而作學術研究的價值，也有使人認清假藏傳佛教剝削佛母、明妃的男性本位實質，因此洽請作者同意中譯而出版於華人地區。珍妮·坎貝爾女士著，呂艾倫 中譯，每冊250元。

霧峰無霧—給哥哥的信 本書作者藉兄弟之間信件往來論義，略述佛法大義；並以多篇短文辨義，舉出釋印順對佛法的無量誤解證據，並一一給予簡單而清晰的辨正，令人一讀即知。久讀、多讀之後即能認清楚釋印順的六識論見解，與眞實佛法之牴觸是多麼嚴重；於是在久讀、多讀之後，於不知不覺之間提升了對佛法的極深入理解，正知正見就在不知不覺間建立起來了。當三乘佛法的正知見建立起來之後，對於三乘菩提的見道條件便將隨之具足，於是聲聞解脫道的見道也就水到渠成；接著大乘見道的因緣也將次第成熟，未來自然也會有親見大乘菩提之道的因緣，悟入大乘實相般若也將自然成功，自能通達般若系列諸經而成實義菩薩。作者居住於南投縣霧峰鄉，自喻見道之後不復再見霧峰之霧，故鄉原野美景一一明見，於是立此書名爲《霧峰無霧》；讀者若欲撥霧見月，可以此書爲緣。游宗明 老師著 售價250元。

假藏傳佛教的神話—性、謊言、喇嘛教：本書編著者是由一首名叫「阿姊鼓」的歌曲爲緣起，展開了序幕，揭開假藏傳佛教—喇嘛教—的神秘面紗。其重點是蒐集、摘錄網路上質疑「喇嘛教」的帖子，以揭穿「假藏傳佛教的神話」爲主題，串聯成書，並附加彩色插圖以及說明，讓讀者們瞭解西藏密宗及相關人事如何被操作爲「神話」的過程，以及神話背後的眞相。作者：張正玄教授。售價200元。

達賴真面目—玩盡天下女人：假使您不想戴綠帽子，請記得詳細閱讀此書；假使您不想讓好朋友戴綠帽子，請您將此書介紹給您的好朋友。假使您想保護家中的女性，也想要保護好朋友的女眷，請記得將此書送給家中的女性和好友的女眷都來閱讀。本書爲印刷精美的大本彩色中英對照精裝本，爲您揭開達賴喇嘛的眞面目，內容精彩不容錯過，爲利益社會大衆，特別以優惠價格嘉惠所有讀者。編著者：白志偉等。大開版雪銅紙彩色精裝本。售價800元。

童女迦葉考—論呂凱文〈佛教輪迴思想的論述分析〉之謬：童女迦葉是佛世率領五百大比丘遊行於人間的歷史事實，是以童貞行而依止菩薩戒弘化於人間的大菩薩，不依別解脫戒（聲聞戒）來弘化於人間。這是大乘佛教與聲聞佛教同時存在於佛世的歷史明證，證明大乘佛教不是從聲聞法中分裂出來的部派佛教的產物，卻是聲聞佛教分裂出來的部派佛教聲聞凡夫僧所不樂見的史實；於是古今聲聞法中的凡夫都欲加以扭曲而作詭說，更是末法時代高聲大呼「大乘非佛說」的六識論聲聞凡夫極力想要扭曲的佛教史實之一，於是想方設法扭曲迦葉菩薩爲聲聞僧，以及扭曲迦葉童女爲比丘僧等荒謬不實之論著便陸續出現，古時聲聞僧寫作的《分別功德論》是最具體之事例，現代之代表作則是呂凱文先生的〈佛教輪迴思想的論述分析〉論文。鑑於如是假藉學術考證以籠罩大衆之不實謬論，未來仍將繼續造作及流竄於佛教界，繼續扼殺大乘佛教學人法身慧命，必須舉證辨正之，遂成此書。平實導師 著，每冊180元。

末代達賴—性交教主的悲歌：簡介從藏傳僞佛教（喇嘛教）的修行核心—性力派男女雙修，探討達賴喇嘛及藏傳僞佛教的修行內涵。書中引用外國知名學者著作、世界各地新聞報導，包含：歷代達賴喇嘛的祕史、達賴六世修雙身法的事蹟，以及《時輪續》中的性交灌頂儀式……等；達賴喇嘛書中開示的雙修法、達賴喇嘛的黑暗政治手段；達賴喇嘛所領導的寺院爆發喇嘛性侵兒童；新聞報導《西藏生死書》作者索甲仁波切性侵女信徒、澳洲喇嘛秋達公開道歉、美國最大假藏傳佛教組織領導人邱陽創巴仁波切的性氾濫，等等事件背後眞相的揭露。作者：張善思、呂艾倫、辛燕。售價250元。

黯淡的達賴—失去光彩的諾貝爾和平獎：本書舉出很多證據與論述，詳述達賴喇嘛不為世人所知的一面，顯示達賴喇嘛並不是真正的和平使者，而是假借諾貝爾和平獎的光環來欺騙世人；透過本書的說明與舉證，讀者可以更清楚的瞭解，達賴喇嘛是結合暴力、黑暗、淫欲於喇嘛教裡的集團首領，其政治行為與宗教主張，早已讓諾貝爾和平獎的光環染污了。 本書由財團法人正覺教育基金會寫作、編輯，由正覺出版社印行，每冊250元。

第七意識與第八意識？—穿越時空「超意識」：「三界唯心，萬法唯識」是佛教中應該實證的聖教，也是《華嚴經》中明載而可以實證的法界實相。唯心者，三界一切境界、一切諸法唯是一心所成就，即是每一個有情的第八識如來藏，不是意識心。唯識者，即是人類各各都具足的八識心王——眼識、耳鼻舌身意識、意根、阿賴耶識，第八阿賴耶識又名如來藏，人類五陰相應的萬法，莫不由八識心王共同運作而成就，故說萬法唯識。依聖教量及現量、比量，都可以證明意識是二法因緣生，是由第八識藉意根與法塵二法為因緣而出生，又是夜夜斷滅不存之生滅心，即無可能反過來出生第七識意根、第八識如來藏，當知不可能從生滅性的意識心中，細分出恆審思量的第七識意根，更無可能細分出恆而不審的第八識如來藏。本書是將演講內容整理成文字，細說如是內容，並已在《正覺電子報》連載完畢，今彙集成書以廣流通，欲幫助佛門有緣人斷除意識我見，跳脫於識陰之外而取證聲聞初果；嗣後修學禪宗時即得不墮外道神我之中，得以求證第八識金剛心而發起般若實智。平實導師 述，每冊300元。

中觀金鑑—詳述應成派中觀的起源與其破法本質：學佛人往往迷於中觀學派之不同學說，被應成派與自續派所迷惑；修學般若中觀二十年後自以為實證般若中觀了，卻仍不曾入門，甫聞實證般若中觀者之所說，則茫無所知，迷惑不解；隨後信心盡失，不知如何實證佛法；凡此，皆因惑於這二派中觀學說所致。自續派中觀所說同於常見，以意識境界立為第八識如來藏之境界，應成派所說則同於斷見，但又同立意識為常住法，故亦具足斷常二見。今者孫正德老師有鑑於此，乃將起源於密宗的應成派中觀學說，追本溯源，詳考其來源之外，亦一一舉證其立論內容，詳加辨正，令密宗雙身法祖師以識陰境界而造之應成派中觀學說本質，詳細呈現於學人眼前，令其維護雙身法之目的無所遁形。若欲遠離密宗此二大派中觀謬說，欲於三乘菩提有所進道者，允宜具足閱讀並細加思惟，反覆讀之以後將可捨棄邪道返歸正道，則於般若之實證即有可能，證後自能現觀如來藏之中道境界而成就中觀。本書分上、中、下三冊，每冊250元，全部出版完畢。

人間佛教—實證者必定不悖三乘菩提：「大乘非佛說」的講法似乎流傳已久，卻只是日本人企圖擺脫中國正統佛教的影響，而在明治維新時期才開始提出來的說法；台灣佛教、大陸佛教的淺學無智之人，由於未曾實證佛法而迷信日本人錯誤的學術考證，錯認為這些別有用心的日本佛學考證的講法為天竺佛教的眞實歷史；甚至還有更激進的反對佛教者提出「釋迦牟尼佛並非眞實存在，只是後人捏造的假歷史人物」，竟然也有少數人願意跟著「學術」的假光環而信受不疑，於是開始有一些佛教界人士造作了反對中國佛教而推崇南洋小乘佛教的行為，使佛教的信仰者難以檢擇，導致一般大陸人士開始轉入基督教的盲目迷信中。在這些佛教及外教人士之中，也就有一分人根據此邪說而大聲主張「大乘非佛說」的謬論，這些人以「人間佛教」的名義來抵制中國正統佛教，公然宣稱中國的大乘佛教是由聲聞部派佛教的凡夫僧所創造出來的。這樣的說法流傳於台灣及大陸佛教界凡夫僧之中已久，卻非眞正的佛教歷史中曾經發生過的事，只是繼承六識論的聲聞法中凡夫僧依自己的意識境界立場，純憑臆想而編造出來的妄想說法，卻已經影響許多無智之凡夫僧俗信受不移。本書則是從佛教的經藏法義實質及實證的現量內涵本質立論，證明大乘佛法本是佛說，是從《阿含正義》尚未說過的不同面向來討論「人間佛教」的議題，證明「大乘眞佛說」。閱讀本書可以斷除六識論邪見，迴入三乘菩提正道發起實證的因緣；也能斷除禪宗學人學禪時普遍存在之錯誤知見，對於建立參禪時的正知見有很深的著墨。平實導師 述，內文488頁，全書528頁，定價400元。

喇嘛性世界—揭開假藏傳佛教譚崔瑜伽的面紗：這個世界中的喇嘛，號稱來自世外桃源的香格里拉，穿著或紅或黃的喇嘛長袍，散布於我們的身邊傳教灌頂，吸引了無數的人嚮往學習；這些喇嘛虔誠地為大眾祈福，手中拿著寶杵（金剛）與寶鈴（蓮花），口中唸著咒語：「唵．嘛呢．叭咪．吽……」，咒語的意思是說：「我至誠歸命金剛杵上的寶珠伸向蓮花寶穴之中」！「喇嘛性世界」是什麼樣的「世界」呢？本書將為您呈現喇嘛世界的面貌。當您發現眞相以後，您將會唸：「噢！喇嘛．性．世界，譚崔性交嘛！」作者：張善思、呂艾倫。售價200元。

見性與看話頭：黃正倖老師的《見性與看話頭》於《正覺電子報》連載完畢，今結集出版。書中詳說禪宗看話頭的詳細方法，並細說看話頭與眼見佛性的關係，以及眼見佛性者求見佛性前必須具備的條件。本書是禪宗實修者追求明心開悟時參禪的方法書，也是求見佛性者作功夫時必讀的方法書，內容兼顧眼見佛性的理論與實修之方法，是依實修之體驗配合理論而詳述，條理分明而且極爲詳實、周全、深入。本書內文375頁，全書416頁，售價300元。

實相經宗通：學佛之目的在於實證一切法界背後之實相，禪宗稱之爲本來面目或本地風光，佛菩提道中稱之爲實相法界；此實相法界即是金剛藏，又名佛法之祕密藏，即是能生有情五陰、十八界及宇宙萬有（山河大地、諸天、三惡道世間）的第八識如來藏，又名阿賴耶識心，即是禪宗祖師所說的眞如心，此心即是三界萬有背後的實相。證得此第八識心時，自能瞭解般若諸經中隱說的種種密意，即得發起實相般若——實相智慧。每見學佛人修學佛法二十年後仍對實相般若茫然無知，亦不知如何入門，茫無所趣；更因不知三乘菩提的互異互同，是故越是久學者對佛法越覺茫然，都肇因於尚未瞭解佛法的全貌，亦未瞭解佛法的修證內容即是第八識心所致。本書對於修學佛法者所應實證的實相境界提出明確解析，並提示趣入佛菩提道的入手處，有心親證實相般若的佛法實修者，宜詳讀之，於佛菩提道之實證即有下手處。平實導師述著，共八輯，已全部出版完畢，每輯成本價250元。

真心告訴您（一）——**達賴喇嘛在幹什麼？**這是一本報導篇章的選集，更是「破邪顯正」的暮鼓晨鐘。「破邪」是戳破假象，說明達賴喇嘛及其所率領的密宗四大派法王、喇嘛們，弘傳的佛法是仿冒的佛法；他們是假藏傳佛教，是坦特羅（譚崔性交）外道法和藏地崇奉鬼神的苯教混合成的「喇嘛教」，推廣的是以所謂「無上瑜伽」的男女雙身法冒充佛法的假佛教，詐財騙色誤導衆生，常常造成信徒家庭破碎、家中兒少失怙的嚴重後果。「顯正」是揭櫫眞相，指出眞正的藏傳佛教只有一個，就是覺囊巴，傳的是 釋迦牟尼佛演繹的第八識如來藏妙法，稱爲他空見大中觀。正覺教育基金會即以此古今輝映的如來藏正法正知見，在眞心新聞網中逐次報導出來，將箇中原委「眞心告訴您」，如今結集成書，與想要知道密宗眞相的您分享。售價250元。

法華經講義：此書爲平實導師始從2009/7/21演述至2014/1/14之講經錄音整理所成。世尊一代時教，總分五時三教，即是華嚴時、聲聞緣覺教、般若教、種智唯識教、法華時；依此五時三教區分爲藏、通、別、圓四教。本經是最後一時的圓教經典，圓滿收攝一切法教於本經中，是故最後的圓教聖訓中，特地指出無有三乘菩提，其實唯有一佛乘；皆因眾生愚迷故，方便區分爲三乘菩提以助眾生證道。世尊於此經中特地說明如來示現於人間的唯一大事因緣，便是爲有緣眾生「開、示、悟、入」諸佛的所知所見——第八識如來藏妙眞如心，並於諸品中隱說「妙法蓮花」如來藏心的密意。然因此經所說甚深難解，眞義隱晦，古來難得有人能窺堂奧；平實導師以知如是密意故，特爲末法佛門四眾演述《妙法蓮華經》中各品蘊含之密意，使古來未曾被古德註解出來的「此經」密意，如實顯示於當代學人眼前。乃至〈藥王菩薩本事品〉、〈妙音菩薩品〉、〈觀世音菩薩普門品〉、〈普賢菩薩勸發品〉中的微細密意，亦皆一併詳述之，開前人所未曾言之密意，示前人所未見之妙法。最後乃至以〈法華大意〉而總其成，全經妙旨貫通始終，而依佛旨圓攝於一心如來藏妙心，厥爲曠古未有之大說也。平實導師述　已於2015/5/31起開始出版，每二個月出版一輯，共25輯。每輯300元。

西藏「活佛轉世」制度—附佛、造神、世俗法：歷來關於喇嘛教活佛轉世的研究，多針對歷史及文化兩部分，於其所以成立的理論基礎，較少系統化的探討。尤其是此制度是否依據「佛法」而施設？是否合乎佛法眞實義？現有的文獻大多含糊其詞，或人云亦云，不曾有明確的闡釋與如實的見解。因此本文先從活佛轉世的由來，探索此制度的起源、背景與功能，並進而從活佛的尋訪與認證之過程，發掘活佛轉世的特徵，以確認「活佛轉世」在佛法中應具足何種果德。定價150元。

真心告訴您(二)—達賴喇嘛是佛教僧侶嗎？補祝達賴喇嘛八十大壽：這是一本針對當今達賴喇嘛所領導的喇嘛教，冒用佛教名相、於師徒間或師兄姊間，實修男女邪淫，而從佛法三乘菩提的現量與聖教量，揭發其謊言與邪術，證明達賴及其喇嘛教是仿冒佛教的外道，是「假藏傳佛教」。藏密四大派教義雖有「八識論」與「六識論」的表面差異，然其實修之內容，皆共許「無上瑜伽」四部灌頂爲究竟「成佛」之法門，也就是共以男女雙修之邪淫法爲「即身成佛」之密要，雖美其名曰「欲貪爲道」之「金剛乘」，並誇稱其成就超越於（應身佛）釋迦牟尼佛所傳之顯教般若乘之上；然詳考其理論，則或以意識離念時之粗細心爲第八識如來藏，或以中脈裡的明點爲第八識如來藏，或如宗喀巴與達賴堅決主張第六意識爲常恆不變之眞心者，分別墮於外道之常見與斷見中；全然違背 佛說能生五蘊之如來藏的實質。售價300元。

涅槃—解說四種涅槃之實證及內涵：眞正學佛之人，首要即是見道，由見道故方有涅槃之實證，證涅槃者方能出生死，但涅槃有四種：二乘聖者的有餘涅槃、無餘涅槃，以及大乘聖者的本來自性清淨涅槃、佛地的無住處涅槃。大乘聖者實證本來自性清淨涅槃，入地前再取證二乘涅槃，然後起惑潤生捨離二乘涅槃，繼續進修而在七地心前斷盡三界愛之習氣種子，依七地無生法忍之具足而證得念念入滅盡定；八地後進斷異熟生死，直至妙覺地下生人間成佛，具足四種涅槃，方是眞正成佛。此理古來少人言，以致誤會涅槃正理者比比皆是，今於此書中廣說四種涅槃、如何實證之理、實證前應有之條件，實屬本世紀佛教界極重要之著作，令人對涅槃有正確無訛之認識，然後可以依之實行而得實證。本書共有上下二冊，每冊各四百餘頁，對涅槃詳加解說，每冊各350元。

修習止觀坐禪法要講記：修學四禪八定之人，往往錯會禪定之修學知見，欲以無止盡之坐禪而證禪定境界，卻不知修除性障之行門才是修證四禪八定不可或缺之要素，故智者大師云「性障初禪」；性障不除，初禪永不現前，云何修證二禪等？又：行者學定，若唯知數息，而不解六妙門之方便善巧者，欲求一心入定，未到地定極難可得，智者大師名之爲「事障未來」：障礙未到地定之修證。又禪定之修證，不可違背二乘菩提及第一義法，否則縱使具足四禪八定，亦不能實證涅槃而出三界。此諸知見，智者大師於《修習止觀坐禪法要》中皆有闡釋。作者平實導師以其第一義之見地及禪定之實證證量，曾加以詳細解析。將俟正覺寺竣工啓用後重講，不限制聽講者資格；講後將以語體文整理出版。欲修習世間定及增上定之學者，宜細讀之。平實導師述著。

解深密經講記：本經係　世尊晚年第三轉法輪，宣說地上菩薩所應熏修之唯識正義經典，經中所說義理乃是大乘一切種智增上慧學，以阿陀那識—如來藏—阿賴耶識爲主體。禪宗之證悟者，若欲修證初地無生法忍乃至八地無生法忍者，必須修學《楞伽經、解深密經》所說之八識心王一切種智；此二經所說正法，方是眞正成佛之道；印順法師否定第八識如來藏之後所說萬法緣起性空之法，是以誤會後之二乘解脫道取代大乘眞正成佛之道，尚且不符二乘解脫道正理，亦已墮於斷滅見中，不可謂爲成佛之道也。平實導師曾於本會郭故理事長往生時，於喪宅中從首七開始宣講，於每一七各宣講三小時，至第十七而快速略講圓滿，作爲郭老之往生佛事功德，迴向郭老早證八地、速返娑婆住持正法。茲爲今時後世學人故，將擇期重講《解深密經》，以淺顯之語句講畢後，將會整理成文，用供證悟者進道；亦令諸方未悟者，據此經中佛語正義，修正邪見，依之速能入道。平實導師述著，全書輯數未定，每輯三百餘頁，將於未來重講完畢後逐輯出版。

阿含經講記—小乘解脫道之修證：數百年來，南傳佛法所說證果之不實，所說解脫道之虛妄，所弘解脫道法義之世俗化，皆已少人知之；從南洋傳入台灣與大陸之後，所說法義虛謬之事，亦復少人知之；今時台灣全島印順系統之法師居士，多不知南傳佛法數百年來所說解脫道之義理已然偏斜、已然世俗化、已非眞正之二乘解脫正道，猶極力推崇與弘揚。彼等南傳佛法近代所謂之證果者多非眞實證果者，譬如阿迦曼、葛印卡、帕奧禪師、一行禪師……等人，悉皆未斷我見故。近年更有台灣南部大願法師，高抬南傳佛法之二乘修證行門為「捷徑究竟解脫之道」者，然而南傳佛法縱使眞修實證，得成阿羅漢，至高唯是二乘菩提解脫之道，絕非究竟解脫，無餘涅槃中之實際尚未得證故，法界之實相尚未了知故，習氣種子待除故，一切種智未實證故，焉得謂為「究竟解脫」？即使南傳佛法近代眞有實證之阿羅漢，尚且不及三賢位中之七住明心菩薩本來自性清淨涅槃智慧境界，則不能知此賢位菩薩所證之無餘涅槃實際，仍非大乘佛法中之見道者，何況普未實證聲聞果乃至未斷我見之人？謬充證果已屬逾越，更何況是誤會二乘菩提之後，以未斷我見之凡夫知見所說之二乘菩提解脫偏斜法道，焉可高抬為「究竟解脫」？而且自稱「捷徑之道」？又妄言解脫之道即是成佛之道，完全否定般若實智、否定三乘菩提所依之如來藏心體，此理大大不通也！平實導師為令修學二乘菩提欲證解脫果者，普得迴入二乘菩提正見、正道中，是故選錄四阿含諸經中，對於二乘解脫道法義有具足圓滿說明之經典，預定未來十年內將會加以詳細講解，令學佛人得以了知二乘解脫道之修證理路與行門，庶免被人誤導之後，未證言證，干犯道禁，成大妄語，欲升反墮。本書首重斷除我見，以助行者斷除我見而實證初果為著眼之目標，若能根據此書內容，配合平實導師所著《識蘊眞義》《阿含正義》內涵而作實地觀行，實證初果非為難事，行者可以藉此三書自行確認聲聞初果為實際可得現觀成就之事。此書中除依二乘經典所說加以宣示外，亦依斷除我見等之證量，及大乘法中道種智之證量，對於意識心之體性加以細述，令諸二乘學人必定得斷我見、常見，免除三縛結之繫縛。次則宣示斷除我執之理，欲令升進而得薄貪瞋痴，乃至斷五下分結……等。平實導師述，共二冊，每冊三百餘頁。每輯300元。

＊喇嘛教修外道雙身法，墮識陰境界，非佛教＊

＊弘揚如來藏他空見的覺囊派才是真正藏傳佛教＊

總經銷： 飛鴻 國際行銷股份有限公司
231 新北市新店區中正路 501 之 9 號 2 樓
Tel.02－82186688（五線代表號） Fax.02-82186458、82186459

零售：1.**全台連鎖經銷書局：**
三民書局、誠品書局、何嘉仁書店
敦煌書店、紀伊國屋、金石堂書局、建宏書局
諾貝爾圖書城、墊腳石圖書文化廣場

2.**台北市：**佛化人生 **大安區**羅斯福路 3 段 325 號 6 樓之 4　台電大樓對面
3.**新北市：**春大地書店 **蘆洲區**中正路 117 號
4.**桃園市：**御書堂 **龍潭區**中正路 123 號
5.**新竹市：**大學書局 **東區**建功路 10 號
6.**台中市：**瑞成書局 **東區**雙十路 1 段 4 之 33 號
佛教詠春書局 **南屯區**永春東路 884 號
文春書店 **霧峰區**中正路 1087 號
7.**彰化市：**心泉佛教文化中心 南瑤路 286 號
8.**高雄市：**政大書城 **苓雅區**光華路 148-83 號
明儀書局 **三民區**明福街 2 號\
青年書局 **苓雅區**青年一路 141 號
9.**宜蘭市：**金隆書局　中山路 3 段 43 號
10.**台東市：**東普佛教文物流通處 博愛路 282 號
11.**其餘鄉鎮市經銷書局：**請電詢總經銷**飛鴻**公司。
12.**大陸地區請洽：**

香港：樂文書店
旺角店 :香港九龍旺角西洋菜街 62 號 3 樓
電話 :(852) 2390 3723　email: luckwinbooks@gmail.com
銅鑼灣店 :香港銅鑼灣駱克道 506 號 2 樓
電話 :(852) 2881 1150　email: luckwinbs@gmail.com

廈門：廈門外圖臺灣書店有限公司
地址：廈門市思明區湖濱南路809 號 廈門外圖書城3 樓 郵編：361004
電話：0592-5061658（臺灣地區請撥打 86-592-5061658）
E-mail：JKB118＠188.COM

13.**美國：世界日報圖書部：**紐約圖書部　電話 7187468889#6262
洛杉磯圖書部　電話 3232616972#202

14.**國內外地區網路購書：**
正智出版社 書香園地　http://books.enlighten.org.tw/
（書籍簡介、經銷書局可直接聯結下列網路書局購書）
三民 網路書局　http://www.sanmin.com.tw
誠品 網路書局　http://www.eslitebooks.com

博客來 網路書局　http://www.books.com.tw
金石堂 網路書局　http://www.kingstone.com.tw
飛鴻 網路書局　http://fh6688.com.tw

附註：1.請儘量向各經銷書局購買：郵政劃撥需要八天才能寄到（本公司在您劃撥後第四天才能接到劃撥單，次日寄出後第二天您才能收到書籍，此六天中可能會遇到週休二日，是故共需八天才能收到書籍）若想要早日收到書籍者，請劃撥完畢後，將劃撥收據貼在紙上，旁邊寫上您的姓名、住址、郵區、電話、買書詳細內容，直接傳眞到本公司 02-28344822，並來電 02-28316727、28327495 確認是否已收到您的傳眞，即可提前收到書籍。 2.因台灣每月皆有五十餘種宗教類書籍上架，書局書架空間有限，故唯有新書方有機會上架，通常每次只能有一本新書上架；本公司出版新書，大多上架不久便已售出，若書局未再叫貨補充者，書架上即無新書陳列，則請直接向書局櫃台訂購。 3.若書局不便代購時，可於晚上共修時間向正覺同修會各共修處請購（共修時間及地點，詳閱**共修現況表**。每年例行年假期間請勿前往請書，年假期間請見共修現況表）。 4.郵購：郵政劃撥帳號 19068241。 5.正覺同修會會員購書都以八折計價（戶籍台北市者爲一般會員，外縣市爲護持會員）都可獲得優待，欲一次購買全部書籍者，可以考慮入會，節省書費。入會費一千元（第一年初加入時才需要繳），年費二千元。**6.尚未出版之書籍，請勿預先郵寄書款與本公司，謝謝您！** 7.若欲一次購齊本公司書籍，或同時取得正覺同修會贈閱之全部書籍者，請於正覺同修會共修時間，親到各共修處請購及索取；**台北市讀者**請洽：103 台北市承德路三段 267 號 10 樓（捷運淡水線 圓山站旁）請書時間：週一至週五爲 18.00~21.00，第一、三、五週週六爲 10.00~21.00，雙週之週六爲 10.00~18.00 請購處專線電話：25957295-分機 14（於請書時間方有人接聽）。

敬告大陸讀者：

大陸讀者購書、索書捷徑（尚未在大陸出版的書籍，以下二個途徑都可以購得，電子書另包括結緣書籍）：

1.廈門外國圖書公司：廈門市思明區湖濱南路 809 號 廈門外圖書城 3F
郵編：361004　電話：0592-5061658　網址：http://www.xibc.com.cn/

2.電子書：正智出版社有限公司及正覺同修會在台灣印行的各種局版書、結緣書，已有『**正覺電子書**』陸續上線中，提供讀者於手機、平板電腦上購書、下載、閱讀正智出版社、正覺同修會及正覺教育基金會所出版之電子書，詳細訊息敬請參閱『正覺電子書』專頁：http://books.enlighten.org.tw/ebook

關於平實導師的書訊，請上網查閱：

成佛之道　http://www.a202.idv.tw

正智出版社 書香園地　http://books.enlighten.org.tw/

中國網採訪佛教正覺同修會、正覺教育基金會訊息：

http://big5.china.com.cn/gate/big5/fangtan.china.com.cn/2014-06/19/content_32714638.htm

http://pinpai.china.com.cn/

★ 正智出版社有限公司售書之稅後盈餘，全部捐助財團法人正覺寺籌備處、佛教正覺同修會、正覺教育基金會，供作弘法及購建道場之用；懇請諸方大德支持，功德無量。

★ 聲　明 ★

本社於 2015/01/01 開始調整本目錄中部分書籍之售價，以因應各項成本的持續增加。

＊ 喇嘛教修外道雙身法、墮識陰境界，非佛教 ＊

＊ 弘揚如來藏他空見的覺囊派才是真正藏傳佛教 ＊

售後服務—換書啓事（免附回郵） 2017/12/05

《楞伽經詳解》第三輯初版免費調換新書啓事：茲因 平實導師弘法早期尚未回復往世全部證量，有些法義接受他人的說法，寫書當時並未察覺而有二處（同一種法義）跟著誤說，如今發現已將之修正。茲爲顧及讀者權益，已開始免費調換新書；敬請所有讀者將以前所購第三輯（不論第幾刷），攜回或寄回本公司免費換新；郵寄者之回郵由本公司負擔，不需寄來郵票。因此而造成讀者閱讀、以及換書的不便，在此向所有讀者致上萬分的歉意，祈請讀者大眾見諒！

《楞嚴經講記》第 14 輯初版首刷本免費調換新書啓事：本講記第 14 輯出版前因 平實導師諸事繁忙，未將之重新閱讀而只改正校對時發現的錯別字，故未能發覺十年前所說法義有部分錯誤，於第 15 輯付印前重閱時才發覺第 14 輯中有部分錯誤尚未改正。今已重新審閱修改並已重印完成，煩請所有讀者將以前所購第 14 輯初版首刷本，寄回本公司免費換新（初版二刷本無錯誤），本公司將於寄回新書時同時附上您寄書來換新時的郵資，並在此向所有讀者致上最誠懇的歉意。

《心經密意》初版書免費調換二版新書啓事：本書係演講錄音整理成書，講時因時間所限，省略部分段落未講。後於再版時補寫增加 13 頁，維持原價流通之。茲爲顧及初版讀者權益，自 2003/9/30 開始免費調換新書，原有初版一刷、二刷書籍，皆可寄來本公司換書。

《宗門法眼》已經增寫改版爲 464 頁新書，2008 年 6 月中旬出版。讀者原有初版之第一刷、第二刷書本，都可以寄回本公司免費調換改版新書。改版後之公案及錯悟事例維持不變，但將內容加以增說，較改版前更具有廣度與深度，將更能助益讀者參究實相。

換書者**免附回郵**，亦無截止期限；舊書請寄：111 台北郵政 73-151 號信箱 或 103 台北市承德路三段 267 號 10 樓 正智出版社有限公司。舊書若有塗鴨、殘缺、破損者，仍可換取新書；但缺頁之舊書至少應仍有五分之三頁數，方可換書。所有讀者不必顧念本公司是否有盈餘之問題，都請踴躍寄來換書；本公司成立之目的不是營利，只要能眞實利益學人，即已達到成立及運作之目的。若以郵寄方式換書者，免附回郵；並於寄回新書時，由本公司附上您寄來書籍時耗用的郵資。造成您不便之處，再次致上萬分的歉意。

正智出版社有限公司 啓

國家圖書館出版品預行編目資料

楞伽經詳解／平實導師著. 初版
台北市：正智，1999- 〔民 88- 〕
冊； 公分
ISBN 957-98597-7-9（第一輯：平裝）
ISBN 957-97840-2-7（第二輯：平裝）
ISBN 957-97840-4-3（第三輯：平裝）
ISBN 957-97840-6-X（第四輯：平裝）
ISBN 957-97840-8-6（第五輯：平裝）
ISBN 957-30019-0-X（第六輯：平裝）
ISBN 957-30019-3-4（第七輯：平裝）
ISBN 957-30019-7-7（第八輯：平裝）
ISBN 957-28743-0-1（第九輯：平裝）
ISBN 957-28743-4-9（第十輯：平裝）
1. 經集部
221.75 88004768

楞伽經詳解——第一輯

作者：平實導師
校對：孫淑貞 蘇振慶 許紫燕 廖曉梅
出版者：**正智出版社**有限公司
電話 〇二 28327495 28316727（白天）
傳眞：〇二 28344822
111 台北郵政 73-151 號信箱
郵政劃撥帳號：一九〇六八二四一
正覺講堂：總機〇二 25957295（夜間）
總經銷：飛鴻國際行銷股份有限公司
231 新北市新店區中正路 501-9 號 2 樓
電話：〇二 82186688（五線代表號）
傳眞：〇二 82186458 82186459
初版：公元二〇〇一年五月 二千冊
初版九刷：公元二〇一九年二月 二千冊
定價：二五〇元